김은자

미국 어때요?

소소21

책을 내면서

요즘 나는 40여 년 동안 미국에 살아온 시간을 생각해 보게 되며, 내가 어떻게 이곳에서 적응하였던 것을 돌아보게 되었다. 오래 전 일이나 문화와 생활이 판이하게 달라 허둥대었고, 무안하였던 일들은 아직도 생생하게 기억되고 있다. 한국 태생으로 미국인 사이에 살면서 때로는 많은 연습도 필요하였고 적응하는데 노력도 해야 했고, 반면에 좋은 점은 익혀 흉내도 내었다.

근래에도 많은 사람들이 아이들 교육, 사업, 교환교수, 직장관계 등 다양한 이유로 미국에 와서 생활하게 되는데 그런 분들에게 이 책이 조금이라도 도움이 되었으면 하는 바람이다. 뿐만 아니라 미국생활을 막연하게 생각하던 분들에게도 아마도 그렇겠지 하는 태도가 아닌 좀 더 구체적으로 가까이 느낄 수 있었으면 하는 기대를 가져본다. 일상생활에서 내가 겪은 혼동과 실수 아닌 실수도 적어 보아 문화와 관습이 다른 이곳에서 지내게 되는 분들에게 재미있고 기억에 남을 수 있는 시간이 되었으면 한다.

어느 곳에서든 살다보면 살아지는 것이라고들 말하며 특별히 무슨 얘기냐고 할 수 있다. 그러나 눈으로 보이는 것이 전부라고 말하는 것은 문제가 있다. 삶의 질은 육안에 보이지 않듯이 정서적으로 안정되며, 겉으로도 보기에 좋아야하며 행복감을 느낄 수 있어야 생활에 활기가 생기며 기쁨을 느낄 것이라 믿는다. 이참에 오랫동안 미국에 살며 하나 둘 접하였던 나의 체험을 여러 사람과 나누고 싶다.

특별히 나와 가까이 지내며 이런저런 모임에도 같이하며 때때로 시간을 보낸 분들이 책을 쓰게 된 동기부여가 되었다는 것을 말하고 싶다. 가끔 물어오는 질문에 한바탕 웃기도 하고, 애매모호한 경우, 또 부끄러운 일, 난처한 일들이 있었다고 하여 나름대로 설명을 하기도 하였었다. 나의 생활이 표준은 아닐지라도 이런 것을 적어봄으로 일상생활 중 언제 어디서나 일어날 수 있는 실수를 줄일 수 있겠고 나름대로 적응하는데 쉬울 것 같기 때문이다.

책의 내용은 기후와 언어의 악센트가 지역에 따라 다른 미국 전체의 얘기라기보다는 중서부의 생활상이라고 생각하면 읽는데 큰 오해가 없을 것이다. 여태껏 미국생활을 어설프게 알고 있었던 점이나 생각들이, 책을 읽음으로 자신 있고 활기차게 바뀌어져 행복하였으면 하는 바람이다.

책이 나올 수 있도록 많은 지도와 조언, 격려를 주신 이은일 박사께 감사드립니다. 우리네 생활이 가까이 지내는 옆사람의 수고와 조언으로 엮어 만들어지는 것이라는 것을 다시 한 번 느끼며 남편과 딸 그리고 제 주위에 계시는 모든 분들께 감사드립니다.

2012년 여름
저자 김은자

▷ 차 례

유치원 & 초등학교 ······ 10
‖ 프리스쿨 · 10 ‖ 유치원 예비소집 · 12 ‖ 방과 후 프로그램 · 13
‖ 옷차림 · 13 ‖ 친구 생일 · 16 ‖ 슬립 오버Sleep over · 19
‖ 점심과 간식 · 21 ‖ 음식 알러지 · 25
‖ 아플 때와 약을 보내게 될 때 · 26
‖ 야외 학습Field trip · 28 ‖ 교사와 학부모 상담시간 · 31
‖ 학생과 학부모의 자원봉사 · 33 ‖ 졸업식 · 35

중 · 고등학교 ······ 38
‖ 음악 활동 · 39 ‖ 체육 활동 · 41 ‖ 홈 커밍, 프람 & 졸업 파티 · 45
‖ 고등학생 사회봉사 · 48 ‖ 진학 문제 · 49 ‖ SAT II, SAT & ACT · 52
‖ 대학교 소개와 방문 · 53 ‖ 원서 접수와 입학 허가 · 55
‖ 수상식Award · 56 ‖ 졸업식 · 57 ‖ 운전 시작 · 60
‖ 여름학교Summer school · 62 ‖ 일기 변화와 휴교 · 64
‖ 학교 등록과 학비 · 65

초 대 ······ 70
‖ 선물 준비 · 71 ‖ RSVP & BYOB · 72 ‖ 옷차림 · 73
‖ 아이들 돌봄Baby Sitting · 73 ‖ 시간 · 74 ‖ 감사의 말 · 75
‖ 파트락Potluck · 75 ‖ 기념일Anniversary · 77

경조사 ······ 80

‖ 결혼 초대장 · 80 ‖ 축의금 · 82 ‖ 예행연습Rehearsal · 84
‖ 비용 · 85 ‖ 피로연 · 86 ‖ 문상 · 91
‖ 조의금 · 92 ‖ 고인에 대한 예의 · 93

파 티 ······ 94

‖ 초대 응답과 옷차림 · 95 ‖ 생일파티 · 97 ‖ 동네 파티Block party · 100
‖ 모금 파티 · 102 ‖ 환영과 송별 · 104 ‖ 은퇴와 졸업 · 105
‖ 테일 게이트Tailgate · 107

샤워Shower ······ 110

‖ 결혼샤워wedding, bridal shower · 112 ‖ 아기Baby shower · 114
‖ 집들이와 이사 · 116

직장생활 ······ 119

‖ 입사 · 120 ‖ 추천서 · 122 ‖ 동료의 경조사 · 123
‖ 친구 관계 · 125 ‖ 순번 근무 · 127 ‖ 더치페이Dutch pay · 128
‖ 옷차림 · 129 ‖ 전화사용 · 131 ‖ 전문면허 · 132
‖ 호칭 · 134 ‖ 직원들에 대한 감사 · 135

자동차 ······ 137

‖ 자동차 구입 · 138 ‖ 면허 시험 · 141 ‖ 국제면허 · 144
‖ 운전교습소 · 145 ‖ 고속도로 주변 · 146
‖ 어린아이 좌석Baby car seat · 149 ‖ 운전 중 · 150
‖ 보험 · 152 ‖ 사고 처리 · 154 ‖ 일기에 따른 운전 · 156

식품점 …… 157

‖ 쿠폰Coupons · 158 ‖ 자동 계산대 · 162
‖ 한 곳에서 여러 가지 해결One stop shopping · 164
‖ 온라인 쇼핑On line shopping · 165 ‖ 델리 코너Deli Corner · 165
‖ 상점 운영시간 · 166 ‖ 주류 판매와 구입 · 168 ‖ 유별스런 세일 · 170

종 교 …… 174

휴일과 명절 …… 179

‖ 월 별 분류 · 180 ‖ 선물 교환 · 201
‖ 동료 선물 · 203 ‖ 산타클로스 · 204 ‖ 소수 민족 명절 · 206

음식점에서 …… 209

‖ 예약 · 210 ‖ 좌석 · 211 ‖ 주문 · 213
‖ 테이블 예의 · 216 ‖ 봉사료Tipping · 217 ‖ 음식 값 지불 · 219

일상생활 …… 221

‖ 차고 세일Garage sale · 222 ‖ 동네 운동 경기 · 225 ‖ 공원 · 227
‖ 투표일 · 232 ‖ 꽃의 날 & 식목일Flower day, Arbor day · 234
‖ 농산물 판매 · 235 ‖ 집 주위 가꾸기 · 238 ‖ 동네 프로그램 · 244
‖ 월동 준비 · 246 ‖ 토네이도Tornado 요령 · 248 ‖ 세금 보고 · 248
‖ 페스티발Festival, Fair · 251 ‖ 여가 시간 · 253 ‖ 취미 골프 · 258
‖ 예약과 약속 · 262 ‖ 음식주문과 배달 · 265

은 행 …… 267
‖ 금고 이용 · 267 ‖ 초과 지출 · 268

병원, 약국 출입과 의료보험 …… 270
‖ 주치의 · 270 ‖ 911번호 · 271 ‖ 다양한 의료 보험 · 272
‖ 사회복지사 · 273 ‖ 메디케이드와 메디케어 · 274
‖ 약값 비교 · 275 ‖ 비 처방약 · 276

집 구하기 …… 278
‖ 준비서류 · 279 ‖ 통학거리 · 280 ‖ 부담금 · 281
‖ 집 청소와 수리 · 282

우체국 …… 284
‖ 배달 정지 · 285 ‖ 여권 신청 · 286

자원봉사 …… 288

나눔과 기부문화 …… 291
‖ 기부 · 291 ‖ 세금공제 · 292
‖ 기부 물품 수거 · 293 ‖ 기금 마련 · 295

미국 어때요?

유치원 & 초등학교

- 프리스쿨

학교라 하면 여기서는 프리스쿨pre-school부터 초·중·고등학교 그리고 대학까지를 말하는데 우선 프리스쿨과 초등학교를 얘기하기로 한다.

프리스쿨은 유치원 시작하기 전 4세 정도에 시작된다. 유치원은 하루 종일 또는 반나절 반이 있는데 보통 오전, 오후 몇 시간만 가도 된다. 말하자면 유치원 준비반이라 하면 맞는 말이 될 것 같다. 부모들이 직장 근무로 하루 종일 아이를 맡긴다든가, 다른 필요에 의해 젖먹이도 맡길 수 있는 곳인 데이케어daycare, 널서리nursery와 다른 것은 제한하는 나이도 그렇고 교육상 가르치는 방법도 다르다. 필수로 꼭 거쳐야 하는 과정은 아니나 부모가 집에서 아이들을 가르치는 것보다 잠시나마 부모와 떨어져 정서적, 교육적으로 사회생활 하는 방법을 아이들 틈에서 배우게 하는 시간이 되는 듯하다. 예를 들면 이곳에서 처음으로 남에게 할 수 있는 짧은 세 마디의 말로 '미안합니다sorry,'

'감사합니다thank you' '실례합니다excuse me'를 배우며, 또 친구들과 협력하는 마음을 나름대로 터득하게 된다.

프리스쿨을 거쳐 유치원을 가게 되는데 유치원 교사 얘기를 들어 보면 프리스쿨을 다닌 대다수의 어린이들이 유치원에 잘 적응하며 친구들과도 별 탈 없이 잘 사귄다고 한다. 소위 말하는 영어나 산수 같은 공부를 잘한다는 얘기가 아니고 사람간의 사귐과 사회성이 좋아진다는 얘기다.

예전의 일이 생각난다. 어느 아이가 수줍어하는 편이고, 나이도 유치원에 갈 수 있는 같은 또래보다 몇 달 적은 편이라 프리스쿨을 조금 더 다니다 1년 후에나 유치원에 보내는 것이 어떠하겠느냐고 담당 교사한테 의견 제시를 하였단다. 그랬더니 교사는 가능한 일이지만 자기의 관점으로는 아이가 우수한데 그렇게 해야 한다면 테스트를 거쳐 결정하자고 하였단다. 며칠 후 테스트 결과가 나왔는데 정신적, 신체적, 지능 면이나 사회 생활적으로 상위권이니 염려하지 말고 유치원에 등록을 하라는 권유였다. 집에서 주먹구구식으로 아이를 보아온 엄마의 생각을 과학적으로 증명하여 준 것이다. 이렇듯 집에서 아이를 키우며 내 아이만을 왕자, 공주로 키우기보다는 나와 다른 사람들과 어울려 사는 방법도 터득하도록 해야 한다. 부모가 아이들을 붙잡고 내 고집스런 방식대로 가르쳐야 교육이 제대로 된다는 생각은 버려야함을 잘 보여 준 예이다. 프리스쿨은 동네 곳곳에 많이 있지만 비싸다고, 명성이 있다고 다 좋은 곳은 아니므로 먼저 다닌 학부모들의 말을 들어보든가 오픈 하우스 할 때 틈을 내어 가서 이것저것 살펴보고 나서 결정한다면 후회 없는 선택이 될 것이다.

유치원 첫 등교

- 유치원 예비소집

프리스쿨이 끝날 무렵 또는 유치원 시작하기 전 그 해 봄, 그러니까 5월 정도가 되면 유치원생 예비소집이라 할지 킨더가든 라운드 앞(kindergarten roundup 이라 하여 가을 학기에 유치원생이 되는 어린이들을 위한 모임이 있게 된다. 부모와 함께 앞으로 다닐 학교를 방문하여 교사들, 교장, 그리고 학교의 직원(secretary, custodian 되는 분들을 만나고 입학하게 될 학교를 돌아보는 행사이다. 이것은 어린 아이들에게 처음 시작하는 학교생활의 두려움도 없애주고 자연스럽게 낯선 환경에 친밀감도 갖게 하는 행사이다. 유치원 어린 학생들을 위한 학교의 배려이며, 부모는 하루 종일 학교가게 되는 자식을 위하여 걱정을 하기보다는 자녀들이 가게 될 학교 사정을 들을 수 있는 기회도 될 수 있으니 가능한 시간을 조정하여 꼭 참석하는 것이 좋다.

처음 사회생활을 하게 되는 어린아이들에게 정서적으로도 좋지만 부모도 마음 놓고 떼어 보낼 수 있어 훨씬 안심이 될 것이다. 또 학교의 분위기도 볼 겸, 새로운 친구들을 만날 수 있는 좋은 기회이다. 부모는 아이를 데리고 참석하여 처음으로 학교 시작하기 전 아이의 새로운 도전에 대한 흥분된 느낌을 가져보며, 또 앞으로의 시간을 엿볼 수 있는 시간을 공유하여 보는 것이다.

- 방과 후 프로그램

　초등학교 때는 나이가 어린 12살 미만인 경우라고 할 수 있겠다. 12살 미만이면 특별히 신경 써야 할 일이 베이비시팅이다. 즉 나이든 사람들이 보호하여 주어 어린이들에게 불시에 일어날 수 있는 어떤 사고라도 방지하여야 한다. 많은 초등학교에서는 수업 전과 방과 후 래치키latchkey라 하여 부모가 부득이 학교 수업시간보다 일찍 근무하거나 늦게 퇴근하는 경우, 짧은 시간이지만 학교에서 프로그램을 만들어 부모의 걱정을 덜어준다. 물론 약간의 경비는 들지만 학교 내에서 아이들을 모아 숙제를 도와준다든가 게임과 운동 등으로 안전을 책임져 주는 것이다. 이렇게 하여 아이들을 돌보아 주는 방법이 학교에 있으니 방과 후 혼자 방치되지 않고 베이비시팅babysitting 때문에 일어나는 여러 문제를 간단히 해결 할 수도 있다.

- 옷차림

　프리스쿨 다닐 때는 아이들의 옷차림은 부모의 주관대로 날씨 또는 그날의 행사나 절기에 따라 갈아 입히면 별 탈 없이 지나가곤 한다. 그런데 유치원생이 되고나면 아이들의 성격과 취향에 따라 다르고, 또는 그런 것에 늦게 철이 드는 아이들도 있으나 이제는 서서히 자기주장을 내세우는 일이 나타난다 해도 과언이 아니다. 또 한국말에 미운 일곱 살이라는 말이 있듯이 혼자 고집을 피우게 되지만 부모들은 그래도 많은 관심을 가지고 아이들의 옷차림을 주시

해야한다. 추운 북쪽 지방에서는 겨울에 온도가 영하로 내려가기도 하며 지방에 따라서 다르지만 낮과 밤의 온도 차이는 물론 변덕스러운 날씨도 있다. 학교 가기 전날 저녁에 일기예보를 참작하여 등교시 필요한 옷차림을 미리 꺼내 놓고 아이와 같이 상의하면 부모의 명령조의 요구보다 아이들의 생각을 반영하게 되어 아이들도 환영하며 부모도 아이들과 짧은 시간이라도 다정하고 애틋한 시간을 보낼 수 있어 좋다.

오래전에 들은 얘기로 한국에서 이사 온 지 오래지 않은 학생이, 한국에서 지내던 습관대로 겨울철에 속내의를 껴입고 학교를 갔는데 난방이 잘 되고 있는 교실에서 하루 종일 땀을 흘리고 집에 갈 때 찬 공기를 쐬고는 감기에 걸렸다고 한다. 내의를 입은 것이 잘못된 것이 아니고 겉에 입은 두터운 한 겹의 상의를 벗을 수 없어 고생을 한 모양이다.

학교에서는 온도가 영하로 내려가지 않는다면 쉬는 시간에 바깥에서 놀게 하는 것이 일반화 되어있다. 이런 점을 감안하면 상의는 얇은 것을 몇 개 입더라도 쉽게 벗었다 입었다 할 수 있도록 하며 덧입는 옷은 재킷이나 코트로 두터운 것을 입도록 하면 실내와 실외에서 그리 큰 문제없이 지낼 수 있게 된다. 환절기에도 마찬가지로 등교시에 얇은 바람막이 재킷을 준비하여 가방에 넣어 보낸다든가 입혀 보내면 도움이 된다.

겨울이 되면 부츠와 장갑, 모자도 꼭 챙겨야 아이들이 바깥 활동을 즐겁게 할 수 있다. 추운 겨울이 되더라도 영하로 떨어지지 않으면 학교에서는 실외 활동이 계속된다는 것을 잊지 말고 그에 대한 준비를 해줘야 한다. 특히 한 학기가 지나고 나면 초등학교 한 쪽 구석에는 아이들이 잃어버린 물품들이 수북이 쌓여 있는 것을 보게 되는데, 이런 것을 줄이기 위해서는 부모들은 아이들 옷이나 용품에 이름을 지워지지 않는 펜으로 선명하게 써준다든가 떨어지지 않도록 실로 꿰매어 주면 좋다. 이것은 아이들이 자기 것을 아끼고 챙길 수 있으며 똑같은 것을 가진 친구들과 다투는 일도 없게 된다. 물론 학용품에도 일일이 이름을 써주어 남의 것과 혼동 되는 일이 없도록 해야 하며 또 이것은 저급학년 교사들도 언제나 권유하고 있는 주의사항 중의 하나이다.

아이들이 매일 학교를 가다보면 옷차림에 신경을 쓰게 되는데 좋은 옷, 비싼 옷보다는 가격이 저렴하고 실용적이며 편한 옷으로, 더러워지면 집에서 세탁하기 쉬운 것으로 여러 벌 있으면 편리하다. 근래는 섬유 자체가 따뜻하고 물빨래 할 수 있으며, 색깔도 예쁘고, 구겨지지 않는 종류가 많으니 그리 큰 불편 없이 아이들에게 자주 옷을 갈아입힐 수 있어 좋다. 고가의 명품 옷 하나만을 장만하여 조심스럽게 입히기보다는, 간편하고 세탁도 용이한 옷감으로 선택하여 계절에 따라 색깔과 모양 별로 여러 벌 준비하여 둔다면 학교 등교시 옷차림에 별탈없이 잘 이용하게 된다는 것을 명심하였으면 한다.

들은 얘기인데, 한국에서 갓 전학 온 학생이 매일 똑같은 옷을 며칠 동안 입고 학교에 나와 동료 친구들이 냄새 난다고 같이 안 놀았다고 한다. 그러니까 부모의 잘못된 인식으로 선량한 학생이 애꿎게 왕따를 당하게 되었다고 하니 생각하면 마음이 아프다. 복장을 매일 깨끗한 것으로 바꾸어 입도록 하여 냄새로 인하여 옆 사람에게 실례되지 않도록 하며 덧붙여 냄새나는 음식, 김치 등은 아침엔 먹이는 일이 없도록 주의해야 한다. 물론 겨울 잠바나 코트 등은 세탁을 매번 할 수 없으나 일상적인 옷은 자주 세탁하여 입혀서 깨끗하고 단정한 복장으로 옆에 있는 타인에게 불쾌감을 주게 해서는 안 된다. 좋은 방법으로 옷장 안의 냄새를 없애주는 스프레이와 여러 가지 방향제들이 시중에 많이 나와 있으므로 구입하여 옷에 냄새가 배지 않도록 옷장에 수시로 뿌려주거나 넣어두면 한결 산뜻한 옷을 입을 수 있다.

- 친구 생일

학교를 다니다 보면 늘 같은 반 친구들과 어울려 놀며 그중에서도 몇몇 친한 친구를 만들게 된다. 그렇게 하여 친구의 생일에 초대를 받고, 초대하게 되는데, 어린아이들은 초대를 받으면 굉장히 좋아하며 다시 우정을 확인이나 한 듯 흥분한다. 초대카드를 집에 갖고 와서 어느 누구와 같이 초대되었다고 자랑을 하기도 한다. 그동안 모아 두었던 돼지저금통을 열어 생일이 된 친구는 무엇을 좋아한다며 나름대로 머리를 굴리며 가진 것이 얼마나 되는지 세어보곤 한다. 아무튼 생일 선물 마련에, 집에서 파티를 하게 되는지, 또 파티에서 무엇을 할 것인지를 얘기하며 며칠 동안 들떠 지낸다. 나이 어린 아이들은 선물은 부모가 마련하는 경우도 있으나 웬만하면 아이들의 용돈과 같이 합하여 살 수 있는 가격이 높지 않은 것이라면 좋다. 가령 일시적인 것보다 아이들이 항상 즐기며 사용할 수 있는 것을 구입하도록 도와주는 것이 좋은 방법이기도 하다. 그렇게 하면 아이들에게는

생일파티

자기도 동참하여 마련한다는 뿌듯함을 느낄 수 있는 기회가 되어 흡족해 한다. 원하는 선물 가격이 조금 높다 생각되면 아이들의 의견을 고려하여 부모와 같이 선택할 수 있기도 하다.

친구들을 초대하고 파티 후, 각자 집에 돌아갈 때 구디백goody bag이라 하여 파티에 참석한 친구들 하나하나에게 와주어 고맙다는 표시로 조그만 선물을 주기도 한다. 이럴 때는 아이들이 좋아하는 캔디, 껌, 조그만 장난감, 여자애들은 머리핀이나 인형을, 그리고 예쁜 색연필, 크레파스, 물감, 지우개 등 학용품을 넣어 주면 좋아한다.

저학년에서는 생일을 맞는 아이의 부모가 케이크나 간단한 스낵으로, 음료수와 같이 학생 수만큼 준비하여 주면 같은 반 아이들이 함께 즐길 수 있다. 그러나 생일이 방학이나 기타 휴교 때 있는 경우는 하프 버스데이half-birthday라 하여 생일을 반으로 나눈 달month에 생일을 축하할 수 있도록 배려하는 교사가 있기도 하지만 그런 것이 없다면 부모가 요청하면 교사도 흡족해한다. 하프 버스데이 파티는 본래의 자기 생일 때에 파티를 못해 아쉬워하는 아이들의 마음을 달래주는 좋은 생일파티인 것이다. 어쨌든 준비하는 엄마

학교 17

는 학생 수와 교사, 보조교사를 염두에 두고 양과 개수를 맞추어 아이 편에 학교에 보내 주거나 잠깐 시간을 내어 아이의 학교에 다녀온다면 담임교사가 잘 진행되도록 도와준다.

집에서 할 때는 음식은 간편하게 먹을 수 있는 피자, 스파게티 같은 것으로 아이들이 좋아하는 것을 준비하고 아이스크림과 생일 케이크를 함께 나누어 먹으면 된다. 재미있는 마술사 magic man를 초대하여 아이들의 호기심과 기분을 돋아주며 흥미로운 것을 보고 감탄하게도 한다. 크래프트 craft 즉 아이들이 쉽게 만들 수 있는 공예품을 준비하여 각자 하나씩 간단한 작품을 만든다면 자랑스레 집에 가지고 갈 수 있으며, 또 아이들이 선호하는 영화를 보여 주기도 하고 게임 등을 하며 시간을 재미있게 보낼 수 있다.

외부에서 할 때는 햄버거, 피자점, 또는 아이들이 좋아하는 곳에서 하는 경우로 놀이공원 같은 상점에서는 아이들의 파티를 위한 여러 가지 이벤트가 있는 경우가 많으니 아이들에게 어울리는 것으로 알아보고 예약을 하면 된다. 이런 곳에서는 게임도 할 수 있고 실내에 놀이기구들이 있으며, 생일파티를 위한 어린이 프로그램이 있어 아이들이 싫증나지 않게 서너 시간을 안전하게 놀 수 있는 편리한 점도 있다. 물론 부모가 옆에 지키고 있어 뜻하지 않은 일이 일어나지 않도록 주의를 해야 하지만 그룹의 사이즈가 커지게 되면 아이들의 안전을 위하여 아이 친구의 부모와 같이 동행하면 아이들도 좋아하고 부산스러움을 덜어주게 되어 좋기도 하다.

아이들이 좋아하는 영화가 상영 중이라면 극장에 가서 관람하며 지내는 시간으로 생일을 축하할 수 있는 방법도 있다.

- 슬립 오버 Sleep over

슬립 오버는 말 그대로 자고 오는 일이다. 아이들이 좀 철이 나고 학교생활에 잘 적응하기 시작하면 친구들과 서로 오가며, 자기도 하며 같이 지내기를 원한다. 주말이라든가 며칠 동안 휴교할 때는 아이들이 친구들과 하룻밤을 자면서 같이 지내려고 부모를 졸라댄다. 나의 경우를 생각하면, 아이가 부모와 떨어져 하룻밤을 잘 지낼까, 가는 집의 부모는 좋은 사람인가, 어떻게 하루 저녁을 아이 없이 지낼까, 초대한 집에는 형제자매가 몇이나 되는지 걱정 아닌 걱정을 하였다. 그러나 물음표에 하나씩 해답을 얻으며 아이를 슬립 오버에 내보내게 되었다. 학교에서 만난 학부모 중, 교육에 관한 의사소통이 잘 되며 보통 상식 common sense을 지키며, 아이들을 잘 보살필 수 있으며, 가는 집에 큰 아이들이 없으면 좋겠다는 마음으로 처음에는 이렇게 계획을 하였다. 처음에는 너무 긴 시간이 아닌, 슬립 오버로 모인 아이들이 취침 시간이 몇 시인지 호스트 하는 부모에게 물어 보아서 자게 되는 시간 바로 전에 보내달라고 요청하였다. 물론 기다렸다 그 시간에 가서 우리 아이를 데리고 오면 실례가 되지 않는다. 이렇듯 조금씩 아이도 적응을 잘 하면 다음에는 하루 저녁 친구와 같이 지내는 것을 즐기게 되며 부모도 안심하고 보내게 된다.

다른 방법은 우리 집에서 슬립 오버를 호스트하면 더 좋은 경우이다. 같이 노는 친구들의 성품도 알 수 있으며, 그동안 몰랐던 우리 아이의 성격과, 사회성 같은 것도 더 잘 파악하게 되며, 물론 아이는 무척이나 좋아하게 된다. 한국 가정의 부모들이 바쁘다거나,

귀찮다, 어렵다 하지 말고 아이들을 위해 조그만 수고와 시간을 내어준다면 아이들이 너무나 좋아한다는 사실을 잊어서는 안 된다.

슬립 오버를 갈 때는 여러 명의 아이들이 모이게 되므로 가는 집 방의 침대 수가 당연히 부족하게 된다. 가지고가야 준비물로 아이들이 집에서 쓰고 있는 베개와 슬리핑 백sleeping bag 또는 꼭 지니고 있어야 잠이 드는 물건이 있다면 보내도 무방하다. 물론 간단한 세면도구를 준비해 주고 혹 아이들이 아침에 먹는 약이 있다면 챙겨서 가방에 넣어주면 된다. 기타 필요한 의문점들이 있다면 슬립 오버 초대 노트에 명시되어 있는 친구 집의 전화로, 호스트 되는 부모에게 물어보면 된다. 요즘에는 셀폰Cell Phone이 있어 편리한데, 자는 시간쯤 되어 부모가 아이한테 전화하여 잘 놀다 자라고 격려의 말도 하여주면 아이도 안도감을 느낄 수 있어 좋을 것이다. 집에 돌아올 때는 초대장에 있는 픽업pick up시간에 맞추어 부모가 가서 데리고 오면 된다. 아이를 데리러 가서는 잊지 말고 초대한 친구의 부모에게 고맙다, 수고하였다는 인사와 더불어 아이들이 어떻게 지냈느냐는 얘기도 들을 수 있도록 하면 아이가 친구들과 지낸 시간에 대한 안심이 되기도 한다.

슬립 오버는 아이들의 독립성을 만들어 가는데 보탬이 된다. 그렇다고 자주 남의 집에 슬립 오버를 보내어 습관이 되어 슬립 오버 초대는 으레 가는 것이라 생각하는 것은 지나친 일로 무분별한 행동을 하지 않도록 주의한다. 부모는 어떻게 하는 것이 아이들을 위하여 현명한 일인지 아이들과 폭넓은 대화를 하여 기준을 세워서 잘못된 판단을 하지 않도록 한다.

- 점심과 간식

　유치원부터 초등학교에서는 수업시간 사이에 간식snack 시간이 있는데, 학교에서 특별한 사유로 반나절 수업이거나 스낵이나 점심을 준비하지 말라는 사항이 없다면 각자 집에서 준비하여 가지고 간다. 아이들이 좋아하는 것을 보내게 되며, 적은 양으로 한 번에 먹을 수 있는 간단한 것이면 좋다. 그러나 너무 단sweet 것이나 부스러지기 쉬운 것 등은 주지 않는 것이 좋다. 교사들의 얘기로는 스낵 시간이 지나고 나면 아이들을 통제하기가 어렵다고 한다. 또 오후 시간에는 스낵으로 카페인과 설탕이 주요 성분인 초콜릿을 절대 주지 않는다는 교사도 있기도 하다. 이유가 여러 가지 있을 수 있겠으나, 아이들이 그런 음식을 먹고 나면 흥분되어 싸우기도 하며 시끄러워져서 교사들의 말소리가 더 커지게 된다고 한다. 집에서 자기 아이들을 위해 특별히 준비하기도 하지만 상점에서 이런 스낵시간을 겨냥하여 여러 종류의 스낵이 있다. 마시는 요구르트, 작은 사과, 당근, 칩chip, 치즈 & 크래커cracker, 채소 등 부모들이 손수 만들지 않아도 건강을 고려하여 선택할 수 있도록 되어 있다.

　하루 종일 학교에서 지내는 1학년이 되면 점심을 준비하거나 돈을 내고 사먹어야 하는데 학교 식당에서는 매주일 메뉴표가 다르게 나온다. 학교에서는 집으로 아이들이 한 달 또는 일주일의 메뉴 계획표를 부모에게 보내게 된다. 아이들은 좋아하는 음식이 있으면 사먹고 싶어 하는데 그 메뉴에 체크하였다가, 사서 먹을 수 있도록 돈을 준비하여 가지고 가야 한다. 어린 학생은 분실하기도 쉽고 부모도 아침에 정확한 액수를 내어놓는다는 것이 성가시며 때로는 돈을 가져가지 못하는 상황이 있을 수도 있다. 여러 가지 방법이 있겠으나 한꺼번에 일주일 또는 한 달에 해당하는 금액을 학교에 내놓거나, 아니면 아이들의 용돈을 줄 때 일주일 분을 계산하여 분실되지 않도록 아이들이 쉽게 손닿는 곳인 아이들 가방이나 방 어느 한 곳을 지정하여 넣어주는 방법도 있다. 그러나 근래는 용이하게 전자 카드를 이용하여 한꺼번에 적당량의 금액을 적립하여 매회마다 쓰도록 하는 방법이 있다. 점심을 사먹는다면 부모가 그리 신경을 쏟지 않아도 되겠지만 집에서 준비하여 가지고 간다면 정성을 기울이게 된다. 그렇다고 아이가 한국식을 좋아하고 잘 먹는다고 밥과 반찬을 보내면 내 아이가 친구들과 따로 노는 취급을 받지 않을까 조심스러워진다. 이곳은 보통 샌드위치를 점심으로 먹는데, 아이들이 좋아하는 땅콩버터, 딸기잼 샌드위치부터 아주 다양하게 터키, 닭, 햄, 계란, 참치tuna 등을 샐러드나 약간의 채소와 같이 넣어 맛있는 샌드위치를 만들어 보내면 된다. 음료수와 같이 과일, 당근, 샐러리 또는 아이들이 좋아하는 것으로 달지 않은 칩이나 과자류를 곁들여 냅킨napkin 과 같이 점심 가방이나 상자에 넣어 주면 된다. 이때 좋은 하루가 되기를 바라는 엄마의 마음을 담은 쪽지나 그림을 넣어 아이에 대한 사랑을 전하면 아이들이 읽고 좋아한다.

점심을 사먹는다니 미국에서는 학생들이 모두들 돈을 내고 학교 카페테리아에서 사서 먹는 것으로 생각되나 반드시 그런 것은 아닌 것이다. 가정의 수입이 일정 수준이 안 되는 학생들은 무료 또는 디스카운트로 점심을 제공 받을 수 있다. 어려운 학생들이 갖기 쉬운 열등감 같은 문제는 전체 학생들에게 전자 카드를 이용하게 하여 옆의 친구들은 알 수 없게 되어 있으며 학교 행정 하는 사람만이 체크를 하게 되어 별 문제가 되지 않게 된다.

직장 동료가 아이들이 넷이나 되는데 남편이 불경기로 인하여 직장을 잃어서 수입이 많이 떨어지게 되어 아이들이 학교에서 무료 점심을 먹는다고 한다. 아이들이 그 문제에 대해 별 부담감을 갖지 않고 학교를 잘 다니고 있는데 어떤 아이는 스스럼없이 곁의 친구에게 자기는 무료 급식을 먹는다고 얘기를 한다고 한다. 아이의 엄마 말이, 가정 수입이 적은 것은 큰 문제가 되는 것이 아니라고 한다. 아이들이 남보다 공부를 잘하고 명랑하여 그런 것은 마음에 두지 않고 학교에 잘 다니고 있다고 한다. 자기 아이가 무료 급식을 먹는다는 것에 망설임 없이 친구들에게 말하는 것을 볼 때 오히려 자기 아이가 더 없이 고맙고 기특하다고 한다. 어른들의 잘못된 편견이 아이들에게는 적용되지 않는 예로 그 아이의 당당한 모습은 부모의 아픈 마음을 잠시나마 잊게 해준다.

어떤 한국분이 자녀들에게 무료급식을 먹였는데 여느 사람보다 미국 법에 대한 지식이 월등하여 미국 사회 제도의 장점을 이용하였던 것이다. 그분은 전혀 어려운 계층이 아니었다고 한다. 이런 일이 있은 후에 직업상 필요한 전문직 면허를 받아야 할 일이 있어 과정 중 하나로 백그라운드 체크background check를 하게 되었단다. 생각지도 않게 예전에 불법적인 방법을 이용하여 아이들이 무료 점심을 먹은 기록이 서류상에 나타나게 되었다. 이 때문에 면허 시험을 치기도 전에 중요한 모든 것을 포기하고 다시 한국으로 떠나는 어려운 상황이 되었다고 한다. 이것은 미국에서는 별다른 생각 없이 작은 일이라도 주어진 법을 준수하지 않게 되면 언제든 대가를 치러야 한다는 것을 보여준다.

점심을 가지고 갈 때 샌드위치 백sandwich bag에 싸서 조그만 가방이나 런치 박스lunch box에 넣어 가는데 겉에 아이들이 좋아하는 그림이나 캐릭터 모양이 있으면 잘 들고 다닌다. 이때도 물론 지워지지 않도록 이름을 써서 다른 아이 것과 바뀌지 않도록 한다. 아이들이 얼마 동안은 좋아하는 런치 박스를 잘 갖고 다니지만 책가방 챙기랴 점심 가방을 챙기랴 쉽지 않고, 가정에서는 가지고 돌아온 점심 가방을 깨끗하게 씻어 말려 다음날 또 보내야 하는 번거로움도 있다. 이런 저런 이유로 학교를 드나들며 보아온 것 중의 하나로 분실물 모아 놓은 곳에는 반드시 런치 박스도 여러 개 있다. 그뿐만 아니라 아이들의 불편도 덜어줄 수 있다는 이유로도 브라운 백 즉 종이봉투를 권하고 싶으며, 또 먹고 나서 쓰레기통에 넣어버리면 위생상의 문제도 되지 않으니 깨끗한 점도 있다. 아이들은 빈 봉투를 버리고 집에 오게 되지만 이것만이 좋은 방법이라 말 할 수는 없겠다. 봉투를 사용하면 아이들이 먹다 남은 것을 볼 수 없어 부모는 아이들이 점심을 어떻게, 또 얼마나 먹었는지 어떤 것을 좋아하는지 점검할 수 없게 되는 단점이 있다. 그러나 편식하는 아이는 미리 아이와 상의하여 좋아하는 점심을 준비하여 주면 걱정도 덜 수 있고, 브라운 백을 이용할 때는 부모가 눈여겨 볼 수 없는 경우이므로 먹다 남은 것을 집에 가져 오라고 아이에게 일러주는 방법도 있을 수 있다.

- 음식 알러지

각자 집에서 준비한 음식이 아니고 학교에서 점심을 사서 먹거나 또는 파티라 하여 학교에서 준비되는 음식을 먹게 되는 경우가 있다. 예를 들면 할로윈Halloween, 부활절, 크리스마스 또는 다른 아이의 생일 등에는 학교에서 보내오는 통지문에 나와 있어 점심이나 스낵을 집에서 싸가지 않게 된다. 그럴 경우 큰 아이들은 자기가 알아서 알러지가 생기는 음식은 피하게 되지만 어린 아이들은 잘 모르기도 하려니와 물어 보지 않고 아무 생각 없이 집어 먹게 된다. 그러한 이유로 대부분의 학교 식당 즉 카페테리아cafeteria에서는 아이들에게 흔히 문제를 일으킬 수 있는 것을 금하고 있다. 예로 많은 사람들에게 알러지allergy의 원인이 된다는 땅콩버터 샌드위치, 또는 땅콩기름으로 준비되는 음식은 학생들에게 내보내지 않고 있다고 한다. 그 이외에 자기 아이가 어떤 음식물이나 다른 환경적인 요소에 노출되면 알러지가 생겨 큰 위험이 생기는 특이 체질이라면, 개학할 때 학교에서 보내오는 주의사항 통지문에 꼭 써 보내야 하는 것도 잊어서는 안 된다. 학교에서 점심이나 스낵 등을 먹게 되는 경우는 아이에게 주의를 주어 어느 특정한 음식물에 대한 알러지를 기억하게 하며 나아가서 담임교사에게 부탁을 한다. 대부분의 학교에서는 의사의 처방을 받아 알러지 반응이 일어났을 때 응급용으로 쓸 수 있는 주사 Ephi-pen를 학교 내에 비치하고 있으며, 특이체질인 아이를 둔 부모는 학교 내에 응급 주사 유무를 알아보는 것도 좋으며, 당연히 부모로써 알 권리가 있는 사항으로 오히려 학교에 주의를 환기시키는 경우도 될 수 있다.

- 아플 때와 약을 보내게 될 때

아이가 아파서 학교를 결석해야할 때가 생긴다. 이런 경우 각 학교에는 학교에 보고할 수 있는 전화선line이 따로 있다. 학생 이름과 학년, 담임선생 이름을 말하고 어떤 사유로 인하여 부득이 결석을 해야 하는지, 며칠 동안 결석하게 되는지 분명하게 메시지를 남겨 놓으면 무단결석이 아니므로 교사의 걱정을 덜어 주게 된다. 가령 돌림이 있는 독감, 전염병 같은 것이 그 지역에 있게 될 때 학교 행정부에서는 통계 자료로 주위의 다른 학교나 동네 주민을 비롯하여, 모든 학생들에게 주의를 환기시키게도 한다. 그러므로 부모들은 학교에 꼭 연락을 취하여 결석 사유를 알려 놓아야 한다. 병으로 인하여 3일 또는 그 이상으로 장기간 동안 치료하게 되어 학교를 쉬게 될 때에는 꼭 담당의사의 의견서를 제출하도록 하여 구구한 억측을 피하도록 한다. 덧붙여 숙제물도 친구나 인터넷으로 받을 수 있는지 교사의 의견을 참고하도록 한다.

등교하고 나서 갑자기 아프거나 또는 놀다 다치는 일도 생기는데, 이럴 때는 학기 초에 제출한 인적 사항을 가지고 보호자guardian나 부모에게 연락이 오게 되어 있다. 전화를 받은 후에는 서둘러 학교에 도착하여 아이의 상태를 보아 의사에게 가든가 경미한 경우에는 집에 데려와 쉬도록 조치를 해야 한다.

만약 아이가 병을 치료하는 과정 중에 학교를 출석하게 되면 계속하여 시간을 맞추어 약을 복용해야할 경우가 생긴다. 이런 경우에는 처방된 약을 약병 송두리째, 즉 복용 방법, 약 이름과 아이의 이름이 있는 것을 학교로 보내 약을 먹이게 되는 일이 있다. 아니면 약을 다른 작은 병에 원래의 상태로 약 이름, 복용 방법, 아이 이름 등이 있는 것을 보내도 되지만 할 수 있다면 학교의 수업시간을 예상하여 복용시간을 조절하여 집에서 아침 시간에 먹이고 보내거나, 방과 후 집에 돌아와서 먹이는 것이 안전하고 수월하다. 다른 방법으로는 부모가 시간에 맞추어 아이의 학교로 가지고 갈 수도 있겠으나 번거로우니 잘 생각해 보고 결정하도록 해야 한다.

경미한 감기로 인하여 결석할 경우라도 아이가 열이 떨어질 때까지 그리고 의사의 권고를 참작하여 다른 아이들에게 피해가 가지 않도록 출석을 고려해야한다. 항생제와 해열제를 먹인 후 보통 2~3일이면 열이 떨어지고 많이 완화되는 경우가 많으니 조바심을 갖지 말고 아이의 상태를 보아서 호전된 후에 학교 출석을 시키도록 한다. 결석이 길어지든가, 숙제물이 걱정스럽다면 담임에게 부탁하여 친구 편에 전해 받아도 되며 부모가 가서 직접 받아와서 아이의 학습 진도를 맞추어 주면 된다. 또 전화를 하든가 인터넷으로 간편하게 이런저런 문제를 해결할 수 있으므로 담임교사나 해당되는 교사와 긴밀한 관계를 가지고 있으면 많은 도움이 된다.

열이 나고 아플 때 또는 베이비시터를 갑자기 구할 수 없는 문제로 인하여 등교를 시키게 되면 아픈 아이도 문제려니와 옆의 다른 아이한테 옮기게 되므로 학교 측에서는 절대 환영하지 않는다. 부득이 부모가 직장을 쉬더라도 아이의 건강을 지키는 것이 도리이다.

미국에서는 법에 의하여 만 12세 이전에는 아이들을 절대로 혼자 방치하면 안 된다는 것도 잊지 말자. 잠깐의 실수로 본의 아니게 큰 일이 생길 수 있으므로 꼭 베이비시터를 고용하든가 어른의 보호 아래 있도록 하여 아이들이 법적인 연령이 될 때까지는 부모들이 신경 써야 된다.

물론 아이들 학교에 관계되는 일뿐만 아니라 부모들의 바쁜 직장 생활로, 가사로 또는 부득불한 이유로 인하여 아이를 누구에게 맡기지 못하고 식품점이나 상점에 데리고 나가는 경우도 있다. 이럴 때 아주 잠깐만 하는 생각으로 여름에 뜨거운 햇볕으로 후끈하게 달구어지거나, 추운 겨울에 온도가 많이 내려간 차 안에 아이를 놓아두는 일이 있다고 한다. 아이가 잠이 들어서, 아파서 또는 다른 이유로 실내로 데리고 들어가지 못하고 무심코 하게 되는 행동은 매우 위험한 일이며, 나아가 아동학대라는 항목으로 법적인 처벌을 받게 된다. 아무튼 어른이나 베이비시터가 항시 곁에 같이 있어 아이를 보호하여 어떠한 위험에도 노출되지 않도록 한다.

- 야외 학습 Field trip

한국에서 말하는 야외 학습이라고 하면 이해가 된다. 저학년에서는 대략 1년에 두 번 정도로 봄, 가을에 있게 되는데, 전체 학년이 같이 가든가, 아니면 각 반별로 진행하게 된다. 인원수가 많거나 장거리로 나갈 때는 학교 버스를 이용하여 움직이며 그렇지 않을 경우에 학부모들이 샤프런 chaperon이 되어 반 전체의 아이들을 나누어

야외 학습

학부모들의 자동차 여러 대가 움직이게 된다. 어찌되었든 자원하여 샤프런이 된 학부모는 나누어 맡게 된 학생들을 책임지고 보살피며 담임교사의 지시를 따라 협조해야한다. 저급 학년인 경우는 4명 정도의 학생이 한 조가 되는데 고학년이 되면 학생 숫자가 많아진다. 휠드 트립을 하게 되면 복장은 물론 간편해야하며 점심은 각자 준비를 하여야한다. 브라운 백을 사용하여 즉 먹고 난 후에 버릴 수 있는 종이봉투에 넣어서 겉에는 아이 이름을 써서 다른 아이 것과 구별되도록 보내주면 된다. 용돈은 별로 드는 것이 없으나 가는 곳에 따라 아이들이 구매하여야 하는 것이 있거나 군것질을 할 수 있는 곳이면 약간의 돈을 주면 된다. 또는 경우에 따라 학교에서 미리 감안하여 입장료나 필요한 금액을 알림장으로 통보하여 해당되는 금액을 내어 현지에 가서 아이들에게 지시를 하여 일정한 것을 선택할 수 있도록 하는 경우도 있다.

예전에 웃지 못할 일이 생각이 나서 소개해본다. 한국에서 온 지 얼마 안 된 유치원 학부모가 휠드 트립field trip 즉 야외 학습이 있어 아이가 학교에서 가져온 편지 내용대로 점심과 기타 준비물을 싸서 보냈는데 돌아올 때 마중 나가보니 자기 아이만 등에 짊어지는 조그만 가방을 메고 있더란다. 분명히 노트에 브라운 백brown bag이라 하여 점심을 넣은 가방을 어깨에 메어 보냈다고 한다. 알고 보니 누런 종이로 된 것으로 한 번 쓰고 버릴 수 있는 봉투에 보내라는 얘기였기에 많이 무안했었다고 얘기를 했다. 야외 학습에는 아이들이 간편하게 활동할 수 있도록 모든 것을 최소화하는 것을 잊지 말아야 하는 것이다.

   샤프런이 되는 것은 트맆을 앞두고 학교에서 노트가 오게 되며, 학부모들은 몇 명이 필요한가에 따라 사인을 하게 된다. 그렇다고 사인한 학부형 모두가 샤프런이 되는 것은 아니고 필요한 숫자의 부모만이 자격이 될 수 있다. 아이들이 자기 부모가 같이 트맆에 가게 된다면 굉장히 좋아하게 되며 부모도 아이들의 모습을 지켜보는 것으로도 흐뭇한 시간이 될 것이다. 직장생활을 하고 있는 부모는 아이들을 위하여 미리 시간을 낼 수 있도록 계획한다면 다른 학부형들도 만날 수 있으며 아이들의 학교 친구들, 교사와의 관계를 눈여겨볼 수 있는 기회가 되기도 한다. 샤프런 사인하는 종이를 아이가 학교에서 가져오게 된다면, 정해진 기간에 참석할 수 있도록 직장 근무시간과 일상생활 패턴을 조절하여 미리 준비하며 계획하여 놓으면 용이하게 될 것이다. 이때 망설이지 말고 서둘러 사인한 종이를 학교에 되돌려 보내어 샤프런 자격으로 자기 아이와 같이 참가하여 좋은 시간을 보낼 수 있는 기회를 만들어 보는 것이다.

- 교사와 학부모 상담시간

 새 학기를 시작하고 나서 그리 오래지 않아 학교에서는 오픈 하우스open house를 하게 된다. 학교에서는 전체 학부모를 대상으로, 각 학년 교실에 가기 전, 큰 홀이나 강당, 체육관에서 교장이 나서서 학교의 계획과 방침을 설명한다. 다음으로 각 반으로 나누어져, 담임과 부모가 인사를 나눈다. 교사는 1년 동안 학생들을 어떻게 지도할 것인지에 대한 계획을 얘기하며, 부모는 아이들이 새로운 학년에 어떻게 적응할 수 있을까 하는 대강의 짐작도 할 수 있다. 새 학기가 지나고 계속 학교를 다니다보면 1년에 매 학기마다 부모와 교사 간에 상담시간parents & teacher's conference이 있게 되어 각 학생들에게 일일이 약속시간appointment을 나누어 주거나 알려준다. 때로는 초등학교에서는 반 별로 시간을 내어 반 전체 학생의 부모와 일일이 만나게 된다. 각 교실에 준비되어진 아이들의 솜씨 자랑도 보게 되며 친구들의 부모도 만날 수 있는 기회도 된다.
 담임은 아이의 수업 태도, 친구들과의 관계, 모자라는 부분, 뛰어난 부분을 지적하여 준다. 대부분의 교사들은 항상 좋은 점만을 들추어 얘기하게 되고 고쳐야 할 점이나 부족한 점은 부모가 묻기 전에는 거의 꺼내는 일이 없다. 특별하게 문젯거리가 있는 아이는 다르지만 보통 아이에게는 일반적으로 부모를 안심시키는 정도다. 그러다보니 한국 부모 중 어떤 분은 자기 아이가 가장 잘 하고 있다는 착각도 가질 수 있다. 부모는 아이의 공부뿐만 아니라 성격 등 부족한 부분을 잘 파악하여 담임과 상의하여 어떻게 도와주어야 하며, 어떻게 해결할 것인지 등의 조언도 들어야 한다. 이렇게 하여 부모와 교사간의 신뢰도 생기게 되며 아이들도 학교생활에 긍정적인 생각으로 흥미도 가지게 된다. 또한 부모는 학교에서 있게 되는 학부모 회의에 참석하여 학교 특별행사 등을 참견하게 되며 미국식 건전한 치맛바람도 일게 된다.

　아이들의 성적표report card 나올 때가 되기까지 기다리다 아이의 부족한 면을 발견하거나, 아이의 발달 사항에 뒤늦게 섭섭해 하지 말아야 한다. 즉 교사 학부모 회의에 어떤 사정으로 참석치 못할 때에는 필요에 따라 언제든지 교사한테 이메일이나 편지를 보내는 방법도 있다.

　가끔 아이의 상태를 묻기도 하며 예정된 결석일이 있다든지 등을 알려주어 부모가 관심을 나타내면 아이를 위하여 교사와 친밀한 관계를 여는 방법도 된다.

　학부모와 교사라 하면 우선 한국 부모들은 교사한테 전해주는 촌지나 사례금이 생각날는지 모르나 이곳은 문제가 될 만한 금전적인 것이 절대로 왔다 갔다 하지 않는다. 서로의 의견 교환 정도로 아이들의 학업에 관한 생각을 주고받을 뿐이며, 특별히 크리스마스나 스승의 날, 또는 학년 말이 되는 6월 초가 될 때는 조그만 성의를 표시하기도 한다. 그러나 학생들이 교사께 감사의 표시일 뿐 그 이상이 아니므로 선물로 커피 머그mug or cup, 초콜릿, 캔디, 작은 화분이나 꽃 등을 많이 준비한다. 하지만 진작 교사들은 많은 학생들을 상대하다보니 그러한 선물이 너무 많아서 그런 것은 피하였으면 하는 얘기를 사석에서 들은 일이 있다. 아무튼 부담이 가지 않을 정도의 작은 소품이나 직접 만든 따뜻함이 깃든 카드를 보내준다면 교사들은 만족하게 될 것이다.

30여 년 동안을 중학교middle school에서 가르치다 퇴직하여 이제는 봉사자로 이곳저곳 필요한 도움의 손길을 나누고 있는 친구의 얘기로는 예전에는 학생들에게 선물을 받는 일은 절대로 없었고 뿐만 아니라 그리하면 안 되었다고 한다. 오히려 학생들에게 기분을 도와주는 의미에서 작은 캔디 등을 준비하여 수업 후에 잘했다는 칭찬의 의미로 학생한테 일일이 나누어 주는 것이 교사의 일이며 그렇게 하는 것이 기쁘고 즐거웠다고 회상하는 것을 보았다. 그 얘기를 들으며 예전과 현재 세태의 차이를 느끼는 듯하나 이렇듯 주고받는다는 것은 따뜻한 마음의 전달이라는 것을 알 수 있다.

- 학생과 학부모의 자원봉사

등하교 시간대가 되면 학교 주위에 있는 길이나, 골목 모퉁이에 어린 학생들 서너 명이 오렌지색의 띠를 어깨에 두르고 서서, 오 가는 학생들에게 길을 건너게 도와주는 일을 흔하게 보게 된다. 초등학교 상급반 학생들로 아우들을 위해 봉사하는 것이다. 이렇게 학교 밖에서도 볼 수 있지만 교내식당에서 자기가 먹고 난 자리를 정리하여 다음 사람을 배려하는 것을 비롯하여 도서실에서 책 정리, 아주 조그만 일이나 또는 잡다한 일로 교사를 도와주거나, 새 학기에 후배 아우에게 학교 안내 등은 초등학교에서 흔히 할 수 있는 일이다. 이렇듯 어려서부터 남을 배려하는 마음을 배우고 도와주는 일이 생활의 한 부

분이 되어 특별히 가르치지 않아도 몸에 배는 듯하다

 부모들은 부모대로 자기 아이 학급 교실이 아닌 학교 어느 곳에서든 열심히 이런 저런 모양으로 봉사하는 것을 많이 보게 된다. 아이들이 차를 타고 내리는 곳의 질서 유지, 식당에서 보살핌, 도서실 관리, 학교 행사, 할로윈 퍼레이드, 휠드 트랩field trip 도우미, 각 학급 교실 도우미, 학교 화단 가꾸기 등 어른들 손길이 필요한 곳이면 언제든지 모습을 나타내곤 한다. 이러한 봉사가 자기 아이한테 직접적으로 이익이 되지 않을지 몰라도 학교를 위해 더 나아가 아름다운 사회가 이루어지는 기초가 된다는 것을 알 수 있다. 또 어린 학생이 자기보다 건강하지 않은 학생을 위해 가방을 들어 준다든지, 닫혀진 문을 자연스레 열어주는 것은 흔히 볼 수 있는 모습 중의 하나이다.

 나아가 일부 사립 기독교christian 고등학교에서는 한 학기에 사회봉사를 20시간 이상 해야 하는 것을 필수요건requirement으로 정해 놓고 봉사한 시간을 학생들에게 학점으로 인정해 주고 있다. 그래서인지는 몰라도 주위에 있는 학교 학생들이 동네 어른이 차 사고가 났다는 것을 알고는 서로 다투듯 집으로 찾아와 집안일 등 필요한 부분에 도움을 주는 일도 있어 이웃 간에 보기에도 흐뭇하다.

 이곳에서는 나이 어린 학생들도 어디서든 어른들의 봉사를 볼 수 있어 자연적으로 마음에 새겨두고 성장하여, 사회봉사에 발을 디디게 될 수 있는 기회가 오면 자발적으로 되는 것이 아닐까 생각해본다. 학교 내에서 쉽게 할 수 있는 일로 조금 이른 등교시간, 늦은 하교 시간이라고 하나 언제든 봉사할 기회가 있게 되면 부모들은

초등학교 졸업식

아이들을 재촉하고 격려하여 그러한 기회를 일부러라도 만들어 아이들에게 산 교육을 접할 수 있도록 하면 좋겠다. 작은 일부터 시작하여 차근차근 배워 나가면 나중에 내가 아닌 남을 위해 헌신하는 아름다운 마음을 충분히 가질 수 있다.

- 졸업식

유치원부터 시작하여 5학년을 마치면 중학교에 가게 된다. 몇 년을 다니다보면 학교에 애착도 생기고 익숙하여지며 좀 철이 나는가 싶은데 벌써 중학교를 간다니 감개무량하다.

유치원 시작할 때쯤 되면 엄마들은 아이가 나이가 되어 정식으로 학교를 간다는 사실에 흥분도 하지만 옆에 끼고 살던 때를 생각하며 허전함에, 또는 그만큼 잘 자라주었다는 감사함에 눈물을 보이는 사람도 있다. 자기네 아이의 유치원 시작하는 첫날에, 스쿨버스가 오면 놓칠세라 카메라를 들이대고 처음 등교하는 감격스런 한 장의 사진을 남기려고 아이와 함께 줄곧 기다리는 모습도 있는데, 어쨌든 졸업을 한다니 부모가 시간을 내어 참석하지 않을 수 없으며 기쁘기도 하다. 한국처럼 유명 인사나 높은 분이 인내심이 적은 학생들 앞에서 장장 연설을 하는 것이 아니고 초등학교는 그저 간결하게 식을 거행한다.

그동안 교내와 교외 행사에서 받은 상을 부모들이 보는 앞에서 이름이 호명되고 앞으로 나가 확인도 하며 졸업생이 대표로 인사하고, 교장의 격려사를 들으며 끝을 맺게 된다. 한국과 달라 식을 하는데 장시간 필요한 것도 아니고 학생과 학부형 교사가 모여 아이들이 잘 자라서 학업을 끝내게 되었다는 기쁨을 나누며 앞으로의 나갈 장래를 축복하는 의미인 셈이다. 아이들도 중학교에 가게 되었다는 자부심을 가지고 의기양양하며 옆의 사람도 보기에 좋아 박수를 쳐주며 축하한다는 얘기를 나눈다.

졸업 후, 학생들은 본인이 거주하고 있는 학교 구역school district의 중학교로 진학하게 되며 초등학교와 학교 크기와 규칙도 다르며 학생 수가 많아지게 되는 소위 규모가 커지는 생활이 시작된다. 중학교는 같은 구역에서 모인 몇 개의 초등학교에서 학생들을 받아 구성된다. 예전에 같이 다니던 친구들도 있지만 다른 학교에서 온 학생들과도 모이게 되니 친구의 범위가 커지는 셈이 된다. 학교생활도 자율적으로 해야 하는 등 모든 것이 초등학교 때보다 생소한 것이 많아지게 된다. 학교 구역은 대체적으로 거주하는 주민 수에 따라 나누어져 한 개의 학군이라도 초등학교 수는 많고 중학교는 4~5개의 학교, 고등학교는 그보다 좀 적은 3~4개의 학교가 있다.

중학교

  이 때쯤이면 중학교에서도 새로 입학할 학생들을 위한 모임이 있게 된다. 때로는 운동장에서 피크닉 같은 행사를 주선하면서 새로 만날 급우와 서로를 소개하는 기회가 있게 된다. 보통 학년이 끝나가는 6월이나, 새 학년이 시작되기 전 8월 초쯤 날짜를 정하여 각 초등학교 별로 소집하여 상급학교 분위기를 알리게 된다. 또 가을학기 시작하기 전에는 입학하는 전체 학생을 모아 게임도 하며 학생 간의 어색한 만남 즉 서로 알지 못하는 학생 또 교사 간의 친숙함을 도와주게 된다. 즉 상급 학교에서 있게 될 수업에 대한 준비를 하는 것뿐만 아니라 서로 인사를 나누며 새로운 학교생활의 분위기를 익히는 오리엔테이션 시간이 마련되는 셈이다.

중·고등학교

중학교를 시작하면 등하교 시간이 초등학교와 달라 수업을 일찍 시작하며 일찍 마친다. 그뿐 아니라 이제 나이도 들어 혼자 결정하고 책임져야 할 일들이 많아진다. 교과 과정도 필수가 있으며 선택하는 과목도 있으며, 음악, 체육 활동, 그 이외 무엇을 해야 할지 선택도 해야 한다. 물론 학생들은 부모, 교사와 상의를 하지만 최종적인 결정은 학생 스스로 할 수 있도록 부모들은 도와주도록 한다. 중·고등학교에서는 밴드팀, 오케스트라, 합창반, 미식축구, 축구,

정구, 농구, 수영, 디베이트debate 팀, 육상, 연극, 컴퓨터, 골프, 야구, 레슬링, 치어리딩 등 많은 팀이 있어 아이들의 흥미와 개개인의 특기에 관심을 가질 수 있게 한다. 아이들이 각자의 적성과 흥미를 염두에 두고 특별활동을 하게 되면 고학년이 되고 나아가서 대학에서 전공을 하게 되는 경우도 있으니 부모는 관심을 가지고 주의 깊게 지켜보아야 할 것이다.

중학교에서는 스스로 혼자 계획도 하며 공부하여 학교에 적응하는 방법도 터득하게 되는데 어느 분야 즉, 과학, 언어, 사회부분 등 본인의 적성에 맞는지도 알아볼 수 있을 때라고 할 수 있다. 그러므로 고등학교 가기 전 기초분야를 열심히 공부하여 상급학교 진학을 준비하는 과정이 되도록 노력하면 좋다.

- 음악 활동

일기가 웬만하여 따뜻하다 느껴지면 아침부터 학교 근처에 사는 주민은 동네 전체에 퍼지는 밴드소리를 듣게 된다. 시끄럽지는 않지만 이른 시간에 퉁당거리는 북, 색소폰, 클라리넷, 트럼펫, 플롯 등 작지 않은 악기소리에 새학기 시즌이 시작되었음을 알게 되는 것이다. 고등학교 운동장에서 밴드 연습이 있어 들리는 소리이다. 이처럼 밴드는 운동 경기가 있게 되면 으레 그 학교를 대표하여 국가를 시작으로 하여 경기 내내 응원도 하고 마칭밴드marching band 노릇도 한다. 이런 신나는 음악이 없으면 경기도 신이 나지 않게 되니 중요한 단체인 것이다. 연주되는 음악은 다양하여 경쾌한 경음악을 비롯하여 클래식, 유행하는 팝송, 민요, 동요 등 듣는 사람들의 기분도 좋아지고 어렵지 않아서 콧노래로 따라 부르기에 좋다. 일반적으로 중학교에 들어가면 악기를 시작하게 되는데, 예전에는 초등학교 5학년부터 하였으나 예산 삭감으로 인하여 중학교가 시작되는 6학년middle school부터 하는 학교가 많다. 자기가 좋아하는 악기나 또는 교사의 추천에 의하여 과외 활동시간, 음악 시간 중에 연습을 하게 된다. 예전에 소유하고 있던 악기가 있으면 그것을 이용하면 되지만 그렇지 않은 경우는 학교에서 지정하는 악기점에서 매월 소정의 사용료를 지불하고 빌려 쓰게 된다. 어느 기간 동안 소유하다 학생의 취미에 맞든가, 이 악기를 오래도록 연주하려는 계획과 의도가 있으면 구입하기도 한다. 계속하여 빌려 쓴 후 이미 매달 지불된 사용료의 얼마를 크레딧credit을 받아 본래의 가격보다 조금은 저렴하게 구입할 수 있는 방법도 있다. 오케스트라반 학생들도 각자 사용하는 악기들을 이렇게 편리한 방법으로 구하게 되는데, 처음 시작하는 학생들이 큰 경비를 지출하지 않고도 악기를 구할 수 있어 좋은 방법이 된다. 악기에 숙달될 때까지 또 계속하여 배우고 싶거나, 나아가 더 좋은 악기를 구입할 때까지 무리하지 않고 부담 없이 사용할 수 있어 괜찮은 방법이다. 오케스트라 단원 중에는 첫 번째 체어first chair를 지키고 또는 앉고 싶은 자부심과 야망 때문에 연습을 부지런히 하여 꿈을 이루기도 하고 연습이 게을러지면 물러서기도 하면서 자신의 재능을 키우게 된다.

밴드나 오케스트라, 합창반은 콘서트concert를 1년 동안 여러 차례 하게 되는데, 학기 말 또는 연말이나 크리스마스 같은 명절 때는 부모와 친척 또는 친지들을 모시고 발표회도 한다. 또 이웃의 병원, 양로원, 때로는 쇼핑몰shopping mall 등에서 많은 사람들을 흥겹게도 하며 또는 위로하며, 뜻있고 재미있는 시간을 보내기도 한다. 또한 밴드, 오케스트라, 합창반에서는 개인 자격이나 단체팀으로 구역county, 주state 대항에 출전하여 그동안 배운 실력을 겨룰 수 있는 기회competition도 있다. 그렇게 하다보면 개개인의 소질도 알게 되며 열심히 하여 특기로 인정을 받으며 본인의 재질을 키우게 되는데, 나아가 본격적으로 배우고 싶을 때는 좋은 지도 교사를 만나 규칙적으로 수업을 받는 레슨도 한다. 이렇게 하여 고등학교에서의 음악 활동이 지속적으로 이어져, 음악대학도 지원하게 되고 전문 음악인으로 나아갈 수 있는 인연도 갖게 된다. 뿐만 아니라 때로는 음악 활동이 장래에 유용하게 쓰이기도 하며 취미생활로 이어져 여유시간을 즐기게 되기도 한다.

- 체육 활동

운동하면 여러 가지가 있겠지만, 시간을 내어 틈틈이 어려서부터 한두 가지씩 익히게 되는 게 보통이다. 가령 수영 같은 운동은 두 돌이 안 된 아기들을 위한 베이비 수영반babyswim class이라는 것도 있어 어머니와 같이 풀pool 속에서 놀면서 간단한 몸동작 등을 수영 강사로부터 지도를 받게 된다. 유치원 가기 전에 하는 티볼teeball 야구, 댄스, 그리고 나이가 들어가며 정구, 미식축구, 축구, 농구, 태권도, 육상, 레슬링, 기계체조gymnastic, 하키, 골프 등이 있다.

그러니까 1년 내내 일기가 괜찮을 때에는 야외에서, 아니면 실내에서 운동하는 것을 생활의 한 부분으로 삼는다. 본격적으로 학교에서 코치의 지도를 받게 되는 것은 중학교부터다. 학생들이 좋아하는 운동반을 선택하여 들게 되면 코치가 학생들을 지도하며 시합에도 나가는 등 활발히 학교 이름을 내어 걸고 명예롭게 참가하게 된다. 운동하며 얻은 기록시간이 월등하여 공식기록으로 나타나게 되면 다른 사람의 예전의 공식기록을 갱신하게 되는데, 그런 학생의 기록은 학교 체육관에 있는 벽에 부착된 보드board판에 이름이 쓰여 오래도록 남겨지는 영예를 얻게 된다. 공인된 기록은 체육관을 드나드는 모든 사람들의 관심을 끌게 되고 학생들에게는 귀감이 되어 그 기록에 도전하여 보자는 당찬 생각도 갖게 된다.

유니폼은 일반적으로 학교 체육반이 추천하는 곳에서 단체로 구입하게 되며 학교에서 보조금이 없으므로 각자가 준비하여야 한다. 유니폼에는 앞뒤로 다니는 학교와 학생의 이름이 새겨져 자랑스레 입고 다닌다. 어려서 하게 되는 또는 초등학생들이 하는 대부분의 운동은 코칭스태프는 부모들의 자원봉사로 이루어지는 경우가 많고 팀의 운영을 위하여 소정의 활동비를 내면 된다. 특별한 경우 수영, 댄스 같은 것은 전문적인 지도교사가 맡게 되므로 일정의 수강료를 내는 경우도 있다.

어려서부터 익혀온 운동으로 모든 학생들은 너나할 것 없이 한두 개의 운동은 다들 할 줄 알고 즐기기도 한다. 그러므로 고등학교의 체육 활동반은 지원하는 학생이 많게 되므로 테스트를 하여 나누게 된다. 바시티varsity 또는 주니어 바시티junior varsity로 나누어지게 되며 바시티 그룹에 속한 학생들은 상급학년 학생들이 많으나 일단 거기에 소속되면 자기 나름대로 바시티에 대한 프라이드를 갖고 명예롭게 활동한다. 그렇지만 주니어 그룹에 속한 학생도 때때로 테스트를 거쳐 바시티에 참가할 기회가 있으니 열심히 노력하면 원하는 그룹에 들어갈 수가 있다.

가령 예를 들면 농구부에서 바시티 하면서, 연습 시간 등이 겹치지 않는 다른 정구나 수영에서는 주니어 바시티를 할 수가 있다. 아니면 음악반에 들어갈 수도 있고 디베이트, 컴퓨터, 연극, 사회봉사반, 미술반, 골프 등을 하면서 시간을 나누어 쓰며 취미를 키우는 방법도 있다. 이렇게 하여 또한 고등학교 때부터 자신의 시간을 활용하는 것을 배우게 되는 계기가 되기도 한다.

수영하는 학생은 학교 수영장을 이용하므로 연습시간을 다른 사람이 쓰지 않는, 수업시간 전이나 휴일, 또는 이른 아침에 하는 경우가 많다. 공립학교에 있는 수영장은 동네 주민이 낸 세금으로 지어졌으므로 공공시설물에 속한다. 그러므로 으레 여름에 많이 이용하는 수영장이 항상 많은 사람들로 북적이게 된다. 정작 수영장은 몇 곳 안 되지만, 기타 운동장을 비롯하여 정구 코트, 육상 코트, 교실, 강당 등은 주민이라면 누구나 이용할 권리가 있다. 그렇다고 아무 때나 쓸 수 있는 것이 아니고 짜여진 계획대로, 주민이 쓸 수 있는 가족의 날이라든가, 어느 단체에서 쓸 수 있는 시간, 학교 연습시간 등이 구별되어 있다. 때로는 코치 지도비, 또는 사용료라 하여 약간의 비용을 낼 수도 있고 방학기간 동안처럼 좀 한가할 때는 운동장이나 농구, 정구 코트 시설은 무료로 이용할 수 있다. 여름철에는 특히 많은 연습 시간이 필요한 수영반 학생들은 새벽 이른 아침에 시간을 내어야 충분한 연습을 하게 되므로, 시간과 시설을 나누어 쓰는 것으로 공동체에서 남과 더불어 사는 방법과 규칙을 은연중에 배우게 되는 것이다.

고등학교 때, 운동이나 음악 등을 뛰어나게 잘하면 다니는 학교뿐 아니라 동네 매스컴에 이름이 알려지며 그야말로 유명해진다. 그렇게 되면 나중 대학입시에 가산점을 얻게 되며 입학하게 되는 대학에서 스카우트 제의도 들어와 특기 장학생으로 선발되는 영광이 있다. 그러나 그런 혜택은 알다시피 극소수의 학생뿐이며 장학금이나 명예를 얻기 위하기보다는 어찌되었든 좋아하는 운동과 음악을 하면서 고등학교 생활을 보낼 수 있다는 것이 학생들에게는 큰 장점이다.

각 팀들이 어떤 운동을 하던 간에 홈 게임이 아니고 원정 게임을 나갈 때는 스쿨버스를 이용하여 교통수단에 큰 문제없이 출전할 수 있었는데 근래에 와서는 그런 일이 거의 없다고 해야 될 성싶다. 학교 예산 삭감, 재정 적자로 인하여 스쿨버스를 무료로 쓰는 것이 제약이 생기게 되어 각 팀에서는 교통편에 대한 약간의 수수료를 학생들에게 받고 있다. 그래도 여전히 스쿨버스를 빌려 쓰는 것이 전세 내는 교통편보다 저렴하고 편리하며, 각자가 운전하지 않고 단체로 움직일 수 있는 점이 있어 학부모들은 학생들을 위하여 큰 부담 없이 별도의 지출을 하게 되는 것이다.

- 홈 커밍, 프람 & 졸업 파티

고등학생이 되면 큰 기대를 가지고 있는 것 중 하나가 학교에서 공식 행사로 있게 되는 프람prom파티가 바로 그것이다. 자기가 좋아하는 남자, 여자 친구와 함께 성장을 하고 댄스파티에 간다는 것이 그렇게 흥분되는 일인 것이다. 이때 누가 초대를 해줄 것인가? 내가 마음으로 좋아하는 친구가 초대를 해줄까? 아니면 내가 누구를 초대를 해서 같이 시간을 보내게 될까? 어떤 드레스에 어떻게 치장을 할까? 어디서 무엇을 먹을까? 등등의 물음표로 예정된 날짜가 가까워 올수록 흥분이 되며 기대를 잔뜩 하게 된다. 간간이 뉴스에 올라와서는 안 될 일도 이때 생기며, 부모들도 자식이 이만큼 컸다는 기쁨도 잠시 아이들에 대한 우려 또한 생기게 된다.

긴장이 풀어지고 동료들과 어울리다보면 평소에 얌전히 하던 운전 습관도 그만 잠시 잊어버리고 과속으로 달린다든가, 어른들 눈에 뜨이지 않게 음주도 하며, 싸움을 벌인다든가 하는 일이 생겨 학교 측에서도 여러모로 신경을 쓰게 된다. 이런 것을 방지하기 위하여 학부모와 학교 측은 학생운영위원회측과 의논하여 협력하여 교외에서 하기보다는 학교 내에서 행사를 치르도록 권유하게 된다. 학부모들은 도우미가 되어 건전한 파티를 주선하게 되는데 부탁받은 동네 상인들은 스폰서로 푸짐한 상품과 금일봉을 협찬하

프람

기도 한다. 이른 저녁부터 시작하여 여러 가지 프로그램을 가지고 늦도록 파티를 하게 되는데, 학생자치위원회student body or council에서도 각별한 신경을 쓰며 학생들이 호응할 수 있도록 특출한 아이디어를 내어놓고 많은 학생들이 파티에 열정적으로 참석하도록 흥미를 보태어 준다. 물론 졸업반 학생들을 위한 여행이 따로 있어 집을 멀리 떠나는 기회도 있지만 전체 학생이 모두가 참여하는 것은 아니어서 프람은 교내 행사로 많은 학생들에게 인기 있는 프로그램인 셈이다.

며칠 전 전국 뉴스에, 어느 고등학교 여학생이 프람을 가는데 파트너를 같은 여학생으로 정해 같이 참석한다고 하여 많은 논란이 있었다. 상식적으로 파트너는 같은 성이 아닌 성별이 다른 이성을 생각하게 되는데, 이 여학생은 레즈비언lesbian이라 자기가 남장을 하고 참석한다는 얘기다. 이러쿵저러쿵 얘기들이 있어 법으로 해결하자는 논지를 보았는데, 결국은 학부모들이 나서 프람을 취소하는 일이 생기게 되었다. 학생과 학교, 학부모들의 관심으로 이런 행사를 주선하게 된다는 이야기로 아직 세상 물정을 모르는 아이들을 지도하는 것은 어른들임을 알 수 있다. 이렇듯 집에서 아이들을 키울 때 너무 자유분방하게 내 버려두지 말고 관심을 가지고 보아, 적당한 선을 그어 할 것과 해서는 안 되는 것을 분명하게 가르친다면 밖에 나가서도 매스컴에 오르내리는 황당한 일을 저지르지 않을 듯싶다.

프람은 졸업을 하게 되는 6월 초나 5월 말에 하게 되는데, 남학생은 여학생의 집까지 꽃을 가지고 찾아가 여학생 부모님께 인사도 하며 초대한 여학생과 같이 댄스파티에 참석하는 것이 일반적이다. 때로는 의상 준비에, 꽃, 식사비용, 리무진 차를 대여하는 등 과용도 마다하면서까지 즐거운 시간을 보내기도 한다. 아이들에 따라 다르나 요즘에는 친한 친구 여러 명이 그룹으로 같이 놀기도 하고 식사도 하면서 그날 쓰게 되는 비용을 똑같이 나누기도 하는 현명한 선택도 한다. 이렇듯 학생들은 고등학교 생활의 한 면을 친구들과의 추억으로 남기는 좋은 시간을 갖게 된다. 가끔 듣는 얘기로 하이스쿨 스윗 하트 highschool sweet heart라 하여 평생의 반려자를 만나게 되는 일이 이때 생기게 된다고도 한다.

홈 커밍

홈 커밍home coming은 가을 새 학기 시작 후 얼마 안 되어 미식축구가 시작되는 시기에 하게 되는데, 특별 프로그램을 마련하여 같은 학교를 졸업한 동문들이 모교에 대한 자부심을 가지고 모여 회포도 풀게 된다. 재학생들은 홈 커밍 퀸과 킹을 뽑아서 퍼레이드도 하며, 미식축구 풋 볼foot ball을 참관하고, 저녁에는 댄스파티도 곁들여 하루를 의미 있게 보내게 된다. 졸업생들은 동기 친구들이 각자 여러 곳에서 흩어져 살다가 모교에서 다시 만나 새로운 감회를 나누는 시간을 가지게 된다. 홈 커밍에 참석하여 졸업 후 친구들의 변화된 모습을 보면서 그동안 못 다한 얘기를 나누며, 또 예전에 배웠던 은사들을 만나 추억을 되살리는 흐뭇하고 정겨운 시간을 갖게 된다.

- 고등학생 사회봉사

우리가 사회봉사라 하면 거창한 일을 생각하기 쉬운데, 미국 생활을 하다보면 의외로 간단한 것을 알 수 있다. 이런 저런 모양으로 남을 위하여 시간과 마음을 나누어 쓰면 되는 것이기 때문이다.

고등학교를 가면 공부해야 할 시간, 특별 활동시간, 상급반에서는 대학 입시준비를 해야 하므로 시간을 내가 아닌 남을 위해 쓴다는 것이 쉽지는 않다. 그러나 대학 입학원서에는 특별히 좋은 에세이를 첨부한다든가, 남보다 월등하게 뛰어난 상을 받은 일이나 또는 사회봉사를 오랫동안 했다는 일이 첨가되어 제출되기도 한다. 아울러 학교 성적 GPA도 좋고, 학교생활에서 리더십을 발휘하였으며, SATScholastic Aptitude Test, ACT 등이 좋다면 대학 입학 사정에서 합격할 수 있는 가산점이 된다는 것을 알 수 있다.

봉사하는 분야도 다양하여 앞으로 대학에 가서 전공할 분야에 봉사하며 장래를 생각하는 기회로 삼을 수 있기도 하다. 그렇지 않더라도 각기 다른 장소에서, 어려운 이웃을 돕든가, 수프 키친soup kitchen, 해비 탯habitat, 양로원, 동물 보호기관, 또는 도서관, 의사, 법률가, 정치가 사무실, 병원, 학교, 연구 실험실 등 수없이 많은 곳에서도 봉사할 수 있다. 그동안 애써 봉사한 시간을 담당자나 책임자인 윗사람에게 인정된 사인을 받아 사실을 증명할 수 있는 서류가 있다면 도움이 되기도 한다. 어떨 때는 이렇게 사인 받은 용지가 대학 입학 원서를 쓸 때 명시하여 요긴하게 쓰인다. 이렇게 알게 모르게 사회봉사 활동을 열심히 하였던 학생들에게는 학년 말이나 연초가 되면 곳곳에서 사회봉사 어워드award라 이름을 붙여 표창상을 받게 되어 주위의 본이 되는 것도 사실이다.

요즘은 연방정부가 주관하여 훌륭한 시민을 위한 상을 마련하고 봉사한 사람에 따라 특별한 상을 수여하고 있다. 국민 전체에게 봉사하는 것을 격려하는 아름다운 예다.

- 진학 문제

졸업을 앞둔 대부분의 학생들은 4년제 대학을 결정하는데 많은 시간과 노력을 기울이는데 꼭 그렇지만은 않은 경우도 있다. 예로 커뮤니티 칼리지community college 2년제 대학을 택한 학생은 느긋이 자신의 전공을 택하여 2년 정도 근처에 있는 학교를 다니다 4년제로 전학하는 경우도 많다. 4년제 대학을 가서도 전공을 확실하게 정하지 못하여 우왕좌왕하는 경우는 시간을 낭비할 수도 있으나 일단 1~2년 정도 초급대학인 커뮤니티 칼리지에서 공부하며 전공을 결정하면 이수한 과목 중에서 학점을 옮길 수 있는 방법이 있다. 또 초급대학이 4년제에 비하여 전적으로 못 하다거나, 떨어진다고 생각하면 안 된다. 다행히 전공이 정해져서 전학하려는 대학에서 요구하는 과목들을 수강하여 좋은 학점을 받는다면 학점이 전학하는 대학으로 고스란히 또는 일부분이 옮겨질 수도 있다. 전학하려는 4년제 대학에서 요구되는 과목을 미리 알아두어 차근차근 진행한다면 시간과 등록금을 절약하는 방법이 된다.

프람과 졸업식 광고

그렇지만 4년제 대학을 진학하는 것보다 2년제가 좋다는 것은 아니고 형편에 따라 이런 저런 방법을 설명한 것에 불과하다. 4년제 대학은 대학대로의 장점도 있어 운동을 하기 위한 스칼라쉽이 있는 경우가 있으며, 선택하는 학과의 우월한 점, 교수진 수준, 재정적 도움, 역사적 배경, 학생들의 폭 넓은 다양성, 장래 직장문제, 세계를 보는 관점, 덧붙여 좋은 명성 등이 있다면 망설임 없이 큰 대학을 선택하게 되지 않을까 한다. 주민state resident인 경우 주립대학이나 커뮤니티 칼리지는 타 주에 있는 대학보다 등록금이 훨씬 저렴하다는 것도 큰 장점이 될 수 있다. 주민으로 거주하면서 세금을 부담하여 주state에 대한 공헌을 인정하는 받는 셈이 되는 것이다. 고등학생이 되면 대학을 가기 위하여 미리부터 준비하지만 자기의 능력으로 할 수 있는 것 중의 하나로 남는 시간을 이용하여 베이비시팅이나 레스토랑, 마켓 등에서 일하여 적은 돈을 알뜰히 모아 학비 마련에 힘쓰는 기특한 학생들도 있다는 사실이다. 다시 말하면 남의 위치로 돌아가 내 것이 아닌 남의 신발을 신어보고 그들의 고충도 듣고 배우는 귀중한 시간도 될 수 있는 것이다.

지적 미숙아를 가진 부모는 교육에 남다른 애착이 있으나 마음대로 잘 되지 않는 경우도 있다. 특수교육special education을 받게 되는 경우로 대부분의 학생은 고등학교를 졸업하는 것이 대단한 일로 칭찬 받아야 마땅하다고 말할 수 있겠다. 누구에게나 기회가 열려 있는 스페셜 교육을 받아 기술 수료증이나 전문 면허를 받을 수 있다면 또 전문대학이나 기술학교로 진학하여 기술을 배우고 자격증을 받을 수 있다면 장래 계획에 도움이 될 줄로 안다. 부담이 갈 정도의 어려운 대학을 가기보다는 개개인에 알맞은 능력대로 자질을 가다듬고 키워서 실제적으로 생활에 잘 적응하는 방법이 훨씬 나을 수 있다는 얘기이다. 보통 특수교육이라 하면 대략 초등학교 때부터 일반 아이들과는 별도로 반을 만들어 지적으로 부족한 학생들만을 모아 실시되며 스페셜 지도교사special education teacher가 있어 개개인의 능력에 맞도록 맞춤 교육을 받게 된다.

아이들이 고등학교에 가게 되면 진작 학생들은 덤덤하나 대다수의 한국 부모들은 신경을 곤두세우고 걱정 아닌 걱정으로 아이들을 정신적으로 압박을 주는 일이 흔하다.

그만큼 한국에서의 힘든 입시경쟁을 듣거나 알고 또는 보았으며 또는 그것을 피하여 미국에 왔다고들 하니 그러리라 생각된다. 9학년부터 고등학교 학생이 되는데, 이때부터 서서히 대학 진학을 위해 정규 과목 중 선택과 필수과목을 정한다. 8~9학년부터는 프리에스에이티Pre SAT라 하여 학교 내에서는 딱히 권하지는 않지만 외부에서 들어오는 테스트가 있으니 한 번 해보라는 충동도 있다. 그러나 대략 10학년이 되면 정규수업 이외에 우수반 격인 에이피Advance Placement 클래스도 본격적으로 듣게 되며 과외활동도 병행하게 된다. 에이피반을 선택하는 것은 성적이 상위권이 되어야 하지만 그 반을 수강하고 나서 성적이 좋지 않다면 안 하는 것보다 못하다는 것도 염두에 두어야한다. 일반적으로 대학에서는 숫자로 나타나는 학교 성적GPA도 중요하지만, 인성교육도 무시하지 않으므로 취미로 하는 운동이나, 기타 사회봉사 과외 활동도 부지런히 한다면 대학갈 때 원서에 첨부되어 가산점을 받게 된다.

- SAT II, SAT & ACT

한국에서 고등학교 때 유학 온 학생의 얘기를 해보자. 학교 성적은 괜찮으나 어디 가서 사회봉사 할 수 있는 차편도 수월하지 않고 언어도 자신감이 없는 등 여러 여건이 안 되어 대학 갈 때 가산점을 걱정하는 경우가 있다. 좋은 예로 어느 학생이, 내가 담당하고 있는 주말 한국학교를 찾아와 봉사를 하겠다고 하여 학교에서 저학년 도우미로 착실하게 봉사하여 얼마간의 시간으로 크레딧을 받아 간 일이 있다. 그 후 원하는 좋은 대학에 입학 되었다고 인사하러 오면서 고마움을 나타내는 것을 보았다. 아무튼 봉사라 하면 그 지역의 도움이 필요한 여러 곳에서 성실하게 일하면 부족한 사회봉사 활동의 시간도 메우고 칭찬이 될 뿐 아니라 보람도 있고 생활의 즐거움도 있을 수 있다.

미국에서 SAT II로 스페인어, 불어, 중국어 등 여러 언어 중에서 한국어를 택할 수 있다. 한국어가 본인의 능력으로 적당하다고 생각되면 SAT II 한국어 시험을 미리 보아 놓으면 다른 과목에 더 신경을 쓸 수 있는 여유로운 시간을 얻을 수 있다. 한국에서 미국 온 후 4~5년 된 학생에게는 한국어 SAT Ⅱ 시험을 보는데 가장 적당한 기회라고 한다. 처음 미국 와서는 영어가 서툴러서 출제된 시험 문제를 이해하는 것이 쉽지 않으나 어느 정도 시간이 지난 학생은 영어로 된 문제를 이해하는데 불편함이 없어져 한국어 테스트에서 좋은 점수를 받을 수 있다.

11학년이 되면, 본격적으로 SAT, ACT 등 대학에서 필요로 하는 테스트를 하여 점수를 받아 놓고 학교성적GPA과 함께 본인의 실력을 가늠해 보게 되며 적성에 맞는 학교 선택도 추측해본다. 이 시험은 대부분의 학생들이 봄과 가을에 공고되어 예정대로 치러지는데, 한 번 본 것으로 그치지 않고 더 볼 수 있으며 원하는 점수가 나올 때까지 치를 수 있으나 응시료 등 학생들의 시간적인 제한으로 쉽지는 않다. 대다수의 학생들은 두 번 정도 응시하기도 하는데 먼저 치른 것과 비교하여 보다 나은better 성적을 인정받을 수 있다. 그렇지만 반대로 과거에 치렀던 좋지 않은 성적이 기록에서 지워지지 않고 그대로 나열되어 오히려 걸림돌이 되는 테스트도 있으니 유의하여야 한다. 이렇게 하여 준비된 테스트 결과를 가지고 원하는 대학을 알아보는 것을 시작할 수 있다.

- 대학교 소개와 방문

학교에서도 대학 입학을 위하여 여러 가지로 도움을 주는 칼리지 나잇 또는 데이college night or day가 있으며 예전부터 있어온 담당

카운슬러counselor가 학생들에게 수시로 조언하며 의논을 한다. 카운셀러는 학생들의 진로나 진학 상담을 하게 되는데, 여러 해 동안 경험 있는 교사들로서 학생들의 문제점과 대학의 실정을 잘 파악하고 있어 도움이 된다. 예를 들면 대체적으로 필요한 정보로 주state, 다른 주out of state에 있는 대학교 등록금에 대한 정보, 학교 분위기, 전공별 학교 선택, 장학금 관계, 각종 테스트 성적이 미치는 범위 등을 간략하게 설명하여 준다. 자세한 정보는 직접 인터넷으로 알아보든가, 칼리지 나잇에 각 대학에서 입학 담당자가 나서서, 해당학교에 대한 설명회를 하게 되므로 이런 기회에 빠지지 말고 참석하여 골고루 들어보면 좋을 것이다.

부모들은 나름대로 아이를 데리고 원하는 대학들을 11학년 또는 12학년 여름방학 중에 신입생 유치 설명회도 참석하여 본다. 그 학교의 교육방침, 주위 환경, 학교의 시설 등을 둘러보며, 앞으로의 학교생활을 가늠하여 볼 수 있는 기회이다. 또 학생들은 생각으로만 막연하게 생각하다가 눈으로 직접 보고, 느끼고 나면 마음의 결정을 하기 쉬워 좋다. 특히 대학에 입학원서를 내기 전에 학교 방문을 하여 본다면 학생들이 학교 결정에 적지 않은 도움이 될 것이다. 학생들은 원서를 딱히 한 곳만 내는 것이 아니라 희망하는 학교를 정하여 몇 곳을 내어 입학허가가 주어지는 학교 중에서 선택하게 된다. 그러나 학교에 원서를 제출할 때 부과되는 수수료는 돌려받을 수 없으므로 무조건 많은 학교에 원서를 낸다는 것은 쉽지 않은 일이니 차분히 생각하여 보고나서 마음에 드는 학교를 결정하여야한다.

- 원서 접수와 입학 허가

 12학년 첫 학기가 되는 9월 초부터 분주히 원서를 준비하게 된다. 요즘은 인터넷으로 하지만 준비하여야 할 일이 많다. 하나도 빠짐없이 학교에서 원하는 서류를 보내야 기일 안에 심사를 받을 수 있으며 일찍 원서를 접수하게 되면 우선적으로 조기 합격 여부도 알 수 있게 된다.
 이때는 특별히 원서를 내는 학교에서 요구하는 각 학년 성적표를 비롯하여, 갖가지 테스트 결과, 추천서recommendation, 자기소개 에세이, 상을 받은 증명 등을 학교에 원서와 함께 제출한다. 학교에 따라 다르기도 하지만 직접 챙기는 게 좋다. 담당 카운셀러와 의논하여 정리하면 한결 수월하다.
 원서 접수 후 빠르면 11월 중순이나 말경이 되면 조기입학 여부가 나오며 늦게까지는 다음해 4월까지도 이어지게 된다. 대기자 명단에 올라 있으면 늦어지지만 보통은 합격통지를 받고 거치금deposit을 내면 완전히 입학을 확인하는 셈이다. 그 후로는 학교에서 하라는 대로 예를 들면 기숙사 결정, 카페테리아 식권 사용과 구매방법, 기숙사의 룸메이트 등을 결정하게 된다. 개강 전에 학교에서는 신입생들이 필요한 오리엔테이션 시간을 마련하여 학생들이 불편함이 없도록 한 후에 도움이 될 만한 지식을 가지고 수업에 임하게 되며 드디어 대학교생활을 시작하게 된다.

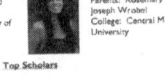

최우수졸업생

- 수상식Award

학교에서는 1, 2등을 가린다든가, 또는 상벌을 위주로 학생을 지도하지는 않으나, 학기말이 다가오면 1년 동안 공부를 잘한 학생들에게 과목별이나 전체적으로 상을 주게 된다. 뿐만 아니라 학교 밖에서의 경기나 특별한 콘테스트 등에서 상을 받은 학생도 포함되어 미술, 음악, 운동, 연극, 로보틱robotic, 디베이트debate 등에 뛰어난 학생을 비롯하여 사회봉사상, 아카데미적으로 우수한 학생들까지 포함되게 된다. 과목 별로 수학, 영어, 과학 등에 해당하는 우수상도 있으며 한국식으로 말하면 전체 우등상도 있다. 상으로는 표창장이 대부분이나 유에스 본드U.S bond, 현금check, 상품권도 있어 받는 학생들의 기분이 우쭐해지기도 한다.

상을 받는 날이 되면 물론 학부모도 참석하여 아이들에게 축하와 격려도 하여주고 다른 아이들의 뛰어난 점에 박수를 쳐주며 흐뭇한 시간을 갖는다. 아이들이 집에 와서 얘기를 하지 않아서 부모가 자기 아이가 어떤 상을 받는다는 사실을 모르고 참석하여 이런 저런 상으로 또는 봉사상을 받을 때는 놀랍기도 하고 주위로부터 부러움의 대상이 되기도 한다. 아이가 대견하게 잘 자라 주었다는 마음에 기분이 좋게도 된다.

고등학교 졸업식

 일일이 학생의 이름을 부르면 앞에 나가 상을 받는데 부모들은 뒤에 앉아 어느 친구, 어느 아이가 어떻게 공부하였으며 또 무슨 일로 상을 받는지 귀를 기울이고 서로 칭찬하며 정다운 얘기를 나누게 된다. 부산스러워 보이나 개개인의 아이들을 위한 시간으로 학교 공부를 잘 마치고, 또 인격적으로 잘 자라 주었다는 자부심, 그리고 또 한 해를 무탈하게 잘 해냈다는 칭찬을 보내며 부모들이 자녀들에 대한 자랑스러움이 나타나는 시간이 되기도 한다.

- 졸업식

 졸업식을 학교 내 강당에서 하기도 하나 가족과 친지들을 초청하는 행사이기에 으레 인원이 많으므로 학교 자체 내의 장소가 좁은 경우 더 넓은 곳이 필요하게 된다. 또한 졸업식의 초청 티켓은 한 학생 당 몇 개만으로 제한을 하여 너무 혼잡스럽지 않도록 조정하게 되며 필요한 학생은 요구하면 더 받을 수 있게 된다. 교내의 협소한 장소 문제로 외부에서 식을 하는 경우는 학교마다 다르나 근처에 있는 대학교 오디토리움auditorium이나 운동장, 야외극장, 또는 극장 등을 이용하여 많은 수의 축하객이 참여할 수 있도록 배려를 한다.

졸업생 중에서 최고의 우등생인 발레딕토리안valedictorian으로 뽑힌 학생은 학생대표로 연단에 올라가 졸업 연설을 하게 되는 큰 영광을 얻게 된다. 우등생co-valedictorian, salutatorian도 있게 되며 과목당 우등생도 나오게 된다. 이런 학생들에게는 대학갈 때 요긴하게 쓰게 될 각종 스칼라십scholarship이 여러 단체 또는 기관 등에서 제공되는데 학생들이 받게 되는 스칼라십을 같이 발표하여 졸업식에 모인 청중들의 큰 박수를 받게 된다. 졸업생은 한 사람 한 사람 호명되면 단 위에 올라가 교장과 악수를 하고 졸업장을 받는다. 물론 신체적인 핸디캡handicap으로 몸이 불편한 학생도 떳떳하게 휠 체어wheelchair 또는 보조 기구를 갖고 나가 여느 학생과 다르지 않게 단 위에 올라 졸업장을 받게 되는데 지켜보는 이들에게도 뭉클한 감동을 갖게 한다. 이런 풍경은 비장애자와 장애자의 구분 없이 학업을 잘 마친 학생들의 영광스런 모습으로 대단한 결실을 이루었다는 것에 모두 찬사를 보내게 된다.

졸업 시즌이 되면 본인이 다니던 학교 내의 소식이 아니라 동네 신문에 스칼라들scholars 즉 발레딕토리안, 코 발레딕토리안이라 하여 현재 다니고 있는 고등학교의 이름, 스칼라의 이름들이 사진과 함께 명예스럽게 발표된다. 어느 학교의 누구이며, 부모의 이름, 장차 진학할 대학과 원하는 전공분야 등이 명시되어 지역에 있는 학교 별로 큰 지면에 게재되는 잊지 못할 영광을 갖게 된다. 근래에는 이민자의 인구가 늘어나서인지 몰라도 아시안 계통의 학생들도 만만치 않게 이름이 올라와 있는 것이 눈에 많이 띈다.

이날, 동네 레스토랑에서는 가족들이 혹은 친구들이 모여 졸업축하파티로 북적거리는 가운데 12년을 무탈하게 잘 마친 것에 박수를 보낸다. 집에서는 따로 날

대학 졸업식

을 정하여 졸업하는 아이를 위한 조촐한 파티를 열어준다. 초대받은 손님은 친척, 이웃, 친구가 주로 되는데 졸업파티도 파티려니와 대학 갈 때 필요한 준비물 구입하는데 보태어 쓰라고 금일봉을 축하카드에 넣어준다. 대부분의 대학은 첫 1년 동안 신입생은 기숙사생활을 하므로 소소하게 준비할 물품들이 있으므로 요긴하게 쓰인다.

졸업식에는 보통 볼 수 있는 한국 풍경과 달라서, 절제되지 못하고 부산한 학생들의 모습이라기보다는 교복이 없으므로 학교에서 준비시키는 통일된 복장으로 권위를 상징하는 검정색 사각모와 가운을 입는다. 그리고 각자가 준비하는 것으로 가운robe 속에는 여학생들은 하얀색의 상의나 드레스 등을 입든가 남학생들은 백색 셔츠에 짙은 남색, 검정색바지를 입도록 권한다. 졸업식장은 식이 끝난 후 남겨진 휴지나 꽃으로 어지럽히는 한국의 풍경과는 다르게 어디서나 보아오는 평상시와 큰 차이 없이 예의를 갖추며 자기의 쓰레기를 줍는 시민들의 모습도 볼 수 있다.

- 운전 시작

 고등학생이 되면 운전에 대해 예민하게 반응을 하게 되며 큰 기대를 가지고 이것저것 차 종류에 대해 지식을 얻으며 차를 쓸 수 있는 기회가 오기를 손꼽아 기다린다. 운전면허는 각 주마다 차이가 있어서 단적으로 말할 수 없지만 각 주의 면허발급 규정을 해당 사무소에 문의하면 된다. 미시건에서는 법적으로 만 15세 이상이면 부득이 일을 해야 한다든가 등의 이유로 운전을 시작할 수는 있으나, 만 16세가 되면 누구나 적당한 절차를 거쳐 핸들을 잡을 수 있다. 말하자면 운전연습을 하기 전에 일정 시간동안 운전학교에 출석하여 강의를 듣고 난 후 필기시험을 치르고, 합격 후에 임시 운전면허증을 받게 된다. 이것을 가지고 운전학교에 나가 주 정부에서 필요로 하는 법적 시간에 맞추어 공부하면서 운전지도 선생이 옆에 앉고 학생이 직접 운전 실기연습을 하게 된다. 이때는 차에 '운전연습 학생'이라는, 또는 어느 운전학교에서 지도하고 있다는 사인판을 차에 붙이게 된다. 그리고는 주행 속도가 25마일 정도의 동네 길을 시작으로 하여 하이웨이highway, 프리웨이freeway 등 복잡한 곳에서 도로연습을 하며 시도하게 된다. 즉 도로 표지판을 식별하며, 속도제한, 일방통행, 도보자 주의, 우선멈춤 등 그동안 공부하면서 책에서만 읽고 보았던 것을 실질적으로 습득하게 된다. 학교에서 책, 영상이나, 시뮬레이션simulation을 보면서 공부한 것을 실지로 적응하는 훈련이 되는 셈이다. 또 부모나 보호자가 나서서 자녀들의 연습시간에 같이 일정시간 참여하였음을 증명서에 사인하여 제출한다.

예전에는 법적 시간 수가 제한되어 있는 것이 아니고 필기시험 후 한 달이 지나면 실기시험을 볼 수 있었으나, 근래 미시건 주에서는 젊은 학생들의 운전 사고가 많다는 이유로 아주 까다로운 시간 제약으로 충분히 실기연습을 거치고 야간과 주간 운전 실습도 함께하여 규정에 있는 어느 정도의 시간이 지난 후 실기 시험을 보게 되어 있다.

운전면허를 받은 후 몇 달 동안은 보호기간이라 하여 야간 운전을 금하며, 이 기간 동안에 사고 나지 않도록 각별한 주의를 해야 한다. 물론 21세까지는 자동차 보험회사에 보통 성인보다는 상당한 보험금을 지불하여야 한다. 미시건에서는 보험에 들게 될 때 운전할 나이의 청소년 학생이 학교 성적이 B이상인 성적표를 받으면 보험료가 낮아진다고 한다. 공부를 잘하여 주는 혜택으로 학교에서 착실한 태도로 공부하는 학생은 운전도 별 문제없이 잘할 수 있으리라는 믿음이 가기 때문이 아닌가 싶다.

부모들이 운전 연습할 때 옆에 앉아 자녀들이 운전하는 모습에 이러저런 지적을 하여 안전 운전에 신경을 써야할 때도 이때가 되는 것이다. 나이 어린 학생들의 안전을 위하여 이렇게 많은 제약을 두어 처음부터 안전한 운전 습관을 갖도록 하는 취지이며 운전대를 잡으면 무서울 것 없이 덤비는 청소년들을 위한 배려이다. 처음 시작할 때 규정대로 운전하는 것을 배워두어야, 점차 해가 지나, 성인이 되어도 운전 버릇을 좋게 가질 수 있는 초석이 될 것이다. 부모들은 잘 가르쳐서 아이들이 바른 습관이 되도록 하며 여의치 않을 때에는 평이 좋은 운전학원에 보내어 일임하면 한결 쉽게 해결될 수 있다. 어정쩡하게 배워 잘못 길들여진 운전 습관을 가지기보다는 올바르고, 안전한 운전 지도를 받게 하여 평생 후회 없도록 부모의 책임을 다할 수 있으면 좋겠다.

- **여름학교**Summer school

방학이라 하면 미국에서는 여름방학을 생각하게 된다. 우선 기후도 놀기에 좋고 여행하기도 쉬울 뿐 아니라 기간도 거의 3개월을 쉬게 되니 그야말로 방학은 절호의 기회이며 반가운 일이다. 그동안 부모들은 자녀들을 학교 보내랴 특별 활동 쫓아다니랴 종종거리며 지내다 이제는 시간도 넉넉하여 부모들이 숨을 내쉴 수 있겠으나 방학 중 여유 있는 시간을 어떻게 보내느냐의 결정을 한다. 그러나 이 기간을 이용하여 남과 차별된 시간을 보낸다면 아이들한테는 후회 없고 알뜰한 학창 시절이 될 수 있다.

여름방학이 가까워 오면 학교나, 단체 또는 연구기관에서 여름 방학 특강 수업이라고 할 수 있는 프로그램이 많이 있게 된다. 제일 쉬운 예로, 자체 고등학교에서 수업 연장상의 강의가 있어 그동안 부족한 학점을 보충하거나 또는 우수반 AP 학점을 받을 수 있는 기회가 된다.

대학교에서 하는 특별강좌 프로그램으로 수

여름학교

학, 영어, 과학반 등이 있어 집에서 가까운 대학이나, 멀리 타 주에 떨어져 있는 명문대학까지 선택하여 여름방학 기간에 다녀오기도 한다. 그뿐 아니라 스포츠, 음악, 미술, 작문writing; composition, 읽기reading 캠프들도 가까운 동네 학교에서 또는 전문적으로 각 학교에서 진행 되므로 선택하여 등록을 할 수 있다. 여름 프로그램은 대부분의 경우 초등학생들부터 참가할 수 있는 것부터 고등학생까지 가능하며 초등학생들은 주로 동네 프로그램에 가게 되며 시간도 하루 종일이나 반나절로 기간도 짧게 2주가량 하게 된다. 그러나 학년이 올라가 대학 입학준비를 해야 하는 고등학생은 정규 학교 학기와 같이 4~6주이며 대학에서 하는 프로그램에 참가하면 하루 종일 수업하여 짧은 기간인 1~2주에 마치게 된다. 이러한 프로그램은 별도의 등록금을 내야 하므로 동네 프로그램에 비하여 만만치 많은 경비가 들게 된다. 뜻있는 부모들은 경제적으로 과히 어렵지 않고 시간이 허용된다면 자녀들의 교육을 위하여 여름방학을 그냥 지나쳐 놀게만 하지 않고 아이들에게 적당한 프로그램을 선택하여 의미 있는 시간을 가지도록 권유한다.

한편 대다수의 고등학교에서는 방학기간 동안 운전 교실을 열어 운전할 나이가 되는 자체학교 학생들에게 운전 준비를 시킨다. 신청하는 학생 수는 많고 제한적인 시간으로 혜택을 받게 되는 학생이 생각보다 많지는 않으나 미리 계획하여 이런 프로그램을 이용하면 방학동안 시간을 유용하게 쓸 수 있다.

고등학생이 있는 부모는 어느 것이 현명한 선택일지 모르나 대학 진학을 앞에 둔 자녀들을 위하여 부모가 할 수 있는 여러 가지 면으로 학구적, 인성, 스포츠, 예술적으로 다양하게 도와주게 된다. 그러나 단지 여름 특강을 선택하여 들었다고 하여 학교 일반 공부를 더 잘할 수 있는 것은 아니고 다른 쪽으로 인성을 다듬어 주는 경험을 얻도록 하는 것이 중요하지 않을까 생각된다. 모든 것이 학생 개개인의 능력과 성격에 따라 다르지만 우선 정서적으로 필요한 것이 있다면 지식만을 넣어주는 공부를 시키기보다는 부족한 것을 채주면 좋을 것 같다. 아무튼 하계학교는 잘 이용하면 어느 면에서는 큰 성과를 얻을 수 있다.

- 일기 변화와 휴교

날씨의 변동은 사시사철 있어 여름이라 덥기만 하고 겨울이라 춥기 만한 것이 아님을 근래에 와서 더 자주 느끼게 된다. 봄가을에는 중서부에는 토네이도tornado라는 무서운 회오리바람 같은 것이 와서는 동네를 들어 올려 휩쓸고 지나가기도 하며, 여름에는 강한 비바람으로 전선주, 나무 같은 것을 쓰러뜨리고 산이 있는 곳은 산사태가, 또 겨울에는 엄청난 눈으로 도로를 마비하며 상당한 피해를 주기도 한다. 물론 서부 캘리포니아 주에서는 지진으로, 산불로도 위협을 줄 때도 있으며, 남쪽 플로리다 주에서는 허리케인으로 피해를 입기도 하며, 강풍이 오거나 하는 곳에서는 전선이 끊어지든가, 모래 때문에 운전 중 시야를 가리기도 한다. 추울 때는 수도관 등에 문제가 생겨 학생들도 학교에서 정상적인 수업을 할 수 없다. 이런 경우에 여러 가지 예방책이나 주의할 사항을 알려주고 교육도

시키고 있으며, 자연 재해를 재빨리 복구하기 위해 주민 복지를 담당하는 기관에서는 밤새도록 길을 치우며, 전기 고장문제를 비롯하여 애쓰게 된다.

일기 변화로 인한 사고나 변고가 생길 때에는 해당되는 동네 언론 매체에서는 이런 상황을 TV로 보도하며 도로 사정도 수시로 알려 준다. 그러므로 출퇴근하는데 도움이 되고, 학교의 휴교 유무도 텔레비전으로, 라디오 방송으로 거듭 내보내면서 어려움이 없도록 주의를 촉구한다. 물론 지정 방송사가 있어 채널을 맞추면 되는데 대부분의 큰 방송국은 모두 이런 프로그램에 참여한다. 방송은 아침 등교 전부터 시작되니 일기가 나쁠 때는 일찍 일어나 부지런히 방송을 체크한다면 직장이나 학교 출근에 지장이 없게 된다.

이 방송은 어느 도로에 지장이 있는지 어떻게 치워 나가고 있는지를 알려 주며 이것을 듣고 대처하여 출근길에 나서면 도움이 된다. 어떨 때는 전적으로 학교를 휴교하는 것이 아니라 도로 사정이나 다른 문제의 해결이 어느 정도 나아진 후 몇 시부터 시작한다는 내용도 있으니 유의하여 듣도록 한다.

- 학교 등록과 학비

가을 학기가 시작되는 8월 말이나 9월 초가 되면 개학 준비에 부모와 학생들은 바쁜데, 등록금을 생각하지 않을 수 없다. 그러나 거주지 관할 공립학교인 초·중·고등학교에서는 등록금이라 하여 별도로 내는 예는 없다. 단 공립학교에 처음으로 등록할 때 아이들

사립학교 광고

이 필요한 예방접종을 마쳤다는 건강진단서를 포함하여 거주지를 증명할 수 있는 주택 계약서나 전기세, 수돗물, 가스비 등을 내었다는 영수증이 있어야 한다. 그중에 하나를 학교 등록할 때 가지고 가서 그 학군에 해당되는 주민임을 증명한다.

사립학교는 등록금이 부과되므로 어디에 거주하든 관계가 없으며 학교버스가 안 다니는 곳은 자발적으로 교통편을 마련하여 등하교를 하여야 한다. 그러다보니 한국에서 유행하는 듯한 조기 유학생들이 곳곳에 있는 사립학교에 다니는 예가 많은데 주민이 아니어도 되기 때문이다. 만약에 유학생이나 거주지가 다른 학생이 본인의 동네 즉 거주지resident 공립학교가 아닌 다른 동네에 있는 마음에 드는 공립학교를 꼭 가야한다면 이에 상응하는 꽤나 비싼 등록금을 내어야하며 법적인 보호자guardian가 있어야 가능하다. 다른 학교로 전학하려는 학생도 먼저 다닌 학교의 성적증명서, 건강검진서와 필요한 예방접종을 마쳤다는 증명과 거주지 증명을 가지고 있어야 한다. 그리고 가고자 하는 학교 행정부school administration office에 가서 서류를 제출하고 기타 필요한 사항을 기입하면 된다. 한국에서 이주해 오는 학생도 마찬가지로 의사의 건강진단서, 예로 예방접종을 마쳤다는 증명서와 어느 학년을 마친 성적표를 제출하면 된다.

사립학교는 등록금이 있어서 초등학교, 중·고등학교에 내야하는 금액이 각 학년 별로 약간의 차이가 있다. 학교마다 다르지만 대략 비슷한 정도라 하나 크리스챤 학교가 조금은 덜 낸다는 보고를 읽은 일이 있다. 또 교복이 없는 학교도 있으나 대부분의 가톨릭 catholic 계통이나 기독교 사립학교는 교복uniform이 있어 공립학교와는 눈으로 보기에 조금은 차별되고 있다. 등하교 시간도 공립학교와 다르며 학교 버스를 타고 내리는 시간과 장소도 공립학교 학생과 다르다. 물론 주민이라 세금을 납부하게 되므로 같은 구역school district에 있는 학교버스는 이용하게 되지만 공립학교 학생과는 등하교 시간이 따로 정해져 있고 주위에 있는 대다수의 공립학교 학생과 같은 혜택을 누구나 받을 수 있도록 되어 있다. 만약 사립학교에 다니는 학생이 가까운 집 주변에 버스 노선이 없다면 부모나 보호자는 학생들을 매일 통학시켜야 하는 수고와 번거로움도 있다. 다른 방법으로는 같은 학교에 다니는 학생들과 또는 부모들과 같이 순번을 정하여 돌아가며 운전하여 하루 쓰게 되는 통학시간을 벌 수도 있다.

공립학교는 주민이 내는 학교 세금school tax으로 운영된다고 해도 과언이 아닐 정도다. 학교 세금은 이런 저런 곳에 쓰여지며 주민들은 때에 따라서 목소리를 크게 내며 학부모회나 동네회의city or town meeting에 참석하여 좋은 의도의 참견도 하게 된다. 부모가 만약 공립학교의 제도적인 교육이 맘에 안 든다든가 종교적인 교육을 자녀들에게 가르치기를 원한다면 다른 얘기가 된다. 일부러라도 개인의 돈으로 등록금을 내어서라도 맘에 드는 사립학교를 택하여 자기 아이들의 교육을 철저히 하겠다는 생각이 되는 것이다. 사립학교는 우선 학생 수가 적어서 학생 하나하나에게 관심을 더 잘 써줄 수 있는 교육을 받을 수 있다는 장점도 있으나 등록금을 해마다 내야하는 재정적 부담도 있다. 사립 고등학교는 별도의 기숙사가 있는 경우도 있어 타주의 학생이나 해외 유학생도 선호하게 된다. 그러나 특정한 사립 고등학교는 학교에서 요청하는 입학시험이라 할지, 자격시험qualifying test을 치러서 적정수준에 맞아야 입학이 가능하게 된다. 물론 개인에 따라 재정적, 예술, 스포츠, 종교, 또는 집안 대대로 내려오는 전통 등 각자 취향에 따라 학교 선택이 달라질 수 있지만 각 학교의 특색이 장단점이 될 수 있으니 부모들은 어느 학교가 맘에 드는지 신중히 판단하여 자녀들을 위하여 바른 선택을 하도록 한다.

대학은 고등 교육기관이며 등록금을 내야만 공부를 할 수 있는 곳이다. 단 주민이 살면서 세금에 기여한, 즉 세금보고를 마친 주민은 주립대학state university 또는 커뮤니티 칼리지community college에 등록할 때 등록금에 상당한 혜택이 있게 된다. 경우에 따라 다르지만 거의 반 정도에서 3분의 1정도 적게 낸다. 그렇지만 타 주out of state에 있는 대학에서도 주립대학과 마찬가지로 여러 가지 무상으로 받을 수 있는 그란트grant 또는 여러 가지 명목의 장학금scholarship의 기회도 있게 된다. 또 학생 스스로 교내에서 또는 학교 밖에서 스스로 일을 찾아 나서서 등록금에 상당한 기여를 하는 경우도 많다.

학생 본인이 원하는 주립대학이 아닌 타 대학을 가기로 한다면 동네 주민이 아니더라도 얼마만큼의 장학금이나 그란트를 받을 수 있는지 알아보아 재정적으로 힘든 상황을 극복하는 경우도 많다는 것을 말하고 싶다. 그러나 주립대학이 일반 타 대학과 학문적으로나 여러 가지 면에서 떨어진다고 생각하면 오산이다. 어디에 있든지 모든 대학들은 대학 나름대로 특출한 분야들이 있어 명성을 얻고 있으며 그 대학 모든 분야가 월등하다고 생각하면 안 된다. 가령 어느 대학은 예술 분야, 또 어느 대학은 기초 과학 분야, 인문 사회계통이 우수하다든가 하여 각 대학들의 특성을 잘 나타내고 있다. 먼저 주립대학 학부를 졸업하고 타 주에 있는 대학원에 진학하는 학생은 좀 더 특별한 연구적인 학업을 위하여, 또는 원하는 분야에 이름 있는 학교를 가기 원한다면 대학 때 월등하게 공부한 성적으로 장학금 혜택을 받는 경우도 많이 볼 수 있다.

스포츠로 스칼라십을 받는 경우를 생각해보면 운동만 잘하고 학업 성적이 좋지 않다면 스칼라십 고려 대상에서 제외된다. 어렵사리 입학이 되더라도 일정한 성적 이하면 운동경기에 참가할 수 없는 규정이 있다. APR academic progress rate라 하여 925 또는 930이 되어야 정정당당히 운동도 참여할 수 있다. 간간이 매스컴에 나오는 일로써 이름만 등록하여 놓고 수업에는 출석하지 않는 것은 용납되지 않으며 운동도 월등하게 잘해야 하지만 공부도 열심히 해서 균형을 이룬 모범적인 학교생활을 해야 한다.

초 대

   미국에 살기 시작한 후 몇 달이 지나 처음으로 추수감사절인 큰 명절을 맞게 되어, 특별히 해야 할 일도 없어 집에서 휴식이나 취하려 했었는데, 남편의 지도교수님이 우리를 그 가정에 초대하여 주셨다. 가족이 모이는 저녁 만찬에 먼 외국의 조그만 나라에서 온 학생 부부를 불러 주시니, 그때는 그렇게 고마운 줄 모르고 얼떨결에 방문하여 즐거운 시간을 보내고 돌아왔다.
   살면서 생각해 보니 교수님의 따뜻한 배려에 진정으로 감사드리게 되었고, 그 이후 우리는 학교를 마치고 학생 신분이 아닌 일반인으로 살면서 홀리데이holiday 등 가족과 지내는 명절이 오면 교수님이 몸소 보여준 친절한 인정을 본받아 유학생들을 초대하여 음식을 대접하곤 한다.

흔히 미국인은 철저하게 개인 중심 또는 가족 중심이라고들 하지만 이런 일뿐만 아니라 따뜻하게 남을 위하고 인정을 베푸는 조그만 일들을 수없이 많이 본다.

- 선물 준비

이곳 미국생활에서, 명절이나 파티에 초대받아 갈 때는 빈손으로 가기보담, 적절한 선물이나 음식을 갖고 가는 것이 보통이다. 단 파트락potluck이라 하면 그 가정에서 준비하는 음식과 겹치지 않는 요리 또는 후식을 가지고 가면 되지만 파티에 초대되어갈 때는 일단 호스티스한테 문의한 후 가지고 가든가 아니면 음식은 다 준비되었다고 얘기하면 실례가 되지 않도록 음식은 가져가는 것을 삼가해야한다. 그럴 때는 누구나 다 좋아하는 과일, 케이크, 와인, 명절 때 보통 많이 마시는 샴페인 정도가 무난하고, 초대되어지는 그 집 여주인인 호스티스가 좋아할 만한 꽃다발 또는 조그만 화분이면 충분하다.

옛날이야기로 웃어야 할지 아니면 결례가 되었던 일이 생각난다. 어느 유학생이 미국인 어른 되시는 분이 초대를 하여 주어 그 댁에 갈 일이 생기게 되었단다. 그래서 무엇을 가지고 갈까 고민하다 좋은 묘안이라 생각하고는 바나나를 잔뜩 가지고 갔단다. 그 당시에 한국에서는 바나나는 가격도 비싸고 귀한 과일이라 여기던 터라 아주 쉽게 결정을 내린 것이었고 반면 생활이 다른 미국에서는 바나나는 늘 대하는 과일이었다. 바나나는 그렇게 대단하지 않은 과일로 여기는 이곳의 생활 습관을 모르기 때문에 일어난 것이다. 초대에서 돌아와서 한참을 지난 후 그때 일을 회상하며 동료들과 얘기를 나누고는 한참을 웃었다는 얘기이다. 혼자 판단을 내리기 어려운 정황일 때는 옆 사람과 의논하여 무안한 일이 일어나지 않게 되기를 바란다.

- RSVP & BYOB

먼저 초대받을 때 구두로 아니면 초대장으로 손님들에게 알리게 되는데 RSVP English- please reply라고 하면 참석여부를 호스트나 호스티스에게 알려야 된다는 것은 기본 예의이다. 그래야 인원수를 정확히 파악하여 준비하는데 차질이 생기지 않게 된다. 초대장에 BYOB라는 문구가 있으면 본인이 마실 음료나 술은 가지고 가야한다. 언뜻 생각에 야박스러운 마음이 들지 모르나 이 문구는 자기 기호에 맞추어 음료수로 마실 것을 준비하여 가지고 가는 것으로 별스럽기보다는 오히려 잘된 일이 될 수도 있다. 호스트 하는 가정에서는 손님한테 일일이 묻지 않고 개인의 취향에 맞는 음료를 각자 준비하여 오면 서로가 부담이 되지 않고 즐길 수 있는 장점이 있다. 그러니까 파티를 베푸는 호스티스는 손님들을 위하여 마시는 음료나 술은 별도로 준비를 안 한다는 것으로 Bring Your Own Bottle 의미로 첫 자를 따서 그렇게들 얘기하게 된다.

- 옷차림

흔히 파티라고 하면 영화에서 보게 되는 것으로 무도회가 있으면 정장차림으로 긴 드레스와 검정색이나 또는 흰색 턱시도tuxedo를 입은 것을 생각하게 되는데, 항상 그런 것은 아니고 어떤 또는 무슨 파티인가에 따라서 옷차림새가 달라진다. 격식을 갖춘formal 파티에는 초대장에 명시되어 있는 대로 차림을 해야 하나 그런 문구가 없을 때는 조그만 일에도 파티를 하는 것이 보편화되어 있으므로 평상복 정도면 실례가 되지 않는다. 요즘처럼 격식이 없는informal 파티를 많이 갈 때는 평상시 입는 옷causal으로 깨끗한 것을 입으면 된다. 물론 계절에 따른 파티 때는, 예를 들면 부활절, 할로윈 감사절, 크리스마스에 따라 흰색, 오렌지색, 빨강색 등 그 명절에 맞는 의상이나 색깔을 골라 입으면 무난하다.

- 아이들 돌봄Baby Sitting

한국인은 유독 아이들을 많이 챙기는 편이라 어디를 가나 아이들을 데리고 가는 일이 많음을 부인할 수 없다. 이곳 생활은 어린아이들의 천국이라는 말이 있지만 아이들과 어른이 함께 가야하는 곳인지 아닌지를 구분하여 파티의 분위기를 흐리게 하는 실례를 하지 않도록 조심해야한다. 경우에 따라 아이들은 초대되지 않는다는 것을 초대할 때 알려주며 아이들도 초대한다는 말이 없으면 당연히 어른들만의 초대임을 명심해야 한다. 그런 파티에 참석하는 부모가 12세 미만의 아이들이 있다면 반드시 베이비시터baby sitter를 구하여 자기 집에서 아이들을 돌볼 수 있도록 준비해 놓아야 한다. 미리 정해진 날짜에 맞추어 아이들이 선호하고 믿을 만한 베이비시터를 예약하면 갑자기 아무나 불러들여 아이들을 돌보게 하는 것보다 아이들도 마음의 준비로 그날을 오히려 기다리며 좋은 시간을 갖게 된다.

간혹 어떤 경우에는 파티 하는 가정에서 특별히 베이비시터를 구하여 놓고 오신 손님들의 편의를 위하여, 부모를 따라온 아이들을 모아 놓고 한 편에서 아이들을 위한 프로그램도 하며 아이들이 놀 수 있는 기회를 만들기도 한다. 그러한 경우는 베이비시터가 준비되어 있음을 초대장에 명시하여 알려주므로 참조하면 된다.

- 시간

파티 시간이 명확히 정하여져 저녁 식사가 준비되는 파티는 그 시간에 정확하게 맞추어 참석해야 한다. 가까운 사이라 해서 일찍 도착하는 일이 있어서는 안 된다. 가령 준비가 다 안 된 상태에서 손님이 집에 들어오게 되면 준비하고 있는 호스티스가 당황하게 된다. 10~15분 정도는, 오는 거리상의 문제로 이해할 수 있으나 그 이상으로 일찍 오게 되는 경우는 꼭 호스티스에게 양해를 구하는 것이 바람직하다. 그냥 가까운 친지들과 이웃 또는 직장 동료들과 하는 격식이 없는 파티, 예를 들면 한국식으로 한 잔 하자는 식의 격의 없는 파티는 시간의 유동성이 있어 몇시부터 몇시까지 하겠다는 얘기가 있게 된다. 그러므로 참석하는 시간과 집에 돌아가는 시간이 각자의 계획된 예정시간에 맞추어 자유스럽게 참석자의 편의에 따라 할 수 있다. 그러나 본인의 사정으로 참석하는 시간과 떠나는 시간이 대략 예측되어질 수 있다면 호스티스에게 살짝 귀띔하는 것도 나쁘지는 않다.

- 감사의 말

초대를 받고 다녀온 후 그냥 지나치는 일은 예의가 없는 일로, 초대받은 것에 대한 감사의 인사를 수일 내에 전한다. 음식이 정말 맛있었다, 사람들과 더불어 좋은 시간을 함께하여 즐거웠다, 다음에는 우리 가정에서 만나게 되기를 바란다, 덕분에 좋은 분들을 만나는 기회가 되어 고마웠다 등의 얘기를 전화로 전하여 주거나, 이메일로 알려주면 호스트한 가정에서는 대단히 흡족하게 생각한다. 공식적인 초대장이 있었던 경우가 아니라면 감사카드를 꼭 보낼 필요는 없으나 다른 방법으로 감사의 말을 전할 수 없었다면 조그만 감사 노트를 전해도 무방하다.

- **파트락**Potluck

누군가 식사 자리에 초대를 하게 되면 어떤 경우에든 시간과 장소를 알려 주게 된다. 또 손님은 어느 분이 오고, 왜 모임을 하게

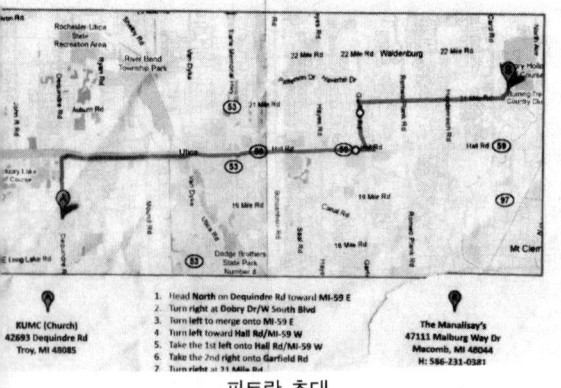

파트락 초대

되는지 등등을 알게 된다. 특별히 호스트host 하는 분이 음식을 혼자 장만하게 될 경우도 있으나 파트락이라 하여 파티에 참석하는 가정에서 한 접시씩 준비하여 가져와서 나누게 되는 경우이다. 파티 성격상 많은 손님이 초대되어지며 격식 없이 일회용 접시나 수저, 컵을 사용하여도 무방하다. 이때는 대부분의 경우에 중심 되는 음식은 호스트 하는 가정에서 준비하게 되며 그 이외의 접시는 손님들이 들고 오는데, 꼭 명심해야 할 것은 사전에 호스티스와 의견을 나누어 호스트 하는 가정과 손님으로 오는 다른 가정에서 애써 준비되는 음식과 겹치는 실례를 하게 되어서는 안 된다. 만약에 뜻하지 않는 여러 가지 사정으로 인하여 음식을 장만하지 못하게 되어도 미안해하거나 어려워 할 일이 아니다. 미리 연락을 하면 되고 또 시간이 없어 만들 수 없을 경우 그 가정에서 준비가 안 된 것을 구입하여 가져갈 수 있다. 가장 좋은 경우는 나 혼자만이 할 수 있는 특별한 조리법으로 만든 음식을 만들어 가져가면 모두들 환영한다. 무엇을 사야할 경우로는 음료수, 과일, 와인, 또는 케이크, 또는 파티 후 여러 날 두고 먹을 수 있는 과자, 초콜릿 등을 준비할 수 있으며 때로는 그 가정을 위한 꽃이나 조그만 선물이라면 좋다.

이렇게 하여 부담 없이 파티를 하게 되면 훗날 초대하여준 가정

파트락 파티 음식

에게 답례의 파티는 하지 않아도 결례가 안 된다. 또한 바쁘게 돌아가는 현대생활로 인하여 시간에 쫓기며 살다가 내가 주선하지 않고 이런 파티에 참석하여 오랜만에 만나게 되는 이웃이나 친구 간에 우정을 쌓으며 회포를 풀 수 있는 좋은 기회가 되기도 하다.

- 기념일Anniversary

보통 애니버셔리라고 하면 결혼기념일을 말하게 된다. 그중에서도 끊어지는 10, 25, 30, 40년 지나며 은혼식을 지내고 금혼식을 축하하게 될 때는 거창하게 한다고 해도 과언이 아니다. 가끔 동네 신문에, 누구누구가 어디서 어떻게 만나, 몇 살에 결혼을 했으며 자녀들은 아들딸이 몇 명이고, 손자 손녀가 몇 명이며 지금은 어디 살고 있다는 등의 자세한 기사를 내기도 하여 그 부부를 모르는 사람까지 그 기사를 읽으며 축하에 동참하게 된다. 부부가 오래도록 동고동락한다는 사실이 참으로 보기 좋고 남에게도 기분 좋은 일이

금혼식 가족

며, 요즘 같은 세상에 귀감이 되는 일이라고 말할 수 있겠다. 어느 데이터에 나온 것을 보면 10명 중 절반 정도가 이혼을 한다니 결혼이라는 사실이 그냥 기분에 따라 치르는 단순한 과정이 아니라는 것을 젊은이들은 알았으면 하는 바람도 된다. 50주년이 되는 금혼식인 경우에는 보통 자식들이 주선하여 손님을 초대하고 파티를 하

는데, 간혹 친가 쪽의 식구들, 딸 아들은 물론 사위 며느리 그리고 손자 손녀들이 오붓하게 다 같이 쿠루스나 한 곳으로 여행을 가서 가족 단합대회처럼 지낸다. 어쨌든 자손들이 자랑스러운 부모님을 특별히 공경하는 이벤트가 되어 곁에서 보고 듣는 사람도 부러운 기분이 들게 된다. 이렇게 부모님의 여행을 주선하기도 하지만 자손들이 함께 공동으로 정성을 모아 파티장소나 음식점에서 손님들을 초대하여 덕담을 나누며 어울려 축하를 하기도 또 축하를 받기도 한다. 이럴 때는 화목한 가정을 이룬 그 가정이 보기에도 참 좋은 모습이라 할 수 있다. 평상시 매년 지내는 결혼기념일에는 당사자 간에 축하하지만, 조촐한 파티라 하여 가까운 친척 또는 친구들을 초대하여 즐거운 식사 시간을 갖기도 한다.

  큰 애니버셔리 파티인 50주년 금혼식이나, 60년이 되는 다이아먼드diamond 해에는 굉장한 선물보다는 두 사람을 위한 간단한 소품이나 꽃, 또는 약간의 금일봉을 준비하여 여행할 때 두 분이 필요한 곳에 쓰시라는 마음으로 내어놓는 것이 무난하다. 간혹 어느 가정에서는 의미가 담긴 뜻으로 사회단체나 기관, 학교 또는 불우한 이웃을 위하여 들어온 선물이나 금일봉을 그대로 내어놓는 아름다운 기사를 신문에서 가끔 볼 때도 있다.

경조사

한국 관습으로는 경조사라 하면 우선 축의금, 조의금을 떠올리는 일이 흔하며 그렇게들 이해하고 있으며 또 그렇게 말하는 것이 무리가 아니다. 미국에서도 이런 저런 일로 경조사에 참석하게 되는데 한국과 같이 마음의 부담을 갖지 않아도 된다. 장례의 경우에 보험 같은 것이 준비되어 있고, 큰일을 위하여 개개인이 장래를 계획하고 준비하였거나 사회 보장제도가 있어서 정신적으로 안정되어 있다는 게 이유가 될 성싶다.

- 결혼 초대장

혼사를 준비하는 가정에서는 결혼 초대장을 보내게 되는데, 적어도 한두 달 전에는 손님들에게 발송하여 오시는 분들의 시간을 고려하여 참석여부를 결정하도록 하는 것이 예사이다. 주로 금요일이나 토요일 또는 일요일에 예식을

결혼 초대장

결혼일 예고

하게 된다. 초대장은 각 가정의 주말 계획을 미리 표시하여 달라는 주문 또는 시간의 예약 신청이 되는 셈이다. 자녀가 장성하여 결혼하게 됨을 알리며 새로이 시작하게 되는 가정을 위하여 부디 오셔서 축복하여 주시기를 바란다는 알림이 되는 것이다. 초대장 봉투 안에는 RSVP please reply라 하여 조그만 카드와 함께, 장거리에서 오시는 분들이 묵을 수 있는 호텔이나 모텔 등의 지도와 이름을 동봉하여 오시는 분들의 고충을 덜어드릴 수 있는 안내서도 있다. 호텔은 예식장에서 가까운 곳을 정하며 결혼식에 오시는 손님들에게 특별 디스카운트discount를 받도록 호텔 측과 예약이 되어있다. RSVP는 꼭 명시된 기일 안에 우표가 부착된 봉투에 넣어 되돌려 보내야 한다. 그래야 결혼식을 앞두고 준비하는 신랑신부를 도와주는 예의가 된다. 결혼 초대장이 오면 으레 친구나 친척들은 같이 축하를 하기 위하여 그날을 비워 놓고 결혼 샤워일정을 문의하며, 입고 갈 의상을 놓고 즐거운 고민과 더불어 당사자들에게 줄 결혼 선물 등을 생각하게 된다.

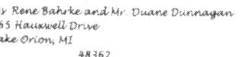

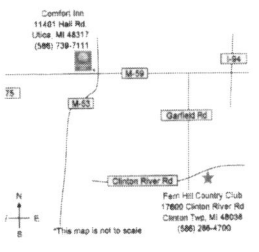

결혼 손님 호텔 예약

결혼 알림장

결혼예식 날짜는 대략 약혼한 후 1년 후로 정하게 된다. 그러나 여러 가지 사정으로 그보다 이르거나 급히 정해진 경우일 때는 신부 신랑은 결혼식 초대장이 만들어지기 전에 먼저 알림장 같은 소식지나 카드를 발송하게 된다. 그 다음 날짜가 정하여진 것을 통보하여 바쁜 스케줄을 가진 손님들이 가능한 많이 참석할 수 있도록 배려하고, 축하객들의 일정을 미리 조정할 수 있도록 유도한다.

- 축의금

결혼식 당일에는 보통 버거운 선물을 들고 가기보다는 샤워선물을 전하여준 손님은 방명록에 이름을 기입하고 식장 안내인 어셔 usher가 안내하는 대로 좌석에 앉게 된다.

그러니까 별 부담 없이 참석하여 새로 출발하는 당사자들을 축하하면 된다. 그런 기회가 없었거나 별도의 축하선물을 해야겠다는 사람은 축하카드에 정성스레 체크를 동봉하거나 가져온 선물을 신랑 신부 앞으로 보내면 된다. 이러할 때는 식장 앞 조그마한 테이블에 상자나 바구니가 있어 그곳에 넣으면 된다.

예식 후 리셉션에 참석할 경우로 미리 결혼선물을 전하여주지 못했을 때는 만찬경비를 생각하여 식사비에 해당하는 금일봉 정도를 선물로 준다면 실례가 되지 않는다. 그러나 만찬 하는 곳의 식사비

결혼식

용이 과다하게 많은 경우이라도 자기 능력에 맞도록 성의를 표하는 것이 미국 사람들 생활의 한 면이니 미안해할 이유는 전혀 없다.

선물은 누구나 많이 주고받기를 원하지만 도가 지나치거나 부족함은 도리어 서로에게 폐가 되므로 여간 예민한 일이 아니다. 얼마 전에 신문에 기사가 났는데 결혼선물은 어느 정도 쓰느냐는 질문인데, 보편적으로 가까운 가족은 $166, 친척은 $101, 보통 친구 사이는 $67 정도라고 한다. 이것이 정답은 아니겠으나 참고로 알아두면 도움이 될 수 있다.

주례는 일반적으로 성직자가 집례를 하지만 경우에 따라 보통 명망 있는 일반인이나 공직자, 예를 들면 정부 고위직 공무원들도 하게 되며 집례인은 결혼식 증인으로 결혼 증명서에 사인을 하게 된다. 옷차림은 경사스럽고 기쁜 일이니 여자들은 밝은 색으로 입는데 신부 드레스와 같은 흰색계통의 색을 피하여 화려한 드레스나 정장 슈트를, 남자들은 양복에 넥타이를 매면 실례가 되지 않는다.

- 예행연습Rehearsal

결혼식 전날에는 리허설이라 하여 양쪽 가정과 결혼식에 참석하는 들러리들이 만나게 된다. 결혼식 순서에 따른 예행연습도 하고, 예식에 관여하는 사람들이 예식장에서 여러 가지 일을 마지막으로 점검하며, 함께 얘기도 나누며 내일 결혼식을 위해 준비하는 시간이 되는 셈이다. 리허설 디너의 음식은 신랑 쪽에서 베푸는 일이 예사이지만 양가 식구들이 의논하여 한다.

베츨러bachelor 파티라 하여 결혼 전 신랑 신부의 친구들이 새 신랑과 같이 술도 마시며 미혼이라는 딱지를 뗀 것에 대해, 또 장래를 축하하는 시간을 보내기도 한다. 신부 쪽에서 하는 준비로는 결혼샤워가 있게 되어 하나 더 첨가되는 것 중의 하나이다. 예식할 때 식장에서 보면 들러리들이 있으며 그중 한 명의 메이드 오브 어너maid of honor와 베스트 맨best man이 있어 예식에서 주로 신부, 신랑의 필요한 부분에 도움의 손길을 준다. 예전에는 신부 들러리들의 복장 등은 신부가 선택하고 마련하여 주었으나 근래는 딱히 그렇지는 않고 각자 하기도 하지만 색깔과 디자인 등 공통적인 부분은 신부가 지시하고 원하는 것으로 입는다.

들러리의 숫자는 신랑 신부가 원하는 만큼 할 수 있으나 무턱대고 많이 정하지는 않고 경비문제 등을 고려하여 결정한다.

- 비용

결혼식 비용으로 리셉션 음식 값은 신부 측에서 담당하고 술, 음료수 값은 신랑 측에서 부담하는 것이 예전의 일이었으나 신랑 신부가 자신의 예산에 따라 본인들이 담당하는 일이 많고 아니면 양가 부모들이 절반씩 나누어 부담하기도 한다. 그렇다고 잘 알지 못하는 하객을 초청하지 않으며 친구, 가족, 이웃 친지와, 직장 친구 중 꼭 초대 하고 싶은 이에게만 초대장을 보내어 무리하게 결혼식을 크게 벌리지 않고 진정으로 축하를 받고, 주는 경사스런 날이 되도록 한다. 그러니까 남의 체면보다 자기의 실리를 위한 결혼식과 리셉션이 되는 것이다.

미국도 결혼이라는 큰 경사를 치를 때는 일반 가정이나, 당사자들은 응당 부담을 가지게 되는데 어떻게 헤쳐 나가는지 딸이 셋이나 되는 친구의 얘기를 하여보자. 한국 속담에 딸 셋을 결혼 시키고 나면 대문 열어 놓고 잔다, 또 집안 기둥이 뿌리째 뽑힌다는 말이 있다. 친구네는 중상층인 가정으로 남편은 학교 교장, 아내는 약사인데 결혼하는 딸이 결혼 준비로 분주한데 부모가 세 딸들을 위하여 그들의 이름으로 예전에 조금씩 저축하였던 돈을 내놓으며 요긴하게 쓰라고 하였다 한다. 그랬더니 어느 딸은 집을 장만 하는데 보태었고, 한 딸은 가구 준비하는데, 다른 딸은 결혼식 준비에 보태었다고 한다. 이렇게 부모들이 미리미리 준비하여 막상 큰일이 닥치면 당사자들은 물론 부모님은 느긋이 기쁜 마음으로 불필요한 비용이나 과소비를 하지 않도록 하는 것을 보았다.

부모가 도와주는 경우가 있다면 결혼 비용을 어느 정도 보태어 주든가 아니면 집 장만에 보태어 쓰라고 목돈을 주는 경우가 있어 새 가정을 이루는데 큰 힘이 된다. 그러니까 한국처럼 부모가 집을 사서 준다거나 결혼 비용을 전부 책임지는 경우는 거의 없으며 설령 있더라도 그리 흔하지 않다는 얘기이다.

- 피로연

결혼식은 보통 교회나 성당, 아니면 큰 홀 또는 야외에서도 하는데, 예식이 끝난 후 장소를 리셉션 장소로 옮기어 손님을 대접하게 된다. 식사 후에는 신랑신부의 들러리들이 나서서 덕담과, 오랜 친구간의 우정을 유머러스하게 또는 진지하게 얘기를 하여 즐거운 시간을 갖는다.

리셉션 장소에는 한쪽에 조그만 테이블이 있게 되어 식장에서 미처 방명록에 사인을 하지 않은 손님들을 위해 손님의 이름과 주소를 쓸 수 있게 준비되어 있으며 가져온 선물도 놓을 수 있다. 개인에 따라 다르지만 영상 스크린으로 그 동안 신랑 신부가 자라온 과정과 기타 사진 등을 보여 주거나 하여 어린아이 때부터 성장해온 과정을 볼 수 있는 기회가 된다. 식사가 끝나가며 좋은 덕담을 듣고 나면 잔잔한

피로연 테이블

음악이 시작되어 신랑신부가 첫 번째로 나와 춤을 추게 되며, 이어서 아버지와 딸의 댄스로 또 장모와 사위가 함께 하게 되며, 계속하여 들러리, 손님들이 앞에 나와서 결혼축하 댄스를 하게 된다. 흥겹고 좋은 시간을 보내는 풍경은 결혼식 후, 피로연에서 음식을 먹고 황급히 떠나는 일이 많은 한국과는 많은 차이가 있다.

먼저 피로연 장소 입구 쪽에 작은 테이블세팅이 있어 손님들의 이름과 테이블 번호가 적혀 있다. 자신의 이름을 집어 들고 그 번호의 디너 테이블에 앉으면 된다. 테이블 배정은 하객들의 친분 관계를 배려하여 양가 측에서 준비하는 게 보통이며 뷔페buffet일 경우에 편한 곳에 앉아도 무방하다. 좌석 배정이 되어있는 경우 서브하는 사람이 있어 문제될 것이 없지만 뷔페디너인 경우는 무질서하게 우르르 한꺼번에 나가는 것이 아니라 사회자의 인도로 테이블 순서대로 질서정연하게 나아가서 음식을 접시에 담아와 식사를 하게 된다.

결혼식 피로연하는 곳의 식사 테이블에는 오신 손님을 위하여 아주 작은 기념품이 예쁘게 장식되어 있는데, 리셉션이 끝난 후에는 하나씩 가지고 가게 되며 손님들은 거기에 쓰인 신랑 신부의 이름을 기억하여 결혼을 축하하며 간직하게 된다. 결혼식 후에 신랑신부가 신혼여행을 다녀온 후에는 잊지 않고 결혼식에 참석하였던 손님들에게 감사의 카드를 일일이 보내어 오셨던 분들의 고마움과 선물에 대한 인사를 하는 것이 예의로 되어 있다.

리셉션 중에 각 민족마다 다른 독특한 일이 있는데 어느 민족은 접시를 깨뜨린다든가, 손님들과 원을 이루어 같이 춤을 추기도 하며, 여행 떠나는 신랑 신부를 위하여 풍요와 다산의 상징인 쌀을

들러리 테이블

뿌리기는 풍습도 볼 수 있다.

결혼 날짜를 거의 1년 전에 정해놓고 준비하는 것이 일반이나 때에 따라 서둘러 식을 해야 되든가, 직장의 일이나 기타 다른 일로 시간이 여의치 않을 때는 허둥댈 수도 있다. 이럴 때 결혼을 준비하는 당사자들은 해야 할 일도 많고 다른 일 때문에도 바빠 혹시나 무엇을 빠트릴 수 있는 여지가 있으며 어떻게 하면 모든 일이 순조롭게 진행될까 걱정을 하게 된다. 이러한 경우에 예전에는 없던 결혼식 준비계획사가 있어 식장 장식부터 사진, 꽃, 순서 등 많은 도움을 주고 있다. 한국에서는 이러한 부분들이 사치스럽도록 상업화되어 많은 경비가 든다고 하는데 이곳은 각자 계획에 맞게 차별되어 있어 계획사와 같이 의논한다면 형편에 맞도록 깔끔하게 처리되어 최상의 기분 좋은 결혼식 날이 될 수 있다.

앞에서 잠깐 얘기를 하였는데, 결혼은 경사스런 일이나 본인에게나 부모님들에게는 기쁜 일이면서 한편으로 많은 재정적인 부담이 된다. 결혼식 비용이 만만치 않게 들지만 그중 피로연reception이 큰 비중을 차지하게 된다. 피로연을 가볍게 치르면 좋으련만 쉽게 넘어

가기 곤란한 것이 사실이다. 로마에 가면 로마 관습을 따라야 하는 것이 상식이지만 이곳에 이주하여 살고 있는 한국인들은 그것만은 제대로 못 지키는 예가 많다. 그러니까 절제 있는 미국인들의 본을 받아 간소하게 하지 않고 과시하듯 뻑적지근하게 치른 후 힘들었다고 말하게 된다.

옛날의 한국의 혼인은 온 동네잔치가 되어 누구든 참석하여 먹고 마시던 때가 있어서 아직도 그런가보다 생각을 하지만 이곳은 오직 초대받은 사람만이 참석하게 된다. 실질적으로 초대한 가정의 형편에 맞추어 크게 또는 적게 하여 체면을 내세우기보다는 알뜰하게 꾸려가게 된다.

결혼식 2개월 전쯤에 초청장이 오면 동봉한 RSVP 카드에 피로연 참석여부를 표시하여 결혼 당사자에게 되돌려 보낸다. 피로연을 준비하는 측에서는 참석하는 사람의 수를 참작하여 음식을 주문하게 되기 때문이다. 특히 신경을 써서 같이 앉은 손님이 불편하지 않도록 좌석배치를 해야 하고, 인원수를 정확히 알아야 혼란스러움이 없기 때문이다. 한국인 파티에 가게 되면 인원이 갑자기 늘어서 의자를 다시 가져다 놓거나 참석한다고 대답해 놓고는 나타나지를 않아 곤란해 하는 것을 종종 보게 된다. 물론 미국인들의 파티도 그런 일이 있지만 한국인들처럼 오차의 범위가 크지 않아 적당히 해결하게 되는 것이다.

리셉션에서는 디너 전에 요기할 수 있는 음식으로 손으로 집어 먹을 수 있는 작은 크기의 샌드위치, 핫도그, 견과류, 와인, 각종 전채류가 있으며 식사로는 정식으로 칼과 삼지창 knife & fork을

신랑 신부 댄스

써야 먹을 수 있는 요리, 후식까지 종류가 정말로 다양하다.

물론 리셉션의 음식에는 가볍게 먹을 수 있는 것부터 그렇지 않은 종류가 있어 가격의 차이가 많이 있게 된다. 저녁 또는 점심식사인가에 따라, 뷔페와 테이블에 앉아서 서브를 받는 경우가 있으며, 또 음식을 무엇을, 어떻게 선택하는가, 술은 어떤 종류가 포함되는가, 음식 값에 술도 계산 되는가 등에 따라 피로연의 식사비가 올라가고 내려가게 된다. 그러므로 초대장에 명시된 피로연에 참석 여부를 확실하게 답하여 결혼하는 당사자들이 불필요한 금액을 지불하거나 또는 초과되는 식사비를 지출하지 않도록 하는 배려해주는 절대적인 예의가 필요하게 된다.

식사 중에 들러리들을 비롯한 손님들은 앞에 놓인 물잔이나 와인 유리잔을 두드려 소리를 내어 신랑과 신부에게 키스를 유도하는 재미있는 광경도 볼 수 있다. 식사가 어느 정도 끝이 날 시간이면 밴드소리가 커지며 댄스곡이 나와 춤을 추게 되는데 보통 신랑 신부를 시작으로 하여 가족으로 신부 아버지와 신부가 나서며, 차례로 들러리들이 나서서 흥겨운 시간을 가지게 된다. 또 댄스 시작하기 전 신랑 신부는 각 테이블에 다니며 오신 하객들에게 감사의 인사를 드리는데 손님들은 새로이 시작하는 가정에 축하의 덕담으로 화답한다.

- 문상

사람들과 어울려 살다보면 좋은 일이 있을 때도 많으나 가끔 슬픈 일도 있어 문상을 가야할 때가 있게 된다. 여러 가지 복잡한 생각이 있을 수 있으나 상을 당한 사람에게 조의를 표하는 것이 당연한 일이므로 유족을 찾아뵙고 위로를 하게 된다.

문상을 해야 될 때는 짙은 색깔이나 검정, 감색을 주로 입으나 이곳 미국인들은 꼭 그렇지 않고, 경의를 나타낼 수 있는 차림은 무난하다. 정장을 하지만 넥타이 색깔도 각자 취향대로 검정이 아니라도 짙거나 약간의 어두운 색깔이라면 실례가 되지 않는다.

때로는 인종 별로 약간의 차이가 있어 장례 절차도 엄숙한 분위기도 있지만 흑인 교회에서는 본향으로 돌아간다는 기쁜 마음으로 손뼉을 치며 노래를 하기도 한다. 대부분의 경우 한국처럼 무거운 분위기가 아니고 돌아가신 이의 옛 일을 회상하며 그분이 어떻게, 무엇을 하며, 어느 곳에서 살아왔다는 얘기들을 들려준다. 지난 생전에 지내온 일 중에서 옛 얘기를 꺼내기도 하며 그것을 유머스럽게 곁들여, 때에 따라서는 오신 조문객들이 한바탕 폭소를 터트리게 하는 슬픔 속에 여유로움도 있게 된다.

입관식이 끝난 후 문상객들은 배열된 좌석의 순서대로 관 앞으로 나아가 마지막으로 고인을 뵙고 유족과도 인사를 하게 된다. 이런 관습은 한국에는 없는 일로 처음 대하는 한국분들은 망설임이 있을 수 있다. 그러나 마지못해 나가기보다는 조용히 지나치거나 **빠져도** 아무런 실례가 되지 않는다.

- 조의금

한국처럼 조의금을 내놓아 가족을 위로하기보다는 대부분의 경우 적당한 화환이나 꽃바구니를 보내며 카드를 준비하여 유가족에게 조의를 표하게 된다. 경제가 좋지 않을 때, 또는 상을 당한 가족의 살림이 어렵다 생각되면 한국말로 십시일반이라 하여 직장에서는 조그만 봉투를 돌려 조의금을 모으기도 한다. 또한 돌아가신 분이 병으로 고생하시다 가신 경우에 조의금을 어느 지정된 기관, 암 Cancer, 신장Kidney, 백혈병Leukemia, 폐협회Lung Society 등 또는 고인이 생전에 아끼던 학교 단체에 보내달라는 얘기를 하여 돌아가신 분의 이름으로 기금이 보내져 사회에 환원되는 아름다운 일이다. 뿐만 아니라 그런 단체에 기금을 보낸 사람에게는 세금공제 혜택이 있게 된다.

한편 상을 당한 가족은 망연자실하여 일상생활의 패턴을 찾을 수가 없게 되는데 이럴 때 친구나 이웃은 드나드는 손님들이 쉽게 먹을 수 있는 음식이나 가족들의 식사를 가져다 돕기도 하며 간단한 심부름이나 가정 일을 거들어 준다. 이런 풍습은 정말 실질적이며 말없이 베푸는 인정으로 이웃과 친구 간에 좋은 관계를 보여 주는 예이다. 입관식이나 장례에 참석한 손님들은 방명록에 이름과 주소를 쓰게 되어 있다. 이것은 장례식 끝난 후 어느 정도 정리된 다음에 바쁜 중에 찾아와 주시고 위로하여 주셔서 고맙다는 조그마한 감사카드를 보낼 때 유용한 자료가 된다. 장례를 마치거나 장지를 다녀온 후, 상을 당한 가정에서는 오신 조문객들을 위하여 장지와 가까운 식당에서 음식을 대접하여 손님들의 수고에 보답을 한다.

- 고인에 대한 예의

상을 당한 가족이나 친지가 고인에 대한 애도를 나타내는 게 당연한 일이지만 돌아가신 분과 전혀 상관없는 타인도 장례행렬에 대한 예의를 정중하게 지킨다.

지나던 차들이 아무리 급하더라도 장례차를 앞지르거나 가로지르지 않으며 조용히 한편으로 멈추어 추모객들의 마지막 차가 다 지나가기를 기다려 준다. 또 장례행렬에 대하여 한국과 다른 점이라면, 장지로 가는 차들은 손님들이 영구차를 따라 조기를 달고 뒤따라가게 된다. 뿐만 아니라 장례차들이 지나는 중에 빨간 신호가 나오더라도 중간에 멈추지 않고 앞차를 따라 그대로 진행하여 마지막 떠나는 고인을 존중하는 모습을 보여준다.

파 티

　파티라 하면 쉽게는 생일축하 파티만을 연상하게 되는데 이곳은 조그만 일에도 파티를 하여 서로가 축하를 주고받고 하는 경우가 많다. 생일, 퇴직, 송별, 졸업, 결혼, 출산, 환영, 승진, 동네 블락 block 파티 등, 여러 모양으로 하게 되지만 사람의 마음은 모두들 같아서 파티는 항상 즐거운 마음으로 참석하게 되고 준비하게 된다.
　파티는 예쁘고 맛있는 케이크를 비롯하여 평상시 군것질하지 않는 달달한 후식도 있으며 여러 가지 색다른 음식을 먹어보게 되는 경우도 있다. 때로는 입맛에 잘 맞는 음식으로 내가 만들어 보지 않은 것이 있다면 이 음식을 만든 다른 이에게 요리 방법 즉 레시피recipe를 물어보고 받아 써오며 집에 와서는 한 번쯤 시도도 해보게 된다. 여러 사람이 모여 오랫동안 못 나눈 얘기며, 오락 등으로 정을 나누며, 풍성한 식탁을 접할 수 있어 이래저래 파티가 좋은 것이다. 여러 사람이 모이는 곳이므로 즐겁고 흥겨운 파티로만 끝나는 것이 아니라 때로는 장래의 비즈니스 아이디어를 얻게 되거나, 인맥을 만들게 되는 경우도 있다.

파티는 디너파티로 전채 요리부터 주식, 후식까지 식사 전체를 준비하여 식탁에 앉아 할 때도 있다. 그러나 손으로 집어 먹을 수 있는 핑거푸드finger food와 간단한 스낵으로 치즈, 땅콩 같은 너츠nuts 종류, 마른안주와 알코올류, 맥주, 와인 등을 준비하여 내어놓고 저녁식사 전이나 후에 간편하게 만나서 즐기는 비공식적인 파티도 있다. 메인 디쉬main dish가 아닌 에페타이저appetizer를 차려 내놓고 부담 없이 모여 같이 대화를 하며 격의 없이 서로의 마음을 나눈다고 보면 된다.

- 초대 응답과 옷차림

파티는 항상 두 가지 종류로 공식적으로 초대장을 보낼 수도 있고 그냥, 비공식적 즉 인휘말informal한 것으로 구두로 전하여져 참석하게도 된다. 공식적인 파티는 으레 참석여부를 호스트에게 알려 주는 것이 당연한 일이다. 무턱대고 참석하거나 불참하게 되면 나중에는 그 사람은 으레 오지 않으려니 하고 또 말없이 나타나겠지 하는 생각으로 별 관심을 쓰지 않고 후일에는 초대하려는 손님 명단에서 빠지게 되는 경우가 생기게도 된다. 그러므로 초대에 대한 참석여부를 확실히 하여 실없는 사람이 되지 않도록 주의한다.

파티에 참석할 때 무슨 옷차림을 해야 할지 고민하게 되는 경우가 있다. 생일파티나 공식적인 것이 아닌 비공식적인 경우는 우리가 늘 일상생활 하면서 입는 차림이면 별 실례가 되지 않는다. 단 어떤 주제를 가지고 하는 경우로 예를 들어 할로윈Halloween, 60년대 모습, 락앤롤rock and roll, 파이오니어pioneer 시대, 오랜 전통 등을 흉내 내는 파티는 그 주제에 맞게 복장을 갖추고 나타나 재미있는 시간을 보내기도 한다. 예전과 많이 다르게 진jean도 고급 레스토랑에서 묵인하지만 해어진 것이나 색이 퇴색된 진은 삼가 해달라는 정중한 얘기도 있다. 그래도 복장에 대하여 요즘은 보다 많이 관대하여졌다는 사실이다.

예를 들어 크리스마스 때는 빨강색이나 초록색으로 밝고 환하게, 부활절 때에는 흰옷이나 노랑색 등 옅은 색으로 봄기운이 도는 복장을 선호하게 되며 할로윈에는 펌킨pumpkin 색깔로 입거나 아이리쉬데이Saintpatrick's day는 초록색으로 치장하고 나서게 된다. 그러나 공식적인 파티, 비즈니스 파티는 초대장에 명시된 정장을 입어 예의를 지킨다. 물론 여자는 투피스 정장, 또는 드레스를 남자들은 보통 양복에 넥타이를 매면 되지만 초대장에 보우 타이bow-tie에 검정 양복, 또는 휘말formal한 드레스라고 명시되어 있다면 그대로 따라 주어야한다. 그냥 지나치기 쉬운 것으로 양말이나 구두도 복장과 어울리는 색을 선택하여 남이 보기에 언밸런스unbalance한 볼썽사나

운 일이 없도록 주의한다. 가령 검정, 짙은 색 양복에 흰 양말이든 가 흰 구두 등은 자제하여 같은 계통의 색으로 단정하게 차려 입도록 해야 한다. 모든 복장은 상의, 하의, 신발, 양말 등의 색깔이 잘 어울려질 때 품위가 나며 입은 사람의 모습도 돋보이게 되지 않을까 한다. 곁들여 결혼식에 갈 때 화사한 복장을 입지만 주의 사항으로 흰색이나 비슷한 크림색, 베이지색은 삼가 하여 그날의 주인공인 신부와 비교되는 색상을 피하여 신부만이 돋보이도록 도와주는 예의가 필요하다.

- 생일파티

첫 번째 생일

아기가 태어나 첫 생일The First Birthday을 축하하는 파티와 아이가 태어나서 처음으로 행하는 유아 세례, 천주교에서는 유아 영세 즉 퍼스트 커뮤니온first communion도 있어 축하를 주고받게 된다. 아이들의 특별한 파티에 어른들과 같이 초대되어 갈 때 으레 선물을 준비하게 된다. 선물로는 장난감, 의복, 선물권, 또는 현금일 수도 있으나 유에스 본드US Bond나 저축 증서를 준비하여 갖다 주는 것은 아이들 장래 교육이나 큰일을 치를 때 쓰라는 배려로 생각이 깊은 선물이 되는 것이다. 이때도 물론, 생일 축하카드와 같이 준비하여 동봉하면 되며 받는 가정에서도 고마워하며 아이들을 위하여 장래에 유용하게 쓰여질 것이다.

열세 살 Bar & Bat Mitzvah

유태계인 가정에서는 바 밋츠바Bar & Bat Mitzvah라 하여 희랍어로 '대장의 아들son of command'이라는 뜻이 있는데, 13세가 되면 성인이 되어 인격적 또는 신앙적으로 책임감이 있게 되었음을 특별히 축하한다. 같은 또래의 친구, 주위의 어른들과 친척들이 모여 큰 잔치를 하는데 성경적인 배경으로 전통적인 유태인의 관습이다. 참석하는 사람은 결혼잔치 정도로 생각하여 선물을 준비하며 옷차림은 정장을 하여야 격식에 어울리게 된다. 유태계인들이 제법 많이 거주하는 동네에 살게 되면 아이들의 나이가 13세가 되는 가정에서는 친구들의 초대된 파티에 가느라 꽤나 분주하게 된다는 얘기들을 많이 듣게 된다. 장거리나 외국에 사는 친인척들도 이 파티에는 특별히 시간을 내어 참석하는 것으로 아이들을 위하여 축하해 주는 큰 행사 중의 하나이다.

열여섯 살 Sweet sixteen

어린아이들의 생일이 되면 부모들은 으레 아이들의 친구들을 초대하고 파티를 열어 축하를 하여준다. 그것은 일상적으로 해오는 일이다. 그런데 16세가 되면 조금은 색다르게 큰 파티를 열어준다. 스윗 식스틴sweet 16이라 하여 어떤 가족은 초대장을 보내어 손님들을 모시고 아이들이 성장하였음을 축하하는 경우도 있다. 특별한 가정이나 또는 어느 계층사회에서는 좀 더 화려한 파티를 주선하여서 아이들이 어른이 되어감을 남에게 알리는 계기가 되기도 한다.

스윗 식스틴 파티는 가족과 친척, 친구들을 초대하여 16세가 된 것을 축하하며 당사자는 어른이 된 듯한 우쭐함도 누리며 생일을 맞이하게 된다. 생일파티에 오신 손님들은 스윗 식스틴과 키스sweet sixteen & kiss라 하여 생일을 맞은 소녀에게 가벼운 입맞춤을 하기도 한다. 비슷한 예로 히스페닉hispanic 가정에서는 그 나라 관습에 따라 열다섯 살 되는 여자아이한테 특별한 생일파티가 있게 된다.

40세 생일 Over the hill

생일파티라 하면 보통 케이크와 선물을 연상하게 된다. 그런데 동네를 두루 지나다 보면 가끔씩 차들이 여러 대 주차되어 있고 집의 우편함이나 잔디밭에 작은 막대기를 세워 놓고 풍선을 알록달록 걸어 놓든가 포스터 같은 작은 사인을 볼 수 있다. 이것은 생일파티 하는 장소에 오시는 분들이 이곳을 지나쳐 찾지 못하는 일이 없도록 배려하는 마음에서 길잡이를 대신하여 매달은 것이나 또는 세워 놓은 것이다. 그중에서도 검정 풍선을 걸어놓고 'OVER THE HILL'이라고 써있는 사인을 볼 수 있다. 이것은 40세가 된 사람의 생일을 축하하는 집이라는 표시가 되는 셈이다. 우리가 장수하면 80이라 성경에도 있듯이 생의 그 절반을 살았으니 방금 언덕을 넘어서기 했음을 말하는 장난기어린 말로 나타낸 것이다.

한국은 예전에는 60세에 하는 회갑연을 기점으로 하여 큰 잔치를 벌였던 것을 생각하면 너무 이른 감이 들지만 나름대로 지내온 시간을 돌이켜 보고, 앞으로의 생을 계획하는 인생의 전환점인 것 같아 보기에는 참 괜찮은 것 같다. 요즘은 수명이 길어져 언젠가는 40세 생일을 인생의 반으로 생각지 않는 일이 있을 것이라 생각된다. 이렇게 하는 생일파티는 우선 축하하는 사람이나 받는 사람에게 너스레를 떨 수 있는 장난기 있는 시간이며 좋은 의미의 생일을 지내게 되니 아마도 쉽게 잊혀지지 않는 추억의 한 부분이 될 것이다. 또 한국말에 나이 40이 되면 자기의 얼굴에 책임을 져야한다는 말이 있듯이 40은 그렇게 한 번 점검하는 시기가 되는 듯한 나이인 것 같다. 이렇듯 재미있는 파티에 참석하여 잠깐 동안 40세가 되는 경험도 흥미로울 것이다.

- 동네 파티 Block party

여름에 학교도 방학하고 나면 유난히 많은 아이들이 동네 거리나 동네에 있는 작은 공원에 나와 야구, 축구, 농구 같은 운동을 하게 된다. 또 수영장이 있는 집에서는 늦은 밤까지 더위를 식히며 물장난에 또는 수영도 하면서 놀게 된다. 그러다보면 이웃 아이들의 부모들과도 만나 얘기도 하고 친근하게 지내게 되는 것이 여름 한철이다. 이럴 때 부모들 중, 나서서 일을 만들어 꾸리는 재간꾼이 제안을 하여 블락 파티를 갖자고 한다. 동

동네파티 광고

동네 파티

네에서 발행하는 소식지를 통하든가 아니면 이웃 간에 서로 전하여 파티를 성사시키는데 언제, 어느 때, 어떻게 파티를 한다고 알려준다. 간혹 동네 골목에 있는 도로를 몇 시간 동안 막아놓거나, 동네 빈 공유지에 텐트를 치든가하여, 넓은 공간에서 아이들은 맘 놓고 뛰어놀 수 있게 한다. 어른들은 테이블에 모여 앉아 시원한 맥주나 가벼운 음료수를 마시고 햄버거, 핫도그hot dog 같은 것을 바비큐 하면서 동네의 일과 돌아가는 사회 얘기, 스포츠 얘기, 아이들에 관심사 등을 얘기하며 모처럼 함께 모여 동네 이웃들과 하루를 즐기게 된다.

다음 이야기는 미국인들이 얼마나 개인적인지를 알 수 있는 것으로, 처음 집을 사서 이사한 후 이웃과 친하게 지내게 되었고, 이듬해 여름이 되어 블락 파티에 참석하게 되었다는 얘기이다. 이웃 친구가 하는 얘기는 햄버거와 맥주는 준비되고 파트락으로 접시 하나를 만들어 오라고 해서 맛있는 타코 샐러드를 넉넉하게 가지고 갔단다. 그런데 여러 사람들이 바비큐 한다고 그릴grill 있는 쪽으로 들락날락 하는 것을 보고 이상하다 싶어 가까이 가서 보니, 각자 자기 집 식구 수대로 먹을 것을 준비하여 들고 온 햄버거와 핫도그를 굽고 있었다. 분명히 주최하는 친구는 그냥 와서 햄버거를 먹으라고 했는데 영문을 모르겠다 싶어 생각을 하니 다른 이웃들은 고기류는 주인에게 부담을 안 주려고 자기 식구 몫을 가져와서 준비하는 것이었다. 이웃은 생각하여 옆집 친구를 초대하였으나 다른 이들은 전체 동네 많은 사람을 대접하기 위한 대량의 고기류는 주인에게 폐가 된다는 것을 배려하는 속 깊은 마음의 현실적인 발상이었다. 그냥 이웃이 말한 대로 친구의 햄버거를 먹을 수 있었겠으나 마음이 불편하여 집에 양념하여 놓았던 갈비가 생각이 나서 들고 와서 맛있는 냄새를 피우며 구워 보란 듯이 먹었다는 얘기이다. 우리네 한국친구 사이는 언제나 넉넉하게 이웃들을 대접하는 풍습이 있어 이런 경우가 없는 것으로 알고 있지만 어느 것이 옳은지는 경우에 따라 다르므로 파티의 성격을 잘 알고 있으면 당황하지 않고 이웃과 재미있게 잘 지낼 수 있게 된다. 미국에 오래 살다보면 인정 없고 야박스런 이런 미국식 파티가 오히려 내 생활에 더 편하게 다가올 때가 있다.

- 모금 파티

가끔 모금 파티나 세일에 참가하는 경우가 있다. 체리티charity 그러니까 어느 단체나 개인을 위한 모금으로 참석하는 사람들은 돈을 내고 파티에 참석하여 즐거운 시간도 보내고 좋은 일에 쓰이는 돈을 기부하는 것이다. 디너인 경우에는 개인이 먹는 접시당 가격도 정해져 있고 아니면 뷔페 스타일로 하여 참가비만 내면 되는 경우, 또는 개인이 부담하는 액수가 큰 부담스러운 호화 파티도 있다. 하지만 서민들이 즐겨 먹는 스파게티, 피자, 아니면 햄버거, 핫도그, 닭, 돼지갈비 바비큐 등 조촐한 음식을 내어놓는 격식 없는 모금 파티를 많이들 하게 된다. 파티에 참석하는 사람들은 가벼운 마음으로 부담 없이 많이 동참하게 되어 예상보다 높은 모금액을 달성하기도 한다.

이렇게 하여 모아진 금액은 사회단체에 기부금으로 내놓거나 어려운 개인을 위하여 또는 사회의 꼭 필요한 곳에 쓰이며, 모금파티에 참석한 사람들은 나도 한몫을 담당하여 좋은 일을 했다는 긍지를 갖게 된다. 혼자 감당하려면 대단히 힘 든 일이나 여러 사람이 합심하여 보다 나은 결실을 얻을 수 있는 기회로 기분이 좋은 일이다. 이런 것을 보면 '백지장도 맞들면 낫다'는 한국 속담이 생각난다.

대체적으로 미국인들이 주최하는 체리티 모금을 하게 되면 모금액에만 온갖 정성을 들여 하는데 가끔 한국인들이 주관하는 곳에는 참석한 사람들에게 모두 돌아갈 수 있는 상당한 상품들을 준비하여 진작 모으려는 모금액보다 경비가 많음을 볼 수 있다. 진정한 모금 파티는 어떤 것인지 생각하여 보아야 할 일이다.

모금액이 많거나 적거나 간에 여러 사람이 체리티를 위하여 조금씩 꺼내 놓는 인정은 많이 배워야 할 점인 것이다. 각자의 시간과 수고가 헛되지 않도록 서로 도와가며 지내는 이런 모금 파티는 의미 있는 일로 많은 생각을 갖게 한다.

- 환영과 송별

 환영파티는 시작을 축하하는 예로 직장, 승진, 새 식구, 어떤 모임의 새로운 멤버로 들어가는 등 여러 가지 경우일 것이다. 한 곳에서 같이 직장을 다니며 사람 사이에 이어지는 정을 가지고 어느 곳에 소속감을 느끼게 될 때, 환영회도 참석하게 된다. 환영파티에서는 꽃다발을 안기어 주기도 하며, 조촐한 식사로 정다운 시간을 갖게도 된다. 직장에서는 같은 동료들과 이어지는 친선의 기회가 되며, 윗사람과 인사도 하며, 자기소개도 더불어 할 수 있으며, 또 새로운 동료를 소개받을 수 있는 좋은 기회가 된다. 또한 오리엔테이션의 연장되는 시간처럼 어색한 느낌이나 기분을 많이 누그러트릴 수 있는 알맞은 기회로 화기애애한 분위기가 있어 괜찮기도 하다. 대강의 분위기를 보면서 새로운 시간을 갖게 될 장래를 그려볼 수도 있다.
 때로는 따로 직장 동료들 사이에 퇴근 후 만나 술잔을 마주하기도 하여 간혹 환영 파티석 같은 곳에서 이어지지 못한 얘기, 또 직장에서 못 다한 서로의 뒷이야기도 나눌 수 있어 때로는 동료의 속마음을 알게 되는 기회이다.
 송별회는 어떤 끄나풀로 서로가 엮여진 인연을 풀고 더 나은 장래를 위하여 떠나는 이를 위한 모임이 되겠다. 그동안 쌓아 온 정을 아쉬워하며 회포를 푸는 셈이 되는데, 송별회를 크게 할 수도 있으며 아니면 가까운 친지들만 모여 식사와 술잔을 나누며 옛 일을 되새기는 경우도 있다. 같은 직장 동료들이 함께, 적은 금액을 저녁 식사비에 포함되게 내어놓고 직장을 떠나가는 이에게 재미있으며 의미가 담긴 작은 선물을 주기도 한다. 송별회는 떠나는 이의 쓸쓸함도 있으나, 장래의 포부를 가지고 더 나은 직장생활을 기대하며 기쁜 마음으로 떠나는 이의 축하를 위해 모이게 된다. 서로 보내는 사람과 떠나는 사람은 섭섭한 마음도 있지만 마음에 잊혀지지 않는 일을 회상하며 옛날 시절을 그리워하기도 한다. 대부분 송별회에서 사회자는 익살스런 말로 오신 손님들과 당사자를 웃기기도 하고 칭찬도 하며 또는 숙연하게 만들며 분위기를 이끌어간다.

- 은퇴와 졸업

은퇴 모임도 송별회와 비슷한 분위기로 그동안 쌓아온 직장의 연륜과 나이를 세어가며 노고를 치하하는 파티로 모이게 된다. 직장과 본인이 오랫동안 활동하였던 단체에서는 감사패, 기념패를 주어 은퇴하는 이의 공로를 되새기기도 한다. 모인 친구나 가족은 힘들었던 시간, 기뻤던 일들을 얘기하며 마음을 나눈다. 어떤 은퇴자는 평생 직장일만 하다 홀가분하게 은퇴를 하여 정말로 자기만의 시간을 갖는다는 기분에

은퇴연 초대

기쁜 마음이 되기도 한단다. 반대로 평생토록 해오던 일에서 해방되는 허탈함에 빠져 자기의 기분을 조절할 수 없는 경우는 우울증에 빠져서 힘든 시간을 보내기도 한다. 우선 은퇴도 계획적으로 준비하여 시간과 금전, 건강면에서도 아름다운 노후가 되도록 해야 할 것이다. 사람의 연수가 예전과 달라 건강한 몸으로 오랫동안 살 수 있으니, 젊어서 일에 청춘을 바친다 해도 노년은 누구나 오는 것이라는 것을 명심하고 마음의 준비도 하여 뜻있는 노후를 보내도록 한다면 좋을 것이다.

졸업이라 하면 초등학교로부터 중학교, 고등학교, 대학교를 마치는 과정인데 이곳 미국에서는 고등학교를 졸업할 때 파티를 주선하는 경우가 많다. 그동안 집에서 불편함 없이 부모 밑에서 응석도 부리며 필요한 모든 것을 부모들이 도와주다가 고등학교를 졸업하게 되어 더 큰 공동체인 대학을 가게 되는 시점이 된 것이다.

학생들의 말을 빌리면 부모들의 참견과 간섭을 피하여 될 수 있으면 먼 곳으로 도망치듯 떠나고 싶은 심정이라고 한다. 그러다보면 집에서 떨어져 있는 타주나, 다른 도시에 있는 대학을 지망하여 입학허가를 받아들고 좋아라한다. 졸업파티는 방학을 전후로 졸업식을 한 후에 대체로 5월 말이나 6월 중 주말을 택하여 가정의 정원이나 또는 외부 식당에서 많이 하게 된다.

대학 입학허가는 보통 졸업 전, 봄이면 모두 정하여지지만 대부분 중고등학교 방학은 학기가 끝나는 6월 초에 시작되며 대학의 졸업식은 보통 5월 초가 되기도 한다.

졸업을 하게 되면 학생들 생각으로는 무엇이든지 혼자 다 할 수 있다는 자신감에 차 있어 기분도 좋다고 한다. 고등학교를 졸업한 학생들에도 축하 파티를 하지만 대학으로 진학하는 자녀가 있을 때, 그 가정에서는 아이들을 위하여 파티를 많이 주선하게 된다. 손님으로 친구, 친척 이웃들이 초대를 받게 된다. 참석하는 사람은 졸업하는 아이를 위하여 대학갈 때 보탬이 되도록 금일봉을 축하카드와 같이 넣어 주거나, 가족인 경우는 필요한 물품으로 타월, 침대시트sheets, 작은 냉장고, 전자 오븐microwave oven 등을 선물로 주기도 한다. 다른 주 또는 멀리 떠나는 학생에게는 물품이 오히려 운반하는데 걸림돌이 되므로 많은 액수가 아니더라도 현금을 주면 가장 무난하게 사용될 수 있다. 여느 파티와 같이 인원수가 적을 때는 별 문제 없이 집에서 음식과 모든 것을 준비할 수 있지만 많은 수의 인원이 초대할 때는 대량으로 케이더링catering 즉 음식을 밖에서 주문하거나 음식점과 계약하여 준비하게 된다. 그밖에 분위기에 맞는 장식을 하고, 필요한 텐트, 테이블, 의자 등은 파티를 위하여 특별히 빌려주는 곳에서 렌트rent를 하여 쓰기도 한다.

- 테일 게이트Tailgate

이 말은 아마도 한국에서는 들어보지 못한 생소한 단어가 아닐까 한다. 미국에는 스포츠를 아주 열광적으로 좋아하는 사람이 많다. 그러다보면 경기도 부지기수로 많아 동네 게임부터 시작하여 때로는 다른 도시, 주out of state까지 가서 게임을 보고 돌아오는 경우가 많다. 큰 게임으로 치자면 농구, 미식축구, 야구, 정구, 아이스

하키 등은 전국에서 경합하여 올라온 팀이 모여 게임을 하므로 이런 게임을 보려면 때로는 비행기를 타고 장거리까지도 가기도 한다.

멀리 떨어져 있는 타운이나 도시에서 진행되는 경기를 보기 위해서는 운전시간이 길어져 식사 때를 놓칠 수 있게 된다. 이럴 때 SUVsports utility vehicle, 밴van 같은 큰 사이즈의 자동차 뒷좌석이나 짐칸에 먹을 것과 바비큐 그릴BBQ grill을 싣고 가다가 주차장이나 빈 장소에서 차 뒷문tail gate을 활짝 열어젖히고, 덧붙여 작은 텐트를 치고는 즐거운 시간을 가질 수 있다. 식사를 준비하여 먹고 마시며 또 간단한 게임도 하면서 음악을 틀어 놓고, 스포츠 게임 등의 방송을 보거나 들으며 홀가분하게 자유분방한 태도로 즐기는 것이다. 지나다니는 사람들에게도 보기에 흥겨운 풍경이며 핫도그, 햄버거, 스테이크 등을 구우며 맥주나 다른 음료와 같이 먹는데 냄새가 그럴듯하여 지나가는 이들은 자연히 군침이 돌게 된다. 그날의 경기가 있게 될 장소에 일찍 도착하여 친교도 하고, 간단하게 요기도 하지만 경기가 끝난 후에도 뒷풀이 식으로 계속하여 즐기는 것을 볼 수 있다. 이렇게 운동을 좋아하며 자기가 좋아하는 팀의 응원을 위해 일찌감치 도착하여 자리 잡고, 멀리서 운전해 온 것을 고생 아닌 기쁨으로 즐기는 것을 보면 여유로운 마음이 부럽고 좋아 보인다.

여기서 필히 말해 두어야 할 것은 경기장에는 아무것도 가지고 들어갈 수 없고 알코올은 절대 용납되지 않고 마실 수 있는 물병도 뜯지 않은 본래 상품가치가 되는 그대로만 허용된다. 이외에 간단한 소지품만 허용되며 그것도 사이즈가 규정되어 있어 규격에 어긋나면 버리든가 아니면 어디든 갖다놓고 입장해야 된다. 이러한 실태는 9·11이후에 변화된 것으로 모두들 조심하며 규칙에 따르는 모습은 준법정신에 길들여진 미국인들의 한 면을 보는 듯하다.

경기장에 들어가면 관중석에서는 자기가 응원하는 팀의 색이 있는 옷을 입거나 모자와 스카프를 쓰고 열심히 응원하기도 한다. 또 얼굴과 벗은 몸에는 그림을 그리고, 머리카락까지 물감으로 칠하기도 하며 가벼운 풍선, 색종이로 경기하는 팀의 색깔을 나타내도록 한다. 주위에서 가장 쉽게 구할 수 있는 것을 동원하여 응원 도구로 사용하여 사람들의 눈길을 끌 수 있도록 하면서 열심히 응원할 때, 게임은 물론이지만 이것 또한 볼거리를 제공하게 된다.

샤워 Shower

　샤워라는 익숙지 못한 단어에 처음에는 무슨 말인가 하여 어리둥절하였다. 처음에는 못하는 어설픈 영어로 옆 사람에게 물어 뜻을 알고 이래저래 하라는 대로 선물을 준비하여 참석하였는데 이젠 옛날 일이 되었다.
　그러니까 3, 40년 전까지도 샤워에 참석하는 사람은 무엇을 어떻게 선물을 할까 생각하며 은근히 심적 부담을 가졌었던 게 사실이다. 요즘은 본인의 마음을 일일이 물어볼 필요도 없이 선물 받을 당사자는 본인이 좋아하는 상점이나 백화점에 이름을 등록 registration하여 놓고 원하는 물품의 리스트를 구비하여 놓는 것이 일반화 되었다. 선물

감사노트

할 사람은 인터넷 온라인으로 써 있는 모든 항목을 빼어볼 수 있게 되며 더 편한 것은 몇 개가 필요한지, 또 친절하게 일일이 금액까지 포함되어 있게 된다. 그러므로 나의 주머니 경제 사정에 따라, 얼마나 본인과 친밀한가에 따라, 다른 사람의 선물과 겹치는 일이 없이 선택하여 주고받는 사람이 기쁨을 가질 수 있어 좋다. 또 주고받는 서로에게 부담이 가지 않을 뿐 아니라 오히려 구입하러 나가는 시간상의 번거로움이 없어 편하게 되어있다. 또 선물을 선택한 후 우송료를 지불하면 신혼 살림집이 어디에 있더라도 문제없이 잘 전달될 수 있어 편리하다.

　샤워에는 결혼, 베이비샤워 등이 있으며 일반적으로 출산일이나 결혼일 한두 달 전쯤에 하게 된다.

　당사자의 절친한 친구, 또는 가족이 호스트를 하게 되며 간단한 음식을 준비하고 초대한 손님과 같이 나누어 먹고, 가져온 선물을 풀어보며 덕담도 나누게 된다. 이때 호스트는 간단한 게임을 준비하여 조그만 상품도 나누며 오신 손님들이 흥겹게 지내는 시간도 마련한다.

　샤워가 끝난 후에는 샤워 물품을 받은 당사자들은 선물을 주신 모든 분들께 필요하고 후한 선물을 주셔서 고맙다는 감사의 노트를 적은 조그만 카드thank you card를 보내어 인사를 하는 것이 예의이다.

- 결혼샤워wedding, bridal shower

결혼샤워는 집에서 쓰는 작은 가전제품, 주방기구, 식기, 접시, 냄비, 타월을 비롯하여 일상생활에 필요한 물품들을 받게 된다. 이것은 한국의 오래된 관습과 비교할 때 한꺼번에 준비해 주는 부모, 당사자가 허둥대지 않고 바쁜 시간을 유용하게 쓸 수 있게 되는 기회가 된다. 샤워 등록을 한 신부와 신랑은 원하는 물품을 가질 수 있어 좋을 뿐 아니라 선물을 주신 분들을 기억하며 축복하여 주신 것을 감사히 여기며 쓸 수 있는 기회가 된다. 오래 전에는 이렇게 결혼샤워로 등록하는 일이 없었으나 다행히도 요즘은 아주 편리하게, 백화점이나 상점에 당연하게 신랑 신부의 이름으로 새로운 가정에 필요한 물품 품목을 정하여 놓고, 웨딩등록 wedding registry 또는 브라이달bridal 등록이라 하여 선물을 하는 사람들이 임의로 선택할 수 있도록 되어 있다.

신부샤워bridal shower를 하게 되는 경우는 부모나 자매들, 친척, 또는 가까운 친구들이 주선하며 선물을 가지고 참석하여 같이 포장을 열어 보며 음식을 나누며 또 재미있는 게임도 진행하게 된다. 화기애애한 분위기로 앞으로 펼쳐지는 결혼식, 신혼여행, 장래 살게 될 곳 등의 이야기를 나눈다. 규모는 호스트 하는 사람에 따라 다르나 무리하게 벌이지 않고 적당하게 하며 많은 인원을 초대할 때는 가정집이 아닌 식당이나 홀hall을 빌리는 경우도 있다. 샤워 규모가 커질 때는 친구, 친척, 가족 등 각각 할 것을 모아서 한꺼번에 하는 것으로 많은 사람이 모이는 경우가 된다. 그러니까 각기 다른 선물을 준비하게 되므로 선물도 아주 다양해지며 서로가 알지 못하는 사람을 만날 수 있는 기회가 되기도 하다. 특히 한꺼번에 모여 한다면 결혼 준비로 바쁜 신랑 신부에게도 시간을 활용할 수 있어 도움이 될 수 있기도 하다.

결혼 샤워초대

미국에서는 보통 여름에 결혼식이 많은 편인데, 젊은이들이 졸업하게 되는 5월, 6월 또는 휴가가 많을 때 골라서 날을 정하게 된다. 준비는 보통 약혼 후 1년 정도 가지고 미리 계획하여 차근차근 준비하며 으레 본인 당사자들이 모든 것을 결정하게 된다. 예를 들면 초청하는 손님의 결정과 초대하는 인원 수, 장소, 식장 장식, 들러리 선정, 음악, 사진 촬영, 음식, 드레스 선택, 꽃 등을 결정하게 된다. 이렇게 하여 신랑과 신부가 머리를 맞대고 의논하여 분수에 맞게 또는 취향에 따라 추억에 남도록 준비하게 된다. 한국에서는 부모한테 의존하여 자기의 개성을 나타내기보다는 남의 이목을 중시하는 것과는 큰 차이가 있다. 그러니까 1년 가까이 서로를 다짐하며 가장 추억에 남는 시간을 가지게 되며 또 장래의 일을 계획할 수 있는 기간이 된다.

아시아 지역에서asia area 흔히 행해지며 부모들의 부를 자랑스레 떠들어대듯 오고가는 혼란스러운 예단이나, 지참금dowry 때문에 일어나는 일들은 있지도 않고 들어볼 수도 없다. 이러한 얘기는 간혹 저개발국가에서나 있는 뉴스거리이고, 이곳에서는 황당한 이야기로 여긴다고 해야 할 것이다.

- 아기Baby shower

베이비샤워도 보통 다른 샤워와 비슷하나 태어날 아이 옷가지나, 필요한 아기 용품이 되겠고 샤워 리스트를 아기들 상점baby shop이나 백화점에 등록하기도 하여 편리하게 이용한다. 때로는 옆의 친지나 가족들이 필요한 물건을 구입하여 주거나 쓰던 물건을 건네주는 경우도 많다.

보통 첫아이의 출생을 위한 것으로 아이에게 필요한 것을 준비하는 것으로 대부분의 아이 물품이 이때 마련된다 해도 과언이 아니다. 둘째 아이를 낳을 때에도 가끔은 그 집의 사정을 고려하여 첫

여자아기 샤워 모임

아이가 딸이고 둘째가 아들이라면 아니면 그 반대의 경우로 친구나 부모 형제들이 주선하는데 간단히 하는 것이 보편적이라 할 수 있다. 샤워에 참석하면서 아들이나 딸이라는 것을 미리 알고 있다면 아들인 경우는 파란색으로 딸인 경우는 분홍색, 빨강으로 준비하며 성별을 모른다면 무난한 노란색 계통의 물품을 구입하며 샤워 장소도 같은 색깔로 장식하여 분위기를 만든다. 샤워를 주선하는 쪽에서는 오신 손님을 위하여 간단한 음식을 준비한다.

태어날 아기의 몸무게와 키를 맞춘다든가, 정해진 아기 이름을 맞추어 보거나, 지어보는 게임 등을 하며 웃음이 그치지 않을 때도 있어 받는 쪽이나 주는 쪽에서 아주 화기애애한 분위기에 젖을 수 있다. 그 이외에 아기용품과 옷가지를 친구나 이웃 간에 서로 바꾸어swap 쓰는 일도 있으며, 입었던 옷이나 쓰던 용품을 파는 상점used/second hand shop도 있어 새로 부모가 되는 이들의 부담을 덜어주는 일이 흔하게 있다. 무럭무럭 자라는 아이들은 별로 입어보지도 못하거나, 아예 철이 지나 입을 기회가 없게 되는데, 그런 상점에 나온 물품들은 거의 새것으로 가격도 저렴하고 잠깐 지나는 철에 맞추어 구입하기도 용이하므로 많은 이들이 이용한다. 만약에 쓰던 용품이나 옷을 건네주게 되는 경우는 베이비샤워가 끝난 후에 전해주는 것이 바람직할 것이다.

예전에는 아기가 태어난 후 친지나 동료에게 아들인 경우는 시가cigar를, 딸인 경우는 캔디나 초콜릿을 돌려서 기쁨을 나누며 아버지의 권위나 위상을 알렸었다. 근래는 흡연하는 사람이 많지 않으므로 반드시 시가를 권하지는 않고 초콜릿이나 캔디를 나눈다. 한편 작은 알림장 같은 카드로 아기 사진과 함께 아이의 이름, 출생일, 몸무게,

어린이용품 재활용가게

신장을 알리며 건강하게 출생하였다는 기쁜 소식을 나누게 된다.

어디선가 읽은 일이 있는데 아이들 옷과 용품을 저렴한 가격으로 대여하는 곳이 있다고 한다. 회원제로 운영되며 사람들의 반응이 좋아 잘 꾸려간다고 한다. 비록 새 용품은 아니지만 아이들이 커가는 시기에 맞추어 매번 구입하기보다는 그때그때 적당한 것들을 큰 돈 들이지 않고 구할 수 있는 좋은 방법이다. 많은 사람들이 흥미를 갖고 이용한다고 하니 괜찮은 생각이라면 인터넷이나 아기엄마들한테 알아보면 될 것이다. 또 주위에 세컨 핸드secondhand or used 상점이 있다면 가보는 것도 나쁘지 않을 뿐 아니라 현명하게 이용하면 많은 혜택도 누리게 될 것이다.

- 집들이와 이사

샤워라 하기보담 오픈 하우스 또는 하우스 워밍house warming이라는 말이 더 적합할 것 같다.

새 집을 장만하여 새로운 주소도 알리며 집을 공개하여 보여주는 것으로 가까운 친구나 가족을 초대하여 간단한 음식을 대접하는데, 한국 같으면 집들이에 해당한다고 보면 된다.

미국은 이사를 다니는 것이 한국처럼 포장이사가 아니며 워낙 넓은 나라이어서 먼 거리에서의 이동이 있게 될 때도 있다. 특별나게 이사샤워를 하는 것은 아니고 같은 타운에서 이사를 할 때는 집안 식구들 또는 친구들이 쓰던 물건이나 간단한 물품을 주게 되며, 내가 필요치 않은 물건이 남에게는 꼭 있어야 될 때 서로 도움을 주는 계기가 된다. 타월이나 시트, 간단한 부엌용품으로 많이 쓰는 소소한 기구들, 냄비, 접시, 예쁜 장식품, 그림 등을 선물하기도 한다. 때로는 새로운 집 분위기에 맞추어 집들이에 참석하는 친지들이 정성을 합하여 조금 큰 선물을 준비하기도 한다.

이사 후 집안이 정리가 안 되었다든가, 또는 부쳐진 짐이 아직 도착되지 않은 상태에서는 불편함이 많게 되니 집들이 핑계로 서로 도와 정을 나누는 것이 보기에도 좋고 매우 괜찮은 일이다.

이렇게 남이 쓰던 물건을 사용하다, 집이 정리되고 분위기가 살아나면 새것을 준비하여도 되니 낭비함이 없이 자기의 취향을 살릴 수 있어 일석이조라 할 수 있겠다. 예전에는 캠퍼스 한켠에 렌딩센터lending center라 하여 새로 이주한 학생들이나 유학생들을 위하여 실비로 빌려주는 곳이 있었는데, 이곳은 전기스탠드를 비롯하여 부엌용품, 침대 시트, 옷가지까지 있다. 근래에는 곳곳에 구세군 Salvation Aarmy이나 굿윌 센터Goodwill Center, 세컨드 핸드second hand or used 상점 등에서 남들이 사용하였던 여러 가지 물품을 팔고 있어 아주 저렴한 가격으로 구할 수 있다. 구세군이나 굿윌 센터 같은 곳에서는 많은 사람들이 기증한 물품을 되팔아 생기는 이익금으로 어려운 이웃을 돕거나, 주위의 필요한 이들을 위한 선한 사업을 하는 비영리 단체인 것이다. 남한테 아쉬운 얘기 안하고 필요한 물건을 요긴하게 구할 수 있는 곳이며 일반 보통 사람들도 이곳을 이용하여 현명하게 살림에 보태는 일들이 많아 알뜰한 주부가 될 수 있는 방법도 된다. 이러한 곳은 지역 곳곳에 있으므로 전화번호부에 있는 옐로우 페이지yellow page 또는 인터넷을 찾아보면 쉽게 찾을 수 있다. 또 집에서 필요치 않은 물건이나 옷, 가구 등이 있을 때 버리는 일이 없이 이런 기관에 갖다 주면 세금 공제도 받을 수 있을 뿐 아니라 남에게도 좋은 일을 할 수 있는 기회이므로 많이 이용하면 서로에게 좋다.

이사라 하면 가까운 거리인 동네부터 장거리 타 주나 해외로 움직일 때가 있게 된다. 이사센터를 이용하게 되면 물론 이사비용도 여러 조건에 따라 다르고 천차만별이다. 이사센터 여러 곳을 택하여 먼저 예상 가격을 생각하였다가 제시하여 보아야하며 조건도 비교하여 안전하고 믿을 만한 곳을 정한다. 가령 포장하여 주는 이사라면 어느 정도까지를 말하는 것인지, 무게 또는 부피로 계산하는지, 어디까지 즉 집 문 앞까지, 또는 집 안에 들여다 놓는 배달인지, 며칠이 걸리는지, 몇 명이 와서 하게 되는지, 포장에 소요되는 시간은 얼마인지, 그 외 추가 비용은 없는지를 꼼꼼히 따져 보아야 한다. 물론 한국의 포장이사가 모든 것이 포함되는 것과 다르게 되니 의문점이 있으면 이사센터와 전화로 미리 의논하고 견적을 받도록 하여 쓸데없는 시간과 재정적인 낭비가 없도록 한다.

직장생활

　직장은 집 이외에 가장 많은 시간을 보내는 곳이라 할 수 있겠다. 하루 종일 그러니까 법정 시간인 여덟 시간 일을 하면서 상사와 동료들과 함께 머리를 맞대고 의논도 하며 직책에 따라 자기의 맡은 임무를 수행하게 된다. 그러므로 때로는 기분도 좋지 않을 수도 있으며, 또는 기쁠 때도 있으니 그날의 기분을 좌우하는 요술 부리는 장소 같다고 할 수도 있겠다.

하루 여덟 시간 이상 또는 일주일에 40시간 이상을 근무하게 되면 법으로 초과 근무라 하여 초과 수당이 지급된다. 단 샐러리인 경우는 초과 근무라는 것이 전혀 적용되지 않는다. 그리고 명절이나 휴일에 근무하게 되면 평일과 달리, 일한 시간을 한 배반 또는 두 배로 계산하는 것이 보편화 되어 있다.

우리가 흔히 말하는 지각은 근무 태만이라고 지적 받을 수 있다. 정당한 사유가 있어 늦게 될 때는 전화로 미리 알려서 쓸데없는 걱정을 하지 않도록 해야 한다.

출근 중에 갑자기 생긴 교통체중이나 일기관계로 인하여 즉 폭설이나 폭우 등으로 도로 사정이 좋지 않아 생기는 지각은 이해 받을 수 있으며 근무시간을 조정하여 주는 예외가 있다. 그러나 이유 없는 빈번한 지각은 직장에서 따끔한 경고도 주며 때에 따라서는 해직되는 경우가 있으니 조심하여야 한다.

- 입사

때때로 나의 직장은 보수적이며, 규율도 엄하고 어떻다고 불평하며 부정적인negative 얘기를 듣게도 된다. 일반 직장에서는 직원을 고용하기 전에 물론 인터뷰 등 여러 가지 테스트를 거쳐 회사 규칙에 준하는 사람을 뽑게 된다. 건강 검진을 비롯하여 약물 테스트에 통과해야 하며, 의료보험을 비롯하여 봉급이나 세금문제, 직장에서 주어지는 은퇴연금 설명 등에 사인을 끝낸 다음 시작하게 된다. 근래에는 새로 시작하게 되는 직장에서 간혹 흡연자인지 아닌지에 따라 불이익을 당할 수도 있다는 얘기를 신문에서 읽은 일이 있다. 다시 말하여 많은 사람이 일하는 직장인지라 다른 사람에게 간접적으로 건강에 피해를 줄 수 있는 것을 사전에 방지하려는 의미도 포함된다. 뿐만 아니라 직원들에게 부여되는 건강보험이 비흡연자에 비하여 흡연자들의 의료 보험도 높게 책정되어 일괄적으로 보험회사에 내야 되는 의료보험료를 줄일 수 있는 한 방법이 될 수도 있다는 얘기이다. 한편으로 비흡연자들에 비하여 흡연자들이 직장 결근 일이 많다는 보고도 있다. 이렇듯 직원들의 흡연에 대한 규칙이 까다로워지는 추세이며 입사 시에 새 직원들이 지켜야할 사항으로 추가되는 셈이다.

이곳에서는 딱히 상사들로부터 스트레스를 받기보다는 직장에서와 사생활이 엄격히 구분되는 상사와 부하직원, 그러나 때로는 동료 간의 관계로 인식되어진다고 해도 과언이 아니다. 물론 일에 대해서는 엄격하게 서로의 한계가 있으나 일을 떠난 보통 만남에서는 직장의 상사가 아닌 친구로서 지낼 수 있다는 그런 얘기이다. 직장 상사나 동료에 대하여 한국적 사고방식으로 동료애를 기대한다면 실망이 클 수 있다. 즉 오랜 기간 동안 서로의 감정을 이해하고 나눌 수 있은 다음에야 친구로서 서로 대접하고 대접을 받을 수 있다는 것이다. 직장이 상사로부터, 사무적인 어려운 일로 인하여 스트레스만 받는 곳이 아니라 자기의 재능을 인정해 주고 그것으로 인하여 기쁘고, 남이 못하는 것을 할 수 있다는 자부심을 가진 태도로 근무한다면 가장 맘에 드는 직장이 되리라 생각해본다.

- 추천서

　직장생활을 하면서 언제 어디서나 항상 충실한 태도와 정확한 일 처리는 상사에게 또는 동료에게 신임을 얻을 수 있는 길이다. 그리고 후일에 그 직장을 떠나 다른 직장으로 옮겨갈 때 상사로부터 칭찬이 써 있는 추천서recommendation letter를 얻을 수 있는 기회가 올 수 있다.
　미국은 먼저 다니던 직장 상사로부터 믿을 만한 좋은 추천서가 있다면 새로운 직장을 찾을 때 플러스가 된다는 것도 알아야한다. 한국에서 흔히 말하는 인맥보다는 미국에서는 자기가 노력하여 얻은 인맥 즉 남이 가질 수 없는 것으로 직장의 상사에게서 얻을 수 있는 특별한 추천서가 더 값진 것이 될 수 있다는 것이다. 또 새로운 직장을 구할 때 많은 경우, 다니던 옛 직장에 조회reference check 하여 그 사람의 인품과 경력을 알아보는 것이 예사로이 행해지고 있다. 물론 그러한 이유 때문이 아니라 직장생활을 착실하게 하며, 자기 기분에 내키는 대로 함부로 하여서는 안 된다는 것도 명심하여야 한다. 동료 간의 관계도 설사 맘에 들지 않은 점이 있더라도 겉으로 드러내놓고 혹평을 하기보다는 그냥 마음에 두고 새기는 미국인 특유의 습관을 배우는 것도 나쁘지 않다.
　만약 이런 저런 이유로 인한 퇴사시에도 조신하게 행동하여 거북한 남의 이목을 끌지 않도록 해야 한다. 미국 속담에 '인연을 끊지 말라Don't burn the bridge'는 말이 있다. 즉 지금 관계가 좋지 않더라도 무 짜르듯이 절교하지 말고 느긋이 기다리면 언젠가는 좋은 인연으로 이어질 수 있다. 다시 말하면 오래 참음이 언젠가는 전화위복이 되어 좋은 관계로 회복되어 때로는 득이 될 수도 있다는 얘기이다. 한국말에 세 번 생각하고 한마디를 하라는 것이 기억나는데 말을 아끼고 행동한다면 맘에 안 드는 상사나 동료에게도 충동적인 행동이나 말이 조금은 양순하게 되지 않을까 하는 생각이 든다.

- 동료의 경조사

직장 동료의 경조사에 축의금이나 조의금을 내야하는 경우에 혼자 부담하기보담 때로는 같이 힘을 합하여 그룹차원으로 많이 하게 된다. 예를 들어 장례, 병원 입원 시 또는 어려움에 처할 때에 동료들과 같이 여럿이서 힘을 합하여 한다면 개인적으로 할 경우보다는 조금 더 큰 사이즈의 꽃이나 큰 금액으로 모아진 조의금을 보낼 수 있게 된다. 기타 암센터, 신장Kidney센터, 알츠하이머Alzheimer's 협회 등, 이런저런 사회단체에 기부금을 보낼 때는, 꽃값이나 아니면 약간의 돈을 내어 한꺼번에 모으기도 한다. 단 각자 개인의 이름으로 기부금을 내면 세금 혜택이 될 수 있는 영수증을 보내오게 된다. 즉 비영리 단체에 기부하게 되면 세금 공제가 되므로 세금보고 할 때 영수증을 쓸 수 있게 되므로 잘 보관하여야 한다.

경조사 때는 보험이 가입되어 있어 당사자 개인에게는 부담이 크지 않으므로 대부분의 사람들은 조의금보다는 화환을 보내어 유가족을 위로하게 된다. 때로는 꽃을 사양한다는 노트가 있게 되는 경우는 개개인이 각 기관이나 단체에 금일봉을 보내어 사회에 다시 환원하기도 한다. 그러나 가정 형편 등 여러 가지 이유로 인하여 조의금을 내놓을 때는 직장 동료들이 함께 모은 것이나 개인의 조의금이 들어있는 봉투와 위로의 카드를 당사자의 가족 앞으로 내어 놓는 일이 있게 된다. 그러므로 주위의 돌아가는 것을 보아가며 함께 따라 한다면 경우에 어긋나지 않을 것이다.

  때로는 잘 알지 못하나 같은 직장 내에 있는 분이 일이 생겨 도와야 할 경우도 있다. 부모 형제가 돌아가셨다든가, 병으로 입원하든가, 큰 변이 생겨 위로를 해야 하는 일이다. 직접적으로는 알지 못하나 직장이라는 울타리로 엮어지게 되니 다른 부서일지라도 큰 빈 봉투 하나를 마련하여 직장 내 여러 사람에게 돌리며 무명이나, 아니면 이름만 쓰고 성의를 표시하며 많지 않은 금액을 내놓는 일이 있다. 이런 때는 일일이 금액은 쓰지 않게 된다. 그것을 모아 화환으로, 또는 어느 기관에 보내지는 성금으로, 카드와 같이 전한다. 그렇지만 상을 당한 동료한테는 그냥 지나치지 말고 따뜻한 위로의 말로 조의를 표하여 같이 아픔을 나누는 성의를 표하면 고마워한다.

  시간을 내어 장례식에 참여하여 유족을 위로하고 고인의 대한 예의를 표시하면 유족은 이에 대한 배려로 감사하다는 인사를 하게 된다. 즉 슬픔을 당한 유족에게 금일봉을 건네는 것도 좋으나 틈을 내어 장례식장으로 직접 찾아가 위로하는 것이 유족에게 또 본인에게도 시간을 할애하는 것으로 더 정성이 있고 가치 있는 일인 것이다. 직장에서는 장례 참석시간을 근무시간으로 고려하여 주는 곳도 있으나 자신의 근무시간을 조정하여 참석하는 경우가 일반적이다. 그러나 친지나 친척 관계일 경우는 근무시간을 내어 쓸 수 있는 시간을 배려하여 주는 것은 당연하며 직계가족인 경우는 조문기간을 3~4일 간 휴무할 수 있게 하여준다. 즉 장례로 인한 휴무는 타임카드를 써낼 때나 찍을 때 평시와 같은 근무시간으로 인정하여 준다는 얘기이다.

결혼식에 초대되어 가거나, 초대 받지 못한다 해도 개인이 축의금에 대한 무리가 되지 않을 리셉션에 상응하는 식사비 정도나 선물을 보내면 실례가 되지 않는다. 그렇다고 자기 형편에 넘치는 좋은 장소에서 음식을 대접받게 된다고 많은 축의금을 주는 것은 무리이고 각자의 합당한 경제사정에 따라 성의를 표하면 되는 것이다. 직장에서는 결혼 선물로 여러 명이 합하여 동료가 필요로 하는 조금 큰 선물을 같이 구입하여 주는 경우가 있으므로 결혼식 당일은 가벼운 마음으로 참석하여도 무방할 경우가 때때로 있게 된다.

- 친구 관계

직장 친구는 보통 우리가 말하는 친구인 것과는 조금은 뉘앙스가 다르다고 해야 할 것 같다.

진정한 친구라면 정말로 자기의 유익을 위하기보단 때로는 친구를 위하여 자기가 손해를 보거나 희생할 줄 아는 아량과 넓은 이해가 포함되는 것이다. 이곳 직장에서 친구는 꼭 그렇지 않아 때로는 당혹스럽기도 하며, 역시나 하는 서글픔을 느낄 때도 있다. 무슨 일이 생겨, 나와 같은 마음으로 해결해 간다면 아무 문제없이 풀어나갈 수 있을 때 직장 친구는 계산을 해보아 자기의 이익을 위해 나

몰라라하는 태도를 보여주는 일이 흔하다. 이럴 때 우리가 이해할 수 없는 일이 벌어지게 되는데 이러한 경우가 아닌 평상시에는 직장 동료로써 흠 잡을 데 없이 매우 친절하고 명랑하지만 이해타산이 깔려 있을 때, 갑자기 태도를 바꾸는 등 꼭 칠면조 같은 동료들도 있다. 그러니까 많은 동료들이 냉정하고 이기적인 부분이 있다고 보면 된다. 반면에 퇴근 후 같이 나가 여가 시간을 즐기기도 하며, 경조사 때 서로를 위로하고 축하하며 여느 친구와 별 다름이 없는 것도 사실이다. 단지 가슴 속까지 솔직하게 느낄 수 있는 그런 인정에만 깊숙이 길들여진 한국인과는 어쩐지 모르게 조금 다른 면이 있는 동료가 있다고 할 수 있겠다. 그러므로 좋은 친구가 없다고 말하는 것보다 스스로 좋은 친구가 되도록 노력하는 것이 쉽지 않을까 한다.

한 예로 어느 신문에 나왔던 기사가 생각이 난다. 만약 직장에서 친구 사이에 문제가 생겼을 때 당신은 어느 편에 서겠느냐는 것으로 단지 11%만 친구 편이었으며 나머지 89%는 아니라는 충격적인 통계를 본 일이 있는데 다소 과장되었다하더라도 이것을 본다면 미국은 다분히 개인주의가 우선이며 남보다는 자기를 방어하는 일이 중요하다는 감정이 팽배하다는 것은 모든 사람이 인정하는 감출 수 없는 사실인 것이다.

요즘은 다인종 시대인지라 많은 외국인이 같이 직장에 다니게 된다. 각 나라의 별난 문화와 관습이 다르듯 각자 성격도 많은 차이가 있으나 이럴 때 같은 민족을 만나게 되면 그리도 반갑고 서로를 돕고자 애쓰게 된다. 그러나 같은 언어를 쓰는 그런 동료와 같이 다른 사람이 알아듣지 못하는 모국어를 사용하여 옆의 다른 동료가 오해를 할 수 있는 분위기를 만들게 되어 구구한 억측을 하지 않도록 조심하여야 한다.

- 순번 근무

어느 친구를 막론하고 자신이 갖고 있는 부지런함과 솔직함 그리고 일에 대한 해박한 지식으로 사귀고 대하면 모든 일이 순조로워져 상사나 직장 동료로부터 신임을 받게 된다. 동료끼리, 근무 중 있게 될 휴가기일, 공휴일을 서로의 계획에 맞추어 바꾸어 쓸 수 있고 내가 혼자 감당하기 어려운 문제가 있을 때 도움을 주고받을 수 있는 친구가 있다면 훨씬 용이한 직장생활을 할 수 있다.

특별히 직장의 같은 과section, 또는 부서department에 인원이 많지 않은 경우는 직장 상사는 휴가가 서로가 겹치기 않도록 배려하여 모든 직원들이 공평하게 휴가 기일을 갖도록 한다. 특별한 명절이나 공휴일에는 돌아가며 순번을 정하여 근무를 하도록 시간 배정하는 일이 예사이기 때문이다. 이런 경우 믿을 만한 오랜 친구들 사이에는 서로가 부족한 면을 감싸주기도 하며, 짜여진 규칙에 의한 시간표대로 필요한 근무를 할 수 없을 때 서로 바꾸어 주어 개인의 편의를 봐주는 예가 있게 된다. 친구가 외국인이라면 생활 중에 영어를 쓸 때, 가령 어려운 발음이 있어 조언을 구하기도 하고 또 다른 옆의 친구가 매끈하게 처리하지 못하는 일을 도와주어 서로의 불편을 해소할 수 있다. 그러므로 평소 친구와의 관계를 돈독하게 한다면 직장생활도 쉬워질 것이다. 때로는 자발적으로 나서서 보다 나은 사무실 분위기를 만들기도 하며 아름다운 우정을 쌓는다면 직장 일도 순조로울 것이다.

- 더치페이|Dutch pay

요즘 나는 현재 직장 친구가 아닌 옛적 직장 친구들이 스무해 넘도록, 정기적으로 만나 점심을 나누며 가족얘기, 시사얘기, 감명 깊게 읽었던 책 얘기, 즐거웠던 일, 슬픈 일, 그동안 다녀온 여행 얘기 등을 나누며 같이 공감하고 위로하기도 한다. 맘이 맞는 좋은 친구들이고 같은 가치관과 이해가 있어 오랫동안 친구로 남게 되나 이렇듯 친구란 쉽게 만나고 헤어지는 것이 아니고 꾸준하게 우정을 쌓아간다. 물론 식당에서 같이 모여 동료들과 음식을 먹게 되면 식사는 자기가 좋아하는 것으로 하며 자기의 몫을 제각기 청구된 금액대로 지불하게 되므로 부담 없이 자주 만나 시간을 갖게 된다. 동료들이 모여 즐기며 쓰게 되는 비용은 흔히 알고 있는 더치페이 dutch pay를 생각하면 쉽게 이해가 된다. 더치페이 할 때면 당연히 자기가 먹다 남은 음식은 달라고 하여 집에 가지고 가도 아무런 문제가 안 된다. 무슨 일을 계획하거나 진행할 때도 마찬가지로 서로가 십시일반으로 돈을 내어 하는 것은 예사이다.

이렇듯 친구와의 오랜 교제는 금전적인 문제로 머리 아프지 않아야 서로 배우고, 이해하고, 어려운 일을 도와주고 하여 더 정이 든다고 해야 할 것이다.

- 옷차림

매일 출근 하다보면 옷에 대하여 무관심하여지기 쉽다. 그러나 직장은 여러 사람이 모여 일하는 공동체이므로 다른 사람의 시선을 무시해서는 안 된다. 미국은 개인의 주장이 강하다고는 하지만 직장의 규칙에 어긋나는 차림새는 용납되어지지 않는다. 예를 들면 진 jean과 초미니 스커트, 앞이 많이 파여 훤히 들여다보이는 상의, 유별난 색상의 티셔츠t-shirts, 로고나 이상한 큰 무늬가 있는 셔츠, 짙은 화장을 하거나 운동화를 신는다는 것은 바람직하지 못하다. 단 운동화를 신어야 할 때는 장소와 직책에 따라 예외적일 때가 있다.

어떤 직장은 말이 없이 그냥 받아들이는 것으로 간주되어도 남의 시선을 끌게 되는 지나친 옷차림은 볼썽사나운 꼴이 될 수도 있다. 현재까지도 대부분의 많은 직장에서는 매일 바꾸어 입을 수 있는 평범한 차림을 선호한다는 것이다. 이렇듯이 직장의 차림새를 눈여겨보든가 규칙dress code을 읽어서 무례한 차림새가 되지 않도록 해야 한다. 예전에는 큰 회사에서는 하얀 셔츠에 넥타이, 진한 감색, 검정색 양복에 구두를 신어야 했었다. 근래는 많이 완화되어 예전처럼 강요하지 않고 다만 운동화는 피하며 티셔츠 아닌 셔츠를, 진종류가 아닌 평상시 입는 바지를 입어도 무방하다. 회사에 따라 정장을 선호할 수도 있으니 다른 사람의 옷차림을 눈여겨보며 자기 회사의 복장 규칙을 염두에 두어야 한다. 단 외부에서 하는 회의나 세일즈 관계로 회사를 대표하는 일을 할 때는 회사에서는 정장을 입는 것을 선호한다. 즉 양복에 넥타이 차림이나 슈트, 드레스를 입어야 결례가 되지 않는다. 물론 양말과 구두도 정장에 어울리는 무난한 색으로 신어야하는 것이 보기에도 좋다. 여름에 많이 신는 흰색 양말은 운동할 때나 보통 캐주얼causal을 입을 때는 그다지 눈에 띄지 않으나 정장을 할 때는 반드시 삼가야 한다.

병원이나 기타 의료 기관에서 일하는 사람은 예전에는 하얀 색의 유니폼을, 또는 랩코트lab coat라고 하는 가운을 입어야 했었지만 근래는 색깔도 다양하여지고 스크랩scrap이라 하여 백색이 아닌 예쁘고 연한 색깔이나 친근한 무늬가 있는 유니폼을 입어서 보는 사람으로 하여금 거리감을 주기보담 안정되고 차분한 가벼운 색상을 선택하여 입고 있다. 대형 직장이나 의료 기관에서는 직원들의 유니폼을 제공하는 곳도 있어 옷차림에 대하여 그리 큰 신경 쓰일 일이 없지만 너무 눈에 띄는 스타일이나 색상은 피하고 약간의 보수적이라 할 수 있는 차림새가 무난하다. 즉 거리에서 흔히 보는 첨단적 스타일보다는 무난히 소화할 수 있는 복장이면 좋을 것이다. 아울러 복장과 어울리는 신발을 구비하여 편하고 보기에도 좋은 것을 갖추면 제격이라 할 수 있다. 단 병원, 실험실, 의료시설에서는 흰색을 권유하나 공장에서 일할 때는 흰색이 아니라도 무방할 때도 있다.

직장에서 간혹, 무슨 기부금 모금 날, 기념일, 운동하는 날이라 하여 특별히 블루진이나 티셔츠, 운동화를 허용하는 날이 있다. 때때로 별난 옷차림으로 차려 입고 그 시즌이나 명절에 걸맞은 복장으로 출근하여 재미를 더하여 일하는 곳의 분위기를 바꾸어 보는 날도 있다. 이런 때는 직장 내에서 직원들에게 알림 사항으로 알려

주며 그로 인해 즐거운 시간을 가질 수 있다.

　색다른 분위기에 어울리다보면 다른 직원들의 익살스런 면과 애교 있는 모습을 볼 수 있어 그동안 소통의 기회가 없어 서먹하던 관계가 좋아질 수도 있으니 일석이조인 셈이다. 근래에는 캐주얼 데이라 하여 금요일에 편안한 옷차림으로 출근하도록 하는 직장이 많다. 형식을 벗어나 자유로운 복장을 입게 하지만 그렇다고 보기에 너무 눈에 띄는 차림이나 난잡스런 복장은 허용되지 않는다는 것도 알아야 한다.

　현대사회는 자유분방하여 거리를 지나다니는 사람들을 보게 되면 옷차림도, 머리 스타일도 무지개 같은 색으로 알록달록 별나게 물을 들이는 사람도 있다. 직장에서는 너무 유별스러운 색상이나 스타일로 곱지 않은 남의 시선을 끄는 것은 피하는 것이 좋다. 또 일반적으로 향수를 많이 쓰게 되는데 자기가 좋아한다고 향이 너무 짙은 것을 써서 머리가 아플 정도라면 곁의 사람에게 불쾌감을 주게 되며 향이 은은한 것을 쓰면 상대방도 기분이 좋을 것이다.

　또한 요즘은 알러지로 인하여 향수를 금하는 직장도 있다는 사실이다.

- 전화사용

　일을 하다 사사로운 전화사용으로 인하여 직무에 영향이 가지 않도록 조심하며 직장에 있는 전화사용은 다급한 경우에만 쓰도록 하여야한다. 각자의 셀폰cell phone이 흔하지 않을 때에는 이러한 일이 종종 있었으나 근래는 그렇지 않다. 하지만 각자의 용건은 자기 개인전화를 이용하여 직장근무 중 있게 되는 커피 타임coffee break 에 간단하게 하도록 하며 옆사람에게 방해가 되지 않도록 하는 예의가 필요하다. 걸려오는 전화라도 전화기를 진동으로 놓거나 소리를 낮추어 쓸데없는 주의를 끌지 않도록 하는 것이 필요하다. 또 곁에서 누가 보지 않는다하여 장시간의 통화로 근무시간에 지장을 주는 일은 삼가도록 한다.

- 전문면허

직장에서는 직업상 꼭 필요한 면허들이 있다. 전문직을 가진 사람은 연방, 주 정부 또는 살고 있는 도시, 타운, 구county 정부에서 요구하는 면허가 있다. 예를 들어 의사, 변호사, 약사, 간호사, 영양사, 엔지니어를 비롯하여 전기, 가스기술자, 실험실 실험사, 물리치료사, 엑스레이 기술사, 배관 기술사 등 수도 없이 많은 분야가 면허가 필요한 직업이다. 직장에서는 그러한 면허를 일정한 장소에 부착하여, 그 직장에서 누가 일하고 있는지 볼 수 있도록 준비해 놓고 있다.

면허는 일정 기간이 지나면 갱신하여 계속하여 일할 수 있도록 법에 의하여 정하여 놓고 있다. 새로 갱신을 할 때 무조건 신청한다고 바꾸어주는 것이 아니고, 물론 그런 분야도 있다고 하지만 대부분의 면허는 계속하여 공부하여 매해year 어느 정도의 포인트

credit를 이수하여 새로운 법규나 지식을 습득하여 현재하고 있는 일에 즉시 적용될 수 있도록 법으로 정하여 놓고 있다. 이런 것을 컨티뉴잉 에듀케이션continuing education이라고 하여 계속적으로 공부하여 새로운 테크닉을 받아들일 수 있도록 전문직 면허를 가진 사람들을 도와주는 기회가 되는 것이다. 한 번 받으면 평생을 가는 면허가 아닌 계속적으로 공부하여서 얻은 새 지식을 직접 현장에서 유용하게 쓸 수 있도록 하며 면허를 정해진 기간에 바꾸어 주는 기회가 되는 셈이다. 세미나, 워크숍, 강연회 등에 나가서 강의 시간 수에 따라 주어진 학점 또는 포인트를 받게 되는데 회비를 지불해야하는 경우가 대부분이다. 이때 간혹 직장에서 배려해주어 근무시간을 이용하게 되는 경우도 있지만 개인의 시간personal day을 내어 참석하게 된다. 배려의 시간이 없을 때는 휴무하는 날을 이용하여 다녀오기도 하며 꼭 참석하여야 하는 경우는 휴가를 요청하여 쓰기도 한다.

이외에 인터넷으로 들어가 전공분야에서 강의하는 것을 듣거나 공부하여 얼마간의 포인트를 얻을 수 있으며 책이나 해당 분야의 팸플릿으로도 포인트를 받을 수 있도록 되어 있다. 각 면허 기관이 어떻게 어떤 것을 요구하는지 알아 미리 준비한다면 큰 부담 없이 면허를 지속할 수 있다.

어떤 경우는 면허 주는 해당 기관에서 무작위로 선출하여 규정에 정해진 기간 동안 학점 받은 것을 제출하라는 경우가 있게 된다. 내가 아는 어떤 사람은 두 번씩이나 감사audit에 걸렸다고 투덜거리는 얘기를 들은 일이 있다. 모든 것이 양심에 의한 과정이나 가끔 이렇게 체크하여 비양심적인 사람에게 벌금을 물리거나, 벌칙을 주는 사회가 미국인 것이다. 어쨌든 필요한 부분은 억지로가 아니라 자발적으로 법을 준수하는 것이 바람직한 태도이다.

- 호칭

직장에 다니다 보면 동료끼리 또는 상사와의 호칭을 어떻게 불러야 할지 몰라 금방 한국에서 온 이들은 혼란스러움을 겪게 된다. 한국 같으면 직함이 있어 대리, 과장, 차장, 부장, 이사, 상무, 전무, 사장에다 끝머리에 '님'자만 부치면 무난히 통과하여 불편 없이 지내게 된다. 이곳은 흔하디흔한 그런 명칭이 없는 대신 슈퍼바이저, 매니저, 디렉터, 사장 등으로 간단하게 분류하며 각 개인마다 해당하는 급level들이 있고 각 과section나 부서department에 따라 분담하는 일과 책임도 다르다. 물론 각 지위에 따른 일의 구분이 명확하고 이에 따르는 봉급도 많이 차이가 있게 된다. 먼저 입사하였다고 또는 한국처럼 연수가 많다고 먼저 승진되는 것이 아니고 능력에 따라 되는 것이 또한 이곳의 일이다. 이렇게 지내다 보면 성family씨를 붙여 부르기보다는 서로의 이름first name을 부르며 지내는 것이 서로 간에 하나도 꺼리기지 않고 오히려 친근감이 있게 된다. 그러니까 상사도 나이가 많든 적든 서로의 이름을 부르고 지내게 되는데 한국식으로 습관이 된 사람에게는 버릇없는 일이라 생각되어 거북스러울 수 있으나 이곳은 보편화 되어 신경 쓰지 않아도 된다. 단 일하는 부분에서는 깍듯이 서로를 존중하여 의견이 나와 같지 않을지라도 상사의 지시를 따르는 것이 예의이다.

　미국식 이름에도 성last or family name과 이름first name이 있으나 보통 이름을 부르게 되는데, 때에 따라 흔한 이름은 큰 회사나 단체에는 같은 사무실 안에 한 명 이상 있어 혼동이 되므로 이름에다 성 씨의 약자를 붙여 부르게도 된다. 예로 패티 피patty P, 패티 에스patty S 제니퍼 케이jennifer K, 제니퍼 에이치jennifer H, 로널드 디ronald D, 로널드 에이ronald A가 된다. 또한 통상적으로 줄여 부르는 애칭도 있어 법적 서류에 쓰는 이름과 달라서 의아스런 경우도 있게 된다. 이때는 본인이 원하는 경우나 그렇지 않은 경우도 적지 않으니 본인이 원하는 이름을 정중하게 부르도록 해야 한다. 이런 예로는 윌리암william을 빌bill, 빌리billy, 리차드richard를 딕dick, 릭키ricky, 릭rick, 로널드ronald를 란ron, 킴벌리kimberly를 킴kim, 키미kimmie, 패트리샤patricia를 팻pat, 페티pattie, 엘리사베스elizabeth를 리즈liz, 또는 베스beth, 케트린katheryn를 케시kathy, 케이티katie 등 여러 가지가 있고 또 개인에 따라 다르므로 본인이 원하는 이름을 알아두어 조심하여 부르도록 해야 한다.

- 직원들에 대한 감사

　직장은 규모가 커서 직원들이 많은 경우도 있지만 그렇지 않은 경우도 있다. 여기서는 큰 직장을 생각해 보기로 한다. 적당한 음식 값을 지불해야만 먹을 수 있는 카페테리아cafeteria가 있는 직장에서는, 때때로 있게 되는 명절도 아니면서 가끔 안내 방송으로 직원들

감사의 날employee appreciation day이라고 알려주기도 한다. 또 회사의 창립 기념일이나 연말에 있는 추수감사절, 크리스마스에는 그러한 제목theme에 걸맞은 많은 음식을 준비하여 전체 직원들에게 서비스하는 차원으로 잔치를 베풀게 된다. 물론 연말이 오면 날짜와 시간을 정하여 한 곳에 모여 음식을 나눌 수 있는 코너를 준비하여 놓는다. 명절 때는 직원들이 준비한 음악으로, 직원들의 계절 의상 차림으로 한껏 분위기를 돋우기도 한다. 직장에서는 연말에 감사의 표시로 직원들에게 선물로 터키, 초콜릿, 쿠키 등을 분배하며 때로는 체크check가 든 봉투를 직원들이 그 직장에서 재직한 일정 기간에 따라 다르게 골고루 나누어준다. 한국에서 흔히 말하는 보너스와는 다른 차원으로 액수는 많지 않고 그야말로 적지만 모든 직원들을 배려하여 주는 감사의 표시이다. 어찌 보면 별 것 아닌 것으로 여길 수 있으나 주고받는 인사치레의 정도가 크다고 좋은 것으로만 생각하는 동양의 관습과는 큰 차이가 있으며 작은 일에 감사할 줄 아는 미국 사회 관습인 것이다.

자동차

　미국은 큰 자동차 회사가 여럿 있기도 하지만 움직이는 반경도 꽤나 멀어서 출·퇴근 시간대에는 거리의 교통이 복잡해지는 러시아워가 된다. 덧붙여 외국 차를 선호하는 사람도 많고 외국 자동차 회사 또한 부지기수이니 그야말로 차들의 전시장인 느낌이 든다. 뿐만 아니라 큰 도시를 제외한 중소도시에는 대중교통이 거의 없어서 개인이 차를 갖고 운전하지 않으면 생활이 불편하게 된다.
　주택가와 상점은 거리가 있어 걸어 다니기에는 적당치 않고, 주택과 비즈니스 거리business street와는 상당히 떨어져 있어 차를 이용해야만 한다. 미국은 지도를 보면 알 수 있듯이 면적이 큰 나라이므로 한국식으로 서울 부산 거리인 서너 시간 정도는 무리 없이 다니며 또 고속도로 사정이 좋으니 자주 왕래를 하게 된다. 운전할 수 있는 나이가 되면 모두들 차를 소유하게 되므로 집에 자동차를 2~3대, 또는 식구 수에 따라 때로는 더 많이 가지고 있는 것이 보통이며 집 차고를 채우고도 모자라 집 앞 드라이브웨이driveway를 전부 차지하게 된다.

- 자동차 구입

자동차를 소유하여 운전한다는 것은 쉬운 일인 듯하나 매달 지출되는 비용도 만만치 않다. 우선 차를 사려면 개인적인 차이가 있겠으나 보편적으로 차 값의 20~30% 정도의 돈을 지불하고 잔액을 2~3년 또는 5년 동안 분할하여 지불하게 되는데 물론 이자까지 계산하게 된다. 처음 구입하는 사람은 보증인도 필요하며, 신용도를 체크하며, 또 구입하는 자는 매달 지불할 수 있는 적당한 수입이 있어야 한다. 즉 안정된 직장을 가지고 고정된 수입이 있어야 별 문제 없이 차를 구입하게 되는 것이다. 모든 체크를 다 했다 하더라도 무엇이 미덥지 못한지 몰라도 꼭 보증인이 있어야 하는 까다로움도 있게 된다. 또 예전에 차를 구입한 일이 있었거나 운전 경험이 있는 사람, 이곳에서 살면서 차근히 쌓아온 신용도가 있는 사람보다는 새로이 미국생활을 시작하려는 사람은 높은 자동차 보험료를 요구받기도 한다.

그렇다고 지불을 완료 하게 되면 미국에서 중요하게 여기는 신용 credit을 쌓을 수 있는 기회가 없어지게 되므로 가능하다면 매월 분납하는 것도 생각해 보아야한다. 가령 어느 기간 동안 잘 지불하다가 신용을 쌓았다고 생각되면 그러니까 다른 분야 즉 생활하는 동안 적은 금액으로 시작한 카드빚이라도 잘 갚아가며 신용이 얻어지게 되면 그때 보아 완불하는 방법도 있을 수 있다.

새 차를 구입하는 길만이 모든 것의 해결책이 아니라 친구나 이웃 동료로부터 차의 배경을 잘 알 수 있는 중고 차pre owned or used car를 구입하여 기타 복잡한 과정을 생략할 수 있는 방법도 있다. 그러나 이런 경우에 완전히 지불하게 되면, 운전 기록이 좋은 경우 보험금은 조금 덜 부담스러울 수 있겠으나 앞서 말했듯이 크레딧을 얻을 기회가 없어지게 된다. 요즘은 빌레lease 쓰는 계약도 많이 하여 현재 쓰고 있는 차의 성능 등을 체크하며 한동안 마음 편히 사용할 수도 있다. 빌리는 경우, 매달마다 납부하는 금액으로 신용도를 쌓아가게 되며, 보증인도 필요하지만 계약된 1~2년 동안 사용한 후에 그때 가서 구입하는 방법이다. 반대로 차가 마음에 들지 않거나 또는 다른 이유로 인하여 필요가 없게 되면 다시 회사car dealer로 돌려주면 된다.

자동차를 갖고 있으면 편리하나 청소년이나 21세 또는 25세 미만의 젊은이가 있으면 보험금도 만만치 않으며 가스비용도 들어가니 이래저래 비싼 생활비를 책정해야한다. 다른 방법으로 중고차를 선택할 수 있으나 과정은 거의 같고 보험료는 새 차보다 싸게 책정

된다. 그렇다고 오랫동안 사용하였던 차를 구입하면 차의 성능과 안전성을 우려하게 되는데 1~2년 정도 쓰던 차는 부족한 성능이나 안전성이 테스트된 경우가 많으므로 오히려 좋은 값에, 보험료가 새 것보다 낮으므로 훨씬 좋은 결과도 있게 된다.

때에 따라 과거 사고가 있었거나 물에 잠겼던 차를 구별하여 주는 곳도 있다고 하니 주의하여 알아보면 도움이 된다.

특별히 차를 소유하고 싶어 하는 청소년들은 값이 저렴한 중고차를 선택하여 보험료를 낮추고 자기가 때때로 일하여 얻은 수입으로 부모의 도움을 받지 않고 당당하게 차를 소유하게 되며 크레딧을 얻는 경우도 있는데 미국에서는 흔히 볼 수 있는 일이다.

자동차를 구입하는 시기는 누구나 필요에 의하여 하게 되므로 무슨 시기가 중요하느냐고 할지 모른다. 그러나 새로운 모델이 나오기 시작하는 시기, 다시 말하면 금년도 모델이 마무리되는 때가 적당하다고 하면 틀린 말은 아닐 것이다. 늦은 여름이나 초가을 9월에서 10월쯤이면 세일이 많이 눈에 띈다. 신문이나 텔레비전에서는 많은 광고를 하며 얼마의 리베이트rebate를 포함하여 몇 퍼센트의 이자로 매월 내게 되는 월부금이 많지 않다고 구매를 부추긴다. 또 어떤 차는 리베이트가 얼마인데 어느 때부터 어느 때 끝난다고 기간까지 친절히 알려준다. 당장 급하지 않고 현재 쓰고 있는 차를 바꾼다든지 할 경우는 부지런히 차를 보아 두었다가 값을 비교해 이런 때를 이용하면 조금은 싼 값에 원하는 차를 구매할 수 있다.

- 면허 시험

청소년 때의 운전면허는 학교생활에서 언급하였지만, 운전을 하게 되는 사람은 그동안 눈으로 다른 사람의 운전을 보며 익힌 후가 되어 운전하는 것은 그리 큰 문제가 되지 않는다. 그러나 면허를 받는 과정은 오히려 복잡하고 거쳐야 할 사항이 많다. 각 주에 따라 약간의 차이가 있을 수 있으나 대체로 만 16세가 되면 운전면허 받을 수 있는 나이가 되어 합법적으로 운전면허 등록을 할 수 있다. 그러나 24시간의 책을 통하여 하는 수업을 거치고 6시간의 운전과 4시간의 다른 사람의 운전을 관찰한 다음에 운전 프로그램 두 가지 crash & violating free를 통과해야 하며 90일이 지난 후에 운전면허 시험을 통과한 레벨 2level-2 면허를 정식 면허 받기 전에 받을 수 있다. 또 밤 10시부터 아침 5시까지는 청소년의 운전을 금하고 있고 면허를 받은 후라도 성인이 아닌 미성년자를 한 명 이상 동승할 수 없다는 까다로운 조항도 있다. 이렇게 거치고 난후 정식 면허를 받게 되면 남의 간섭이나 별다른 교육 없이 혼자 운전을 하게 된다.

성인은 필기시험 후, 시력 검사를 거쳐 임시면허를 받고나서, 운전연습기간 한 달이 지나야 거리에 나가 주행 테스트를 받는다. 이 시험이 통과되면 시력 검사 후 사진을 찍고 약 일주일 정도 지난 후 우편으로 정식 면허를 손에 쥐게 된다. 단 주행연습 기간 동안에는 만 21세 이상으로 운전 경력 1년 이상 된 성인이 동승하여야 한다는 규정이 있으니 연습은 혼자 하는 것이 아니라 꼭 옆에 같이 앉아 주는 사람을 구하여 조언을 들어야 한다.

우선 면허를 받으려면 필요한 서류를 구비하여 가지고 가야 모든 절차가 시작된다. 쇼셜 시크릿 카드social secret card, 본인 사진이 첨부된 증명서로 여권 또는 출생증명서birth certification, 차의 보험서류, 차 등록서 등이 필요하니 잊지 말고 꼭 지참한다. 이때 어느 차 종류 즉 승용차, 트럭, 트레일러 등에 따라 달라지는 필요한 수수료를 낸다.

요즘은 영어와 한국어 예상 필기시험 문제집이 있어 편리하다고 한다. 영어에 주눅 든다고 생각되면 한국어시험 문제지를 이용하면 된다. 그리고 한국인들이 얼마나 운전을 잘하는지 아마도 세계 어느 곳에 나가도 문제가 되지 않는 것은 잘 알고 있을 것이다 그러나 운전 자체는 그렇다 치고 교통 법규와 규칙도 잘 지킨다면 적어도 어려운 일들이 없을 것으로 믿는다.

예전에 한국서 방금 미국에 온 어떤 분이 동네를 돌아보겠다는 마음으로 차를 가지고 나왔는데 주위가 조용하고 길에 사람도, 다니는 차도 없고 하여 멈춤stop 사인을 별로 신경 쓰지 않고 가끔 한국에서 하던 대로 지나쳤다고 한다. 그런데 어디서 교통경찰이 나타났는지 차를 세우고는 벌금 용지를 내밀어 많이 놀랐다고 한다. 그뿐 아니라 멈춤 사인을 지나치면 벌점point이 기록되며, 보험료도 오르고, 사고의 원인이 될 수 있으며 또 운전기록상에 좋지 않은 오점을 남기게 되므로 지켜야 할 규칙은 잘 지켜서 몸에 익숙하도록 해야 한다.

덧붙여 운전면허 정지와 박탈도 있으며 물론 자동차 보험료가 많이 오르고 평소 운전 기록이 좋지 않은 사람은 보험회사에서 반기지 않으니 조심해야 한다. 예로 교통 규칙을 몇 차례 지키지 않거나, 과속, 음주 운전 등 운전을 성실히 하지 않을 때는 벌금도 내야

하며 면허정지에 나아가서는 면허 박탈에, 잡혀가는 예도 있다. 음주 후, 한국처럼 대리운전을 부르는 것은 대도시는 잘 모르겠으나 크지 않은 중소 도시는 거의 없다 할 정도로 흔하지 않은 일이며 그것을 이용할 경우는 경비가 많이 들므로 곤란한 처지가 되지 않도록 조심하여 자기를 보호하도록 해야 한다.

운전면허 갱신은 6년까지 연장하여 주는 경우도 있지만 통상적으로 4년이며 우수 운전자에게는 우편으로 할 수 있도록 면허를 발급해주는 사무소secretary office에서 연락이 오기도 한다. 자기가 우편으로 하겠다고 해서 하는 것이 아니라 면허 주는 곳에서 선별된select 사람에게 한하여 발급하는데 수수료만 보내면 간단하게 처리된다. 면허 갱신은 보통 늦어도 면허가 끝나기expire 30일 전에 통보된다. 운전을 조심스레 하여 깨끗한 기록을 가지고 이렇게 편리한 우편으로 갱신하는 혜택도 가져보기를 바란다. 그러나 우편으로 하는 갱신은 한 번으로 끝나고 다음 갱신은 사무소에 나가서 시력검사와 필기시험을 다시 치러야 면허를 재발급 받을 수 있다.

이렇게 하여 발급받은 면허는 누구든 미국에서 생활하면서 꼭 있어야만 하는 증명 카드이다. 즉 아이디Identification가 되어 어디서든 요청할 때 보일 수 있도록 항상 지니고 다녀야하는 한국의 주민등록증과 같다. 예를 들면 개인 수표를 쓰고 나서도, 여행을 가려고 비행기를 탈 때, 다른 증명서를 만들어야 할 때, 특히 어려 보이는 사람이 술 한 잔을 마시려 할 때, 은행에 볼 일이 있을 때, 직장에 처음 입사할 때 구비서류로 등등 수없이 많은 경우에 꼭 필요한 카드가 되는 것이다.

- 국제면허

요즘에는 글로벌시대라서 국제면허international license를 갖고 있으면 얼마 기간 동안 운전을 할 수 있다. 그리고 도로사정과 규칙을 익힌 후 필기시험을 거쳐 통과된 후에 기다리는 시간이 없이 도로 주행시험을 거쳐 정식면허를 받을 수 있는 편리한 점도 있다. 근래에는 한국어로 되어있는 면허시험을 보게도 하여 처음 미국에 오는 분들이 많이들 이용한다고 한다. 그러나 영문으로 된 어려운 시험을 보지 않고 한국어로 쉽게 시험을 치를 수 있다지만 이곳에 오래도록 거주할 의향이 있는 사람은 영어로 규칙을 익혀 놓는 것도 나쁘지 않으니 어느 것이 좋은지는 본인이 결정할 일이다. 면허 발급하는 주 정부 사무실secretary office에 문의하면 운전시험에 관한 주요 사항이 써있는 책자가 무료로 공급되고 있으니 집에 가져와서 읽어보고 공부하면 도움이 된다. 각 주에 따라 다르나, 메릴랜드 주 Maryland State는 시력, 약물검사, 알코올 교육과정에 합격하면 한국의 면허를 인정한다고 신문에서 읽은 일이 있다. 미국 내에서 메사추세스, 워싱턴 디시, 미시건, 플로리다, 텍사스, 오레곤, 버지니아 주 등 8개 주에서는 한국 정부와 운전면허 상호인정 약정을 체결하여 필기와 주행시험 없이 시력 검사만 하여 18세 이상으로 한국면허를 인정해 준다고 한다. 주 정부에서 발급하는 운전면허 규정은 때에 따라 달라질 수 있으니 면허를 취급하는 주 정부 사무실에 직접 문의하면 정확한 사항을 알 수 있다.

- 운전교습소

미시건에서는 면허를 발행하는 곳은 주 정부secretary office에서 하지만 운전시험은 운전교습소에서 대행한다. 물론 교습강사가 있어 필기시험에 대한 공부도 하며 운전연습기간 동안 같이 앉아 주행 연습도 더불어 할 수 있다. 일종의 운전강습소 같은 곳으로 학생을 지도하며 그곳 직원이 직접 시험관으로 나서서 도로 주행시험도 본다.

시험이라 하니 누구나 걱정을 하여 합격 여부에 신경을 쓰게 된다. 아주 오래전의 일로 필기시험에 합격 후, 정해진 한 달 동안의 연습이 끝나고 도로 주행시험 기간이 되어 약속 시간을 정해 놓고 있었다. 그런데 절친한 분이 하는 말이 한국분들은 필기시험은 쉽게 통과하는데 생각보다 도로주행에서 많이들 떨어져 재시험을 본다고 했다.

운전은 제법 잘하는데 너무 걱정스러워 자신도 모르게 움츠러진 태도를 보이니 자신감 부족으로 낙방된다는 이야기였다. 그러고 나서 자기가 운전면허를 받을 때 익혀 놓은 주행 코스를 그대로 연습하여 보라면서 차에 동승하여 일일이 설명해가며 지도를 해주어 정신적으로 얼마간의 안정을 얻었다고 했다.

운전연습 기간에도 친구와 이웃간 또는 부부간에 서로 앉아주며 운전을 지도해주는 경우가 흔하다. 처음 운전하는 사람에게 운전은 위험하니까 잘 배워야 한다는 생각에, 도움을 주려고 충고도 하며 이래라 저래라 필요한 말부터 좋게 시작하다 때로는 도가 지나치기도 한다. 그러다보니 부부간의 운전지도는 싸움의 불씨가 되어 마음을 상하는 일이 비일비재하다. 이런 일에 자신이 없으면 공연히 문제를 만들지 말고 운전교습소를 찾든가 이웃이나 마음이 통하는 친구에게 요청하는 것이 오히려 가정사에 도움이 될 줄로 안다.

- 고속도로 주변

고속도로freeway이면 고속도로이지 어떻게 두 가지를 말하느냐 하는 점이다. 하이웨이highway는 일반적으로 말하자면 동네 근처 길에서, 인터체인지가 없이 조금 속도를 낼 수 있는 길이다. 프리웨이는 주에 따라 약간의 차이가 있지만 속도가 제법 되어 60~75마일 정도로서 길을 달리다가 타운을 들어가고 나가는데 반드시 인터체인지를 이용하여야 되는 길이다. 이를테면 하이웨이는 일반적으로 도로 양편으로 상점들이 많아서 편하게 들어가 쇼핑을 할 수도 있으나, 프리웨이에서는 상점은 인터체인지를 벗어나서 시내 쪽으로 들어가 있게 된다. 이외에 턴 파이크turnpike가 있는데 이것은 주로 톨게이트toll gate를 거쳐 일정한 돈을 지불하며 지나는 길이다.

프리웨이에는 휴게소가 간간이 있어 필요한 용건을 해결할 수 있으며, 자판기라 하는 밴딩 머신vending machine이 있어 동전이나 지폐를 넣고 음료수, 커피, 초콜릿, 껌, 과자 간식 등을 살 수 있다. 특별히 요금을 내고 지나는 톨게이트 프리웨이에는 간단한 식사를 해결할 수 있도록 예를 들면 훼스

고속도로 휴게소 자판기

트 후드fast food 맥도날드, 버거킹 같은 햄버거, 피자, 커피점, 프라이드치킨chicken집이나 기념품 상점들이 있게 된다. 또 주유소가 있어 장거리 여행을 갈 때 부족하게 되는 가스를 주유할 수 있다. 한국의 휴게소와 같으며 모든 것이 한 건물 안에 있어 질서가 있어 편리하며 또 깨끗하며 번거로움이 없게 되어 있다. 집에서 준비하여 온 음식을 먹기에도 부담이 없도록 여유 있는 테이블과 의자, 화장실 등 누구나 쓸 수 있도록 공공시설이 잘 되어 있다. 장거리 운전하여 갈 때는 프리웨이를 지나가게 되면 이렇듯 휴게소가 일정한 거리마다 표시되어 있어 들어가 이용하기에 아주 편리하며, 잠깐씩 쉬었다 갈 수 있어 좋다. 공휴일이 연휴가 될 때는 이런 휴게소에는 무료커피free coffee라는 표지판도 있어 장시간 운전하는 사람들이 졸지 않도록 배려한다. 이러한 것은 어느 단체, 사회 기관에서 나와서 운영하기도 하며 그 기관에 보내는 기부금으로 약간의 돈을 넣어 주는 상자가 있기도 하다. 이것은 좋은 곳에, 좋은 일에 쓰이는 것으로 누구든 부담을 갖지 않고 적은 금액으로 기분 좋게 커피도 마시고 휴식도 할 수 있는 기회가 된다.

고속도를 가다보면 그냥 하이웨이 몇 번이 아닌 번호 앞에 'I'라는 것이 붙어 있으며 예로 I-15 또는 I-80이라는 사인들을 볼 수 있다. 이것은 다른 고속도로와 연결되는 인터스테이트 도로interstate route 번호로 홀수이면 남북, 짝수이면 동서로 통하는 것으로 운전을 하면서 주의 깊게 살펴 보아야한다. 가고자 하는 곳이 동서남북과 어느 하이웨이로 어떻게 연결되는지를 알 수 있는 방향 표시로 여행하는 사람들의 중요한 길잡이 안내이다.

고소도로 휴게소

　여행하면서 미국인들은 자신의 애완동물을 데리고 다니는 것을 쉽게 볼 수 있다. 이럴 때는 동물들도 사람과 마찬가지로 휴게소 내, 한쪽 지정된 곳에 사인이 있어 런닝 에어리어 pet or dog running area라는 곳이 있다. 주인들이 운전하면 애완동물도 행동반경이 좁은 차 안에서 갇혀 지내다 넓은 공간으로 나와 잠깐의 자유를 누리도록 배려하는 것이다. 적당한 곳에서 용건을 해결하는 것은 금물이며 표시가 되어있는 곳으로 안내하여 깨끗한 공공지역을 더럽히지 않도록 한다. 이런 장소에서는 동물들도 자유로이 뛰어 놀고 배설할 수 있으며 주인은 배설물을 치울 수 있는 간단한 용품을 항상 준비하고 다녀야한다. 바르지 못한 행동으로 남의 기분을 상하게 하거나 이목을 받지 않도록 그리고 지루한 긴 시간의 여행이 즐겁고 유쾌한 시간이 되도록 한다.

- 어린아이 좌석 Baby car seat

어린아이가 자동차를 탈 때 카시트를 사용하는 것이 습관이 안 되어 불편하다 할 수도 있겠으나 미국은 어린아이의 몸무게가 40파운드가 되지 않으면 반드시 카시트를 구비하여 태우고 다녀야 하는 법 조항이 있다. 법이 있어 그런 게 아니고 부모들은 꼭 적당한 시트를 마련하여 아이들을 안전하게 데리고 운전을 해야 한다는 이유가 먼저일 것이다. 이런 법규는 주에 따라 약간의 차이가 있으나 차의 뒷좌석에 시트를 놓게 되며, 초생아 때는 특별하게 제작된 것으로 머리까지 몸 전체가 커버되는 것이어야 하며 뒤편을 향하여 앉히게 된다. 2~4세까지는 우리가 보통 말하는 어린아이용 유아시트를 사용하며 앞을 보게 하여 앉힐 수 있다. 그러나 40파운드가 넘을 때, 즉 대략 4세 정도가 되는 때가 되면 보통 차에 부착되어 있는 안전벨트를 써서 혼자 뒷좌석에 앉혀도 문제가 되지 않는다. 그러나 어느 주state에서는 키가 57인치가 되며, 4~8세까지는 부스터 시트booster seat라 하여 차 뒷좌석에 올려놓고 좌석벨트를 매도록 하는 어린이용 의자를 사용하도록 되어있다. 미국생활에 익숙하지 않은 부모나 아이들은 습관이 되지 않아 불편하다고 카시트를 무시하는 경향이 있다. 가령 앞좌석에 어른과 함께 앉거나, 어른 무릎에 앉히는 것, 안전벨트 없이 혼자 앉히는 버릇 등은 하지 말아야 할 사항이다. 이런 저런 이유로 인하여 시트 벨트를 안 하면 법적으로 용납되지 않는다. 싫다고 짜증을 내거나, 때로는 억지를 부리고 울어대는 어린아이들에게도 알아듣도록 차근히 설명하여 습관이 되도록 해야 한다.

부모들이 운전을 하면서 어린아이를 돌보게 되는 경우가 허다하다. 아이가 울거나, 먹을 것을 달라고 하든가, 안아 주거나 같이 앉기를 보채며, 또는 무엇을 떨어뜨려서 도와주려고 할 때 정신이 집중되지 않아 사고의 원인이 된다. 아무튼 운전 중에는 다른 일을 하지 않도록 조심하여야 하며 그뿐 아니라 사고가 났을 때 시트나 안전벨트를 사용하면 많은 경우 큰 피해를 줄일 수 있는 안전장치가 되는 셈이니 명심해야 할 것이다.

시트를 구입할 때는 안전 규칙에 문제가 없는 등록된 회사 제품을 구하는 것이 마땅하고 가격에 얽매여 좋지 않은 용품을 사게 되지 않도록 주의를 해야 한다. 간혹 차고 세일에 아이들 용품이 많이 나오는데, 오래되지 않고 제품이 좋은 것이 있다면 이런 세일을 이용한다면 경비에 보탬이 될 것이다. 특히 차 시트는 믿을 만한 회사 제품으로 견고하고 안전한 좋은 것을 장만하면 다음 아이까지 넉넉히 쓸 수 있으니 고려한다.

- 운전 중

요즘은 아이 티IT TECH가 발달하여 꽤나 많은 전자제품이 나와 있으며 이용하는 사람도 수없이 많다. 그중 게임기를 쓰든가, 셀 폰 cell phone으로 운전 도중에 통화를 하든가, 문자메시지texting를 분주히 서로 주고받는 사람이 많다. 그뿐 아니라 음식물을 먹기도 하며 심지어는 화장과 면도를 한다고 한다. 늘 바쁘게 살아가는 현대인들이라 시간 부족으로 인하여 운전시작 전, 집에서 마땅히 마칠 일들을 운전하면서 어설프게 해결하려 한다. 그러다보니 사고의 원인이 되어 각 주나 도시에서는 대책으로 운전 중에는 통화, 문자메시지 등을 법으로 금하고 있다. 법의 규제가 없는 도시를 갈 때도 물론이고 운전하며 두 가지 일을 한꺼번에 해결하려는 욕심은 큰 사고의 원인이 될 수 있으므로 삼가해야 한다. 법이 있어서가 아니라 위험한 일은 절대로 해선 안 된다.

 세월이 흐르면 흐를수록 끝이 없는 사람의 욕구를 만족하게 위함인지 예전에는 흔치 않던 일로 자동차에 옵션option 즉 추가 선택을 많이 넣은 차를 구입하여 사람들의 호기심과 필요를 충족한다. 물론 차를 구매할 때 금액이 조금 더 올라가더라도 필요하다 생각되면 잘 살펴서 주문하면 된다. 이런 경우 부착물을 이용하여 꼭 필요한 전화통화를 할 수도 있으며, 때로는 법에 저촉되지 않는 그러한 부속물이나 기기를 이용하여 불편함을 줄일 수도 있다. 여러 가지 추가되는 것이 있겠으나, 한 예로 작은 아이들이 있는 가정에서는 차에 TV를 붙여 게임도 하며 영화를 볼 수 있어 장거리 여행에 무료함을 덜어 줄 수도 있게 된다. 물론 이러한 소리가 운전자에게 지장을 주어서는 안 될 일이다. 라디오 음악이나 시디CD를 크게 틀어놓고 운전하는 젊은이들이 많다. 자기 차에서 하는 것이니 누가 뭐라고 상관할 일이 아니라고 생각할 수 있다. 이것은 잘못된 생각이라는 얘기를 하고 싶다.

 얼마 전 이 지역에서 일어났던 일로 너무나 끔찍한 사건이 있었다. 젊은이 여섯 명이 차를 타고 가다 기찻길 건널목에서 기차와 그대로 충돌하여 한꺼번에 모두 아까운 목숨을 잃었다. 시끄러운 음악이 사고의 원인이라고 한다. 이렇듯 시끄러운 소리 때문에 정작 들어야할 소리를 못 들으면 곤란한 일이다. 뿐만 아니라 지나다니는 다른 차, 또는 다른 사람의 귀를 혼란스럽게 하는 것은 상식적인 행동이 아니다. 혼자 즐길 수 있는 적당한 크기의 소리로 들으면 자기의 기분도 좋고 남에게 폐도 되지 않아 좋다.

또 다른 예로 요즘은 이어폰ear phone을 쓰는 대신 블루투스 bluetooth라 하여 손을 쓰지 않고 자동으로 전화를 주고받을 수 있는 장치가 있어 편리하다. 아무튼 핸들 위에 두 손을 얌전히 올려놓고 안전 운전하는 습관을 길러야한다. 두 손이 운전대 위에 없는 경우 교통경찰이 유심히 보는 요주의 대상이라는 말이 있다. 특별히 어느 주state나 도시에서는 주행 중에 전화를 사용하는 경우에 처벌을 받는다. 또 34개 주 즉 대다수의 주에서는 운전 중에 통화나 문자메시지 하는 것을 법으로 금하고 있다는 사실이다.

- 보험

보험이라 하면 여러 가지가 있으며 미시건 주를 비롯하여 뉴욕, 펜실베니어, 뉴저지, 유타, 캔사스, 미네소타, 하와이 주 등 12개 주에는 노 휠트No Fault라는 보험이 있다. 사고는 누구 한 사람의 책임이 아니라 사고 난 두 차의 보험회사가 각각 피보험자들을 책임진다는 얘기이다. 이 보험은 각각의 보험회사가 피보험자의 보험 규정에 의하여 서로의 손해배상을 물게 되며 사고를 개개인의 보험회사에서 처리하게 되는 것이다. 사고는 예기치 않은 아차 하는 한 순간에 일어나기 때문에, 이런 경우 본인은 사고가 나지 않게 안전 운전하므로 보험이 불필요하다고 생각해서는 안 되며 상대방에 대한 방어적인 운전 습관도 가지도록 한다. 각 주에 따라 보험의 기준이 다르나 보험은 언제나 사고에 대비하여 차 손상에 대한 금전적 손해, 신체에 상해를 받았을 때를 염두에 두고 하는 일이니 꼭 가입하는 것이 옳다. 보험에 가입되지 않아 사고로 인한 상당한 신체적, 금전적 어려움에 처하는 일이 없도록, 보험 가입은 이곳에 살면서 꼭 해야 할 일 중의 하나이며 망설이지 말라고 권하고 싶다.

자동차 보험도 여러 종류의 것이 있어 일일이 다 말하기는 어렵다. 보험료는 어떤 종류의 것을, 도난 다발지역인지 아닌지, 즉 어느 동네, 또는 도시에 집이 있느냐, 하루 운전하는 거리의 길고 짧음, 보험인이 사고 난 후 처음 얼마까지 지불하느냐deductible에 따라 달라진다. 또 차 종류와 차의 가격, 사고나 교통위반 횟수, 운전자의 연령 등에 따라 액수에 많은 차이가 난다. 그러니까 나이 어린 사람과 고령자는 보험료가 다소 높고 모범적인 운전자는 사고가 많은 사람이나 또는 빈번한 규칙 위반자에 비하여 저렴하다. 예로 25세가 이르게 되면 그보다 어린 나이에 비하여 보험금이 조금은 낮아진다. 물론 보험회사에서는 서로들 좋은 프로그램으로 홍보를 하고 있으니 한 곳만 알아볼 것이 아니라 두세 곳을 택하여 그중 사람들이 많이 이용하는 회사를 알아보는 게 빠른 정보를 얻을 수 있다. 회사마다 보험 가격이 각각 다르므로 맘에 드는 적당한 가격으로 좋게, 그리고 많이 커버할 수 있는 회사를 선택한다.

- 사고 처리

　운전을 하다보면 자기 자신은 조심스럽게 운전을 하지만 뜻하지 않게 사고를 당할 수 있다. 운전 속도도 문제려니와 순식간의 상황판단 잘못으로 또는 상대방의 실수로 인하여 어이없는 일이 일어나게 된다. 이럴 때 신체적 피해가 없으면 다행이나 몹시 다치거나 차를 견인해야 할 경우가 생기면 당황하게 된다. 이곳에서는 지나가던 주위의 운전자가 증인으로 나타나 도와 주기도하나 침착하게 교통경찰이나 응급 전화번호 911로 사고를 알려야하며 당사자 간에는 실랑이를 하지 않는 게 상식이다. 경찰이 오는 것이 지연되면 상대방의 차번호를 재빨리 외우거나 써 두어야 하며, 서로의 연락 전화번호와 이름을 교환하는 것이 필요하다.
　혹시 뜻하지 않게 나의 실수로 인하여 사고가 났다고 생각되어지더라도 상대방에게 죄송하다, 잘못했다라는 표현은 자제하도록 한다. 교통경찰이 도착 후 물어보는 것에 따라 자초지종을 설명하든가 하여 상황 판단을 경찰이 진행하도록 하며 증인이 있으면 증인의 얘기를 귀담아 들어 옳고 그름을 가릴 수 있도록 한다.
　미국인들의 아름다운 모습 중의 하나가 하이웨이에서 사고가 났을 때나 고장으로 힘들 때 지나가던 차들이 멈추어 어떤 도움이 필요한지 묻고 도와주려 애쓰는 태도이다. 이런 일을 당했던 사람들은 감사의 마음을 평생 잊지 못할 뿐 아니라 어려움에 처한 남을 배려하고 인정을 나누는 미국인들의 인간적인 면을 볼 수 있게 된다.

덧붙여 어디서든 응급차가 사이렌을 울리며 지날 때는 움직이고 있던 모든 차들이 천천히 속도를 늦추어 길가 쪽으로 차를 세우고 응급차가 완전히 빠져나갈 때까지 기다리는 모습은 이곳 미국의 일상생활이며 교통 규칙으로 꼭 지켜야할 일 중의 하나이다.

경우에 따라서 사고 현장에서, 규칙을 어겼거나 또는 이에 상응되는 일이 일어났을 때 교통경찰이 벌금을 물리거나 벌점을 준다. 그리고 이것이 합당하다고 생각되면 별다른 이의 없이 벌금서에 쓰인 기일 안에 납부하면 되지만, 벌금이나 벌점이 부당하다 생각되면 지정된 법정에 나가 부당함을 얘기할 수 있다. 내가 보아온 경우로, 법정에 나가 부당함에 도전하여 벌점을 면하거나 벌금을 적게 내는 일도 있다. 물론 영어로 부당함을 설명해야 하며, 때로는 상황이 그려진 주위의 그림이나 사진을 가지고 나가서 진지하게 임해야 된다. 그것이 안 된다면 통역하는 분을 대동하고 가야하는 번거로움이 있다. 아무튼 사고가 나지 않도록 조심해야하며 항상 상대방에 대하여 방어적인 운전 습관도 필요한 것이다.

음주운전에 대한 이야기를 하게 되면, 술 마시고 운전하는 사람은 단 한 번만하는 생각으로 아무렇지 않게 핸들을 잡게 된다. 이것은 본인에게도 위험하려니와 큰 사고의 원인이 되어 다른 사람에게 피해를 주며 심지어는 선량한 사람의 생명까지 좌우되는 위험한 일이라서 절대 하여서는 안 되는 일이다.

알고 지내는 분 중에 법정 통역으로 봉사하시는 분의 얘기를 귀담아 들어보면, 미국에서는 음주운전을 법에 의하여 얼마나 엄중하게 다루는지 알 수 있다. 어느 한국인이 음주운전으로 법정에 서게 되었는데, 상당한 벌금은 물론이며 차는 법에 의하여 지정된 차고에 넣고 상당한 보관료를 지불했으며, 사회봉사를 하도록 하여 부과된 시간을 채워야 했다고 한다. 운전 중 부주의로 일어난 일이라면 운전에 대한 재교육도 받아야하며 면허정지는 물론이며 때로는 운전면허를 박탈당한다.

- 일기에 따른 운전

겨울철에는 눈이 쌓이고, 기온이 떨어지면 도로가 미끄러워, 또는 시야가 흐려져 사고가 많이들 일어난다. 또한 일기가 나쁜 여름철에도 마찬가지이나, 가려는 곳에 시간을 맞추기 위해서는 충분히 여유 있는 시간을 항상 가지고 다니며, 교통이 덜 혼잡한 길을 택하여 출발하는 것도 한 방법이다. 할 수 있다면 러시아워rush hour를 피하는 것도 생각해 볼 수 있는 일이다. 눈이 오거나 비나 안개로 인하여 도로 사정이 좋지 않을 때는 항상 차들 또는 차들 간의 거리도 일기가 좋은 날보다는 길게 갖고 운전을 하여야 한다.

또 학교 앞이나 사람의 왕래가 잦은 곳을 지날 때는 날씨가 화창한 날보다 더 조심하여 천천히 운전하도록 한다.

운전 도중에 사고가 많이 나는 것이 예사지만 주차장에 세워둔 차를 들이받고 나 몰라라 도망치는 비양심적인 사람도 있다. 이런 난감한 일은 교통경찰을 불러 자세한 설명을 하고 주행 도중 일어난 사고가 아니라는 것을 밝혀 보험회사로부터 부당한 처리를 당하지 않도록 해야 한다.

식품점

 일상생활에서 음식을 만드는 일은 바쁠 때를 빼고는 준비해야하므로 시장 보는 일이 쉽지만은 않다. 그러나 집에서 요리하는 즐거움, 가족과 같은 밥상에 모여 앉는 즐거움도 행복한 일 중의 하나일 것이다. 아무튼 식품을 사러 나가기 전 필요한 항목을 메모하여 간다면 시간이 많이 절약된다. 또 상점 운영시간을 알고 있거나 세일하는 품목을 알고 있고, 시간을 잘 이용한다면 바쁜 스케줄과, 경비절약에 도움이 된다. 그 이외에 불필요한 항목을 구입하는 것을 줄이는 방법이 여러 가지가 있겠으나 그중의 하나로 공복 시에는 쇼핑을 피하라는 말도 참고할 만하다.

　주말에는 식품을 구입하러 나온 사람들로 인하여 상점 안이 북적대지만, 주중에는 조금은 한가하여 여유 있게 이것저것 돌아보며 쇼핑할 수 있어 한결 좋다. 식료품을 사러 나서는 일은 하루의 일과가 아니고 대부분의 가정에서는 일주일에 한 번weekly으로 큰 묶음으로 시장을 보게 된다. 그러므로 필요한 아이템을 메모판이나 종이에 쓰는 버릇을 가진다면 잊어버리는 일이 없이 일주일 동안 필요한 물건을 쇼핑을 할 수 있게 된다.

　주중weekday 어느 날 식료품점에 가면 상점 앞에는 연장자들 즉 시니어senior를 태우고 온, 밴van이나 자그마한 버스bus 정도의 차량이 멈춰 서 있는 것을 보게 된다. 이것은 노인들을 위하여 시니어 센터senior center나 노인 아파트에서 운영하는 것으로 어떤 특정 요일을 정하여 나이가 든 연장자들을 모시고 와서 정해진 시간 동안 각자 필요한 물품들을 살 수 있도록 도움을 주고 있는 경우이다. 노인들은 혼자 운전하지 않아도 되고, 신체적 장애로 인하여 거동이 불편한 분들도 도움을 받아 밖에 나와 다닐 수 있는 기회가 된다. 또 무거운 것이나 큰 물건을 사서 가져가는데도 도움이 되므로 식품 구입하는 도중에 행여나 어떻게 가져 갈까하는 쓸데없는 걱정 없이 즐거운 시간을 보내는 셈이다.

　- **쿠폰**Coupons

　미국에는 푸드 스탬프food stamp 쿠폰이라 하여 생활이 어려운 가정에 정부에서 주는 쿠폰 책이 있다. 말하자면 웰페어welfare 쿠폰인데 어느 정도의 수입이 안 되는 어려운 가정에서는 이런 것을 받아 사용할 수 있다. 쿠폰도 여러 가지 있지만 그중 윅WIC이라는 것은 특별히 영아부터 어린아이가 있는 어려운 가정이 혜택을 받을 수 있으며 어린이를 위한 미국 사회복지제도의 하나라고 볼 수 있다. 푸드 쿠폰을 받을 수 있는 자격이나 심사 규정은 사

쿠폰 여왕

회복지를 맡고 있는 정부 기관이나 사회복지사에게 문의하면 알 수 있으나 정부 규정으로 볼 때 최소한 생활수준이 되지 않아 생활에 어려움이 있는 가정이다. 그러니까 푸드 쿠폰은 기초생활에 문제가 있는 가정의 대책 방편이 되는 셈이다.

근래에는 경제 사정이 좋지 않아 푸드 쿠폰 수혜자가 많이 늘었다고 한다. 반면 이 혜택을 악용하는 사람도 꽤나 생겨서 정부에서는 골칫덩어리라고 한다. 정작 필요할 때 쓸 수 있는 좋은 혜택을 교묘하게 악용하는 사람은 법에 의하여 제재를 받게 되며 정부의 좋은 프로그램이 남용되지 않을 때 골고루 많은 사람에게 혜택이 돌아갈 수 있을 것이다.

푸드 쿠폰이 있다하여 무조건 자기가 필요한 물건을 다 구입할 수는 없다. 빵, 시어리얼cereal, 계란, 밀크, 주스 등 주로 생필품만 살 수 있고 호사스런 물품은 제외된다. 기호품인 술이나 담배는 절대로 구입할 수 없다.

쿠폰들

얼마 전에, 다니던 상점을 못가고 퇴근 후 직장 근처에 있는 대형 식품점에 간 일이 있다. 일이 급하여 서둘러 몇 가지를 집어 들고 줄을 서 있는데, 앞의 젊은 아기 엄마가 계산대에 물건을 올려놓았는데 캐시어cashier가 계산을 못하고 있다. 이것저것을 들어보고는 된다, 안 된다 하며 다시 집어 오고 갖다 놓고 하면서 시간을 끄는 것을 보았다. 물건의 종류와 회사 제품에 따라 구입할 수 있는지 아닌지를 결정하는 것 같았다. 쇼핑하기 전에 미리 주의사항을 읽지 않고 와서, 아니면 처음으로 웰페어 쿠폰을 사용하느라 몰라 생긴 일인 듯하다. 이럴 때는 뒤에 줄지어 기다리고 서 있는 다른 사람들에게는 인내의 시간이 된다.

기다린다는 말이 나왔으니 나의 지난 얘기를 해야겠다. 처음 미국에 도착하여 식품점에 갔는데 현금을 내어 값을 치르다 동전을 내야하게 되었다. 10센트가 5센트보다 작은 사이즈라는 것을 알면 쉬운 일인데 구별이 안 되어, 손바닥에 동전들을 올려놓고 캐시어가 알아서 집어가도록 한 기억이 있다. 물론 내 뒤에 서 있던 사람은 이 광경을 보고 돈의 가치를 모르니 얼마나 한심했을까. 돈을 내는 시간도 보통 사람보다 더 끌었으니 지난 일이지만 미안한 마음이 든다. 이렇듯 대체로 미국인들은 불평 없이 끈기 있게 기다려주며, 이런 사람들을 오히려 위로하며 미소로 웃어준다. 한국 사람들은 서

두르는 경향이 있어 여행지에서 외국인들이 한국 사람을 보면 기껏 해야 몇 마디 알고 있는 한국말 중에서 '빨리빨리'를 서슴지 않고 내뱉는 것을 볼 수 있어 대조가 된다.

같은 쿠폰이라 해도 정부에서 발행하는 웰페어 푸드 쿠폰과는 달리 제조회사들이나 각 상점에서 발행하는 것이 있어 세일 또는 디스카운트discount 하여 주는 절약형 쿠폰이 있다.

일반 가정주부들은 디스카운트 받을 수 있는 이런 쿠폰을 많이 이용한다. 신문, 잡지, 광고지에서 또는 온라인에서 필요한 쿠폰을 잘라놓았다가 거기에 표시되어 있는 마감일 전에 사용하면 즐거운 쇼핑이 될 수 있다. 쿠폰 가치도 몇 전cents에서 달라dollar 또는 조금 더 되는 것이 있으므로 눈여겨보아 모아 두었다가 사용하면 된다. 액면가에 해당하는 금액만큼 싸게 살 수 있으나 때로는 금액의 두 배double coupon의 가치를 인정해 주는 기회도 있다. 대부분의 쿠폰이 1달라 미만인 것을 두 배로 인정해주지만 쿠폰을 즐기는 어떤 분들은 아예 쿠폰 주머니까지 갖고 다니며 모아 놓은 것을 아주 적절하게 사용하는 것을 보았다. 요즘은 일반 레스토랑에서도 쿠폰을 발행하여 외식하는 이들에게 즐거움을 주며 그 덕에 생각보다 많은 음식도 주문하게 되며 때로는 포식을 하게 되는 경우도 있다.

어느 신문에서 읽은 기억으로 한 가정주부는 쿠폰을 이용하여 1년 또는 한 달에 절대적으로 많은 금액을 식품비로 절약하였다고 한다. 지금 정확히 생각은 나지 않으나 식료품의 삼분의 일을 초월하는 금액으로 보통 일반 주부가 집에서 이렇게도 절약할 수 있다는 것을 알고 놀란 일이 있다.

쿠폰을 모으는 일도 예사롭지 않아 이것저것을 뒤적이며 잘라 모아 놓고 제때에 쓸 수 있는 정성을 들여야 하니 경비를 줄이는 일이 쉽지만은 않은 일이다.

- 자동 계산대

경기가 좋지 않아 인건비를 절약하는 이유인지는 몰라도 요즘은 자동 계산대가 있어 캐시어가 없이 본인 스스로 물건 값을 살피며 쇼핑할 수 있어 훨씬 홀가분하여졌다 할 수 있다. 본인이 산 물건을 차례로 계산대에 올려놓고 스크린에서 지시한 대로 코드번호가 있는 면을 찍어주며 하나씩 봉투에 넣으면 된다. 기계가 별탈없이 진행되어 각 물건의 코드 번호를 잘 읽어주면 시간도 지연되지 않지만, 그렇지 못할 때는 항시 도움을 주려고 기다리고 있는 도우미가 있어 도움을 받을 수 있다. 그러나 기계치인 사람은 평시에 이용하는 캐시어가 있는 계산대로 가서 하는 것이 훨씬 수월할 수도 있다. 바쁘거나 가짓수가 많지 않은 품목들을 사야할 때는 자동 계산대를 이용하면 한결 계산을 빨리 끝낼 수 있다. 구입한 품목의 이름을 모르거나 코드번호가 없는 경우는 스크린에 나와 있는 설명을 따라 진행하면 자동적으로 해결이 된다.

자동이라 하는 얘기를 하다 보니 식품점에서 넣어 주는 바이닐 vinyl이나 종이 봉지보다 자기가 집에서 준비하여 온 헝겊이나 여러 번 쓸 수 있는 재질의 주머니에 구입한 물건을 넣어가는 일이 많이 있다. 일종의 장바구니로 한국 시장에서 보면 다시 쓸 수 있는 주머니를 가지고 다니듯이 이곳에서도 환경 보호차원에서 볼 때 재활용recycle될 수 있는 것을 선호하며 상점에서도 손님들의 의견을 물어 선택할 수 있는 기회를 배려하여준다. 식품점에는 때때로 계산대 앞에서 구입한 물건을 봉투에 넣어주는 도우미가 있는데, 이때 손님에게 어느 봉투를 원하느냐고 친절하게 묻는 경우가 있다. 종이paper 또는 플라스틱plastic 중 선택하라고 한다. 한국에서는 바이닐이라면 보통 쓰는 얇은 봉투를 생각하게 되지만 이곳은 플라스틱이라 하니까 생소한 느낌이 들어 언뜻 감이 오지 않아 잠깐 생각을 하게 되는 경우가 있다. 우리가 흔히 얘기하는 비닐이 이곳 식품점에서 말하는 플라스틱인 것이다. 근래에 와서는 환경보호 차원에서 각기 자기의 헝겊 주머니나 계속하여 쓸 수 있는 봉투를 가지고 와서 담아가지고 가는 일이 많다고 얘기했듯이 종이봉투나 주머니는 한두 번으로 쓰고 버리는 것이 아니고 계속하여 재활용하여 쓰게 되므로 아름다운 지구 만들기에도 보탬이 될 뿐만 아니라 일회용으로 쓰고 버리는 종이봉투나 플라스틱을 준비해야 하는 상점에서도 경제적으로도 혜택이 있어 일거양득이 되는 셈이다.

근래에는 식품점 한쪽 구석에 사용되었던 깨끗한 바이닐 백을 다시 사용할 수 있도록 큰 통을 마련하여 두고 필요한 사람은 꺼내어 쓸 수 있게, 또는 필요치 않은 사람은 다시 가져다 놓도록 한 것을 볼 수 있다.

- 한 곳에서 여러 가지 해결 One stop shopping

　요즘은 한 번에 볼 일을 끝내는 상점 즉 한 번 들러 쇼핑 아이템 shopping item 모든 것을 해결하는 상점이 있다. 식품은 물론 술 종류인 알코올alcohol, 약품, 화장품, 의류, 신발류, 작은 전기제품, 건축에 필요한 간단한 자재, 가구, 정원수, 장난감 등을 파는 그야말로 여러 가지를 한 곳에서 구입할 수 있는 대형 마트super market로 여러 곳을 다녀야하는 번거로움을 줄이는 효자 상점인 셈이다. 때로는 옆에 주유소도 있어 바쁜 발걸음을 멈추어 자동차에 넉넉히 가스를 채우고 갈 수 있다.
　대형 마트에는 명품만을 선호하는 사람은 그다지 좋아하지 않으나 식품 이외에 제법 쓸 만한 물품들이 가격이 저렴하여 좋다. 시간도 절약되며 한 곳에서 필요한 것을 구입하게 되니 많이들 이용하게 된다. 집에서 큰 파티를 하든가하여, 식료품 이외 것은 이곳저곳을 다녀야 필요한 것을 모두 구입할 수 있을 때 원스탑one stop 상점을 이용하면 쉽게 해결될 수 있다. 때로는 상점 시간도 24시간 운영하는 곳이 많아서 상점의 개점, 폐점시간의 걱정이 없어 여간 좋지 않다. 아울러 필요치 않은 것이나, 흠이 있는 물건을 샀을 경우 한 곳에서 구입하였으므로 그곳에서 어떤 일정기간 안에는 백퍼센트100% 돌려받을 수 있어 좋다. 물론 구입한 영수증을 가지고 간다면 까다로운 질문 없이 산 값을 그대로 돌려받을 수 있다.

- 온라인 쇼핑On line shopping

한꺼번에 시장shopping 보는 얘기를 하다 보니 온라인on line 쇼핑과 팩스fax로 주문하는 쇼핑도 있다는 것을 얘기하여야겠다. 예전에는 온라인 쇼핑은 식품 구입이 아니라 가전제품, 옷, 책 등 물건들을 구입하는데 곧잘 이용하였는데, 근래에는 식품 구입에도 변화가 있어, 온라인을 이용하는 편리한 세상이 되었다고 해야 할 것이다. 예전에는 반드시 직접 시장에 나가 눈으로 보고 만져보고 골라서 식품을 살 수 있었으나, 요즘은 온라인이나 팩스로 신청하면 식료품 상점에서 알아서 손님이 원하는 물건을 집어다 카트에 넣어놓고 물건 값을 지불하기만 하면 가져 올 수 있게 되어있다.

그러나 남이 해준 쇼핑이 맘에 들지 않는다거나 새로운 물품을 직접 확인한 후에야 마음이 놓인다는 생각을 가지고 있다면 구태여 온라인 쇼핑이나 팩스 주문을 권유하고 싶지 않다. 신체적으로 불편한 사람이나, 직장과 가정 일에 얽매어 허둥대며 살면서 시장가서 물건을 살 수 있는 시간이 부족한 사람에게 또는 같은 종류를 대량으로 한꺼번에 구입하는 경우는 이용하는 것도 괜찮은 일이다.

- 델리 코너Deli Corner

식품점은 필요한 재료만을 구입하는 곳이 아니고 바쁜 생활로 시간이 여의치 않아 음식을 준비할 수 없을 때, 미리 요리하여 놓은 음식을 살 수 있는 델리deli 코너가 대부분 설치되어 있다. 여러 가지 샐러드 종류를 비롯하여 고기 요리로 바비큐, 로스트roast, 튀김, 수프soup, 스시sushi, 갖가지 치즈, 샌드위치에 넣는 고기 종류를 얇게 썰어주는 코너도 있어 편리하게 이용할 수 있다. 델리 코너에는 으레 많은 사람들이 옆에 있는 번호표를 떼어 손에 들고 자기 순서가 오기를 기다리는 풍경을 볼 수 있다. 어느 정도의 양이 필요한가에 따라 파운드, 반 파운드, 쿼트quart, 얇게, 중간 또는 두껍게 등을 물어 샌드위치나 간식, 안주 등에 쓰게 될 고기를 썰어주며 샐러드도 무게로 달아서 살 수 있다. 음식은 자기 또는 식구들의 입맛에 맞게 이것저것 구입할 수 있으며, 원하는 양과 사이즈를 적당하게 살 수 있다. 때로는 혼자 사는 분들이 쉽고 유용하게 이용할 수 있으며 피크닉 갈 때에도 간편하게 구입하여 들고 가기도 좋아 환영을 받는다. 지불은 보통 다른 식료품과 한꺼번에 할 수도 있고 원하면 델리 카운트에서 구입한 것만 따로 할 수 있게 되어 있으므로 편한 대로 선택할 수 있다. 델리 코너를 잘 이용하면 갑작스런 손님 접대나 매일 먹는 음식에 식상한 식구들에게, 또 준비하느라 허둥대지 않고 여유를 가질 수 있고 신경 쓰지 않고서도 적당한 음식을 갖출 수 있어 큰 호응을 얻는다.

- 상점 운영시간

식품점도 여러 가지 전문성에 따라 나누어지는데, 보통 식품점이라 할 수 있는 곳 즉 모든 필요한 것을 다 구입할 수 있는 곳으로부터, 육류, 알코올, 꽃 종류만을 취급하는 곳이 있다. 대부분 아침 일찍부터 저녁 늦게까지 열지만 요즘은 24시간 운영하는 곳도 많아 큰 불편함이 없다. 단 명절 때는 오전에만 하든가, 아니면 이른 오후에 문을 닫고 직원들이 가족과 같이 지낼 수 있도록 배려하는 상점이 많으므로 시간을 체크해야 한다. 전문적으로 단일 종목만 취급하는 곳인 정육점, 과일 가게, 베이커리 등의 상점은 숫자도 적고 영업시간도 다양하다. 오전 10시부터 저녁 9시-10시까지 여는 곳이 있는가 하면 가령 세븐 일레븐7/11처럼 아침 7시부터 밤 11시까지 하는 곳도 있다. 실제로 그런 상점은 거의 24시간 영업을 하는 곳이 많아 예전의 세븐 일레븐 이름이 무색하다 말할 수 있겠지만, 베이커리bakery는 아침 일찍 6시에 열고는 다른 상점과 달리 오후 2~3시가 되면 문을 닫는 곳이 많다. 반면에 큰 대형 마트 같은 곳에서는 24시간 오픈하는 곳도 있어 아무 때나 내가 편리한 시간에 나가 쇼핑을 할 수 있어 시간에 쫓기는 사람들에게 편리하다.

어느 상점은 주요한 명절 때를 제외하고 360일, 또 7/24 즉 7일 동안 24시간 연다고 광고하는 곳도 있으니 참 편리해졌다. 대부분의 상점은 명절 때라도 손님들의 편의를 위하여 오전 중에만 개점하는 곳이 제법 있는 추세이다.

우리가 말하는 파티 스토아party store, 또는 컨비니언스 스토아 convenience store는 늦도록 영업을 한다. 예전에는 술 종류를 파는 곳이었으나 요즘은 딱히 술만 파는 곳이 아니고 이를 테면 파티에 필요한 음료수는 물론이고 자잘한 모든 것을 구비하여 간단한 스낵, 안주감 등 군것질할 수 있는 종류, 복권lottery ticket, 커피, 담배까지 다양하다. 가격은 식품점보다 조금 더 붙어 있으나 우유, 빵, 주스, 계란까지도 구입할 수 있으니 말 그대로 편리한 작은 시장이라 해도 틀린 말은 아닐 것이다. 이런 상점에서 파는 다양한 술alcohol 종류를 구입할 때, 가격을 비교하여 말하자면 알코올에 붙는 주류세 때문인지는 몰라도 여러 다른 상점에서 파는 술 가격과 거의 비슷할 정도로 가격이 같아서 이곳저곳 다니며 쇼핑하는 일은 거의 없게 된다. 단 스낵류나 기타 물품 가격은 대형 마트보다는 약간 비싼 경우가 있다. 하지만 한두 개 정도를 사려고 멀리 있는 대형 상점으로 가는 시간과 자동차 가스를 허비하는 어리석은 일보다는 동네 주위에 많은 파티 스토아를 이용하면 훨씬 수월하다.

- 주류 판매와 구입

미국은 청교도들이 세운 나라이다. 그래 그런지 알코올을 살 수 있는 시간과 연령에도 제약이 있어, 예전에 한국 어른들이 하시던 것처럼 나이어린 아이에게 막걸리나 담배 심부름을 시킬 수 없다. 또 한국처럼 머리 큰 학생들이 나이가 써있는 증명서를 보이지 않아도 별 의심 없이 술과 담배를 구입할 수 있는 경우는 절대로 없다. 법에 저촉이 된다면 으레 법적인 제재가 있으므로 사는 사람이나 파는 사람은 조심을 하여야 되는 것이다. 미국은 각 주마다 다르게 주류 취급에 대한 법적 연령이 있으나 거의 비슷하다. 미시건은 21세 이상이어야 구입과 판매가 가능하다. 하물며 레스토랑에서 식사 중에 마시게 되는 맥주나 와인, 칵테일도 어려 보이는 젊은이들은 아이디ID 즉 운전면허증을 보여주고 나서 한 잔의 알코올도 주문할 수 있다. 즉 21세부터는 합법적으로officially 성인으로 우대한다는 얘기가 되는 셈이다. 또 일요일에는 교회나 성당 아침 예배시간이 지난 오후 1시가 지나야 알코올 판매가 가능하도록 되어있었다. 그러나 최근에 미시건 주에서는 술을 판매할 수 있는 시간이 오전 7시로 바뀌었으며 레스토랑에서도 오전 2시까지 마실 수 있다. 그중 하나의 이유로는 경기침체로 인하여 생활 필수품목이 아닌 기호품목인 알코올 사용량이 줄어들어 주류에 붙게 되는 세금이 적게 되어 주 정부의 수입에 차이가 생겨서 그런지 조금 느슨하여졌다. 그렇지만 아직도 왈가왈부하는 것을 신문에서 읽었다. 물론 연령 제한에 구속되지 않는다면 예전보다 시간적으로는 용이하게 구입할 수 있게 되었다. 법이 조금은 완화되었다고 쉽게 생각되어지나 미국의 법은 모든 사람이 준수하여야 하는 것으로 지켜지지 않을 때는 언제나 그에 상응하는 제재가 따른다.

나이 얘기가 나오니 재미있는 일이 생각난다. 어느 분이 요즘은 레스토랑에서 아이디ID 보여 달라고 하지 않아 좀 섭섭하다면서 이제는 늙기는 늙었는가 보다고 한다. 이분은 고등학교 1학년생 아들을 둔 가장인데 키도 자그마하고 얼굴이 동안이라 동양인의 나이를 가늠 못하는 미국인들이 보기에는 아주 젊어 보인다. 그러니 그분의 마음을 십분 이해할 수 있어 같이 웃었던 일이 있다.

이번에는 골프장에서의 일로, 여름 더운 날에는 18홀을 치고는 골퍼들이 좋아하는 19번째 홀 라운지에 들러 시원한 맥주를 찾게 되는 일이 많다. 그런데 소다종류를 시키면 그 자리에서 금방 받아 마실 수 있는데, 맥주를 마시겠다고 돈을 지불하려 하니 직원은 돈을 받을 수 없으니 앞에 있는 돈 상자에 넣어두고 맥주를 집어가라고 한다. 그곳은 작은 도시여서 그런지 젊은 직원 한 명 밖에 없었는데 그의 말로는 자기는 나이가 어려 알코올을 팔 수 없다는 것이다. 여름방학을 맞은 아르바이트생인 듯싶지만, 어찌 보면 아무도 보는 사람이 없으니 그냥 팔 수도 있을 텐데 준법정신으로 법을 철저히 지키는 것이었다. 응당 그래야지 하면서도 어린 직원이 기특하여 마음속으로 칭찬을 하였던 일이 생각난다.

나이가 나와 있는 운전면허를 항상 가지고 다니다 아이디를 내놓아달라는 요구에 부담 없이 보여주어 필요한 알코올 구입에 어려움이 없도록 해야 한다. 특히 우리와 같은 동양인의 나이를 짐작하지 못하는 분들의 애로점을 도와주는 의미에서 뿐만 아니라 캐시어가 아이디를 보여 달라는 요청을 성가시다 생각지 말고 당당히 내보여 호응하여 주면 좋을 것이다.

- 유별스런 세일

세일이라 하면 주부들은 좋아하며 지금 당장 필요치 않으나 앞으로 쓰게 될 물건들을 구입하는 경향이 있다. 식료품을 비롯하여 생필품, 옷가지 등 요즘은 심심치 않게 세일 광고를 접할 수 있다. 특히 주말이 다가오면 신문에 끼어오는 광고지, 쿠폰, 또는 우편물에 같이 배달되어 오는 칼라풀한 브로셔brochure, 홀라이어flyer 등으로 동네에서 일어나는 대부분의 세일을 알 수 있다. 가령 식품점에서는 어떤 것이 세일이며, 하나 사면 하나 거저준다는 품목도 있고, 큰 묶음bulk을 사게 되면 더 싸다는 항목도 있다. 상점에서는 계절 따라 특별한 물품을 구비하여 놓고 구매욕을 부추긴다. 시간이 있으면 쿠폰을 가져가 필요한 것을 사게 되면 기분도 좋을 뿐 아니라 약간의 돈을 절약할 수 있는 방법이 된다. 가끔 심심치 않게 신문에 나오는 얘기로, 어떤 사람은 쿠폰을 이용하여 알뜰하게 많은 식료품비를 절약한다고도 한다. 그러기 위해서는 본격적으로 쿠폰을 모아야 하고 항상 눈여겨보아 어느 곳에서 어떤 품목을 세일하는 것인가도 주의하여 살펴보는 부지런함도 있어야한다.

어떤 분이 동네 맥도날드Mcdonald 햄버거 가게에 아침을 먹으러 갔는데 연장자 그룹의 나이라고 무료로 모닝커피를 주어 마셨다고 한다. 가격이 얼마가 되던, 또 자기가 나이 들었다는 생각보다는 돈을 내지 않고 마신다는 것에 기분이 좋아 그분은 동네 그 맥도날드 햄버거 가게를 자주 찾는다는 얘기를 들었다. 하나 근래에는 동네마다 다르나 연장자들에게 기분 좋게 약간의 디스카운트discount 하는 곳이 많다.

이렇듯 구매자들이 알뜰하게 절약하게 되는 경우도 있지만 세일이 있거나 디스카운트를 받으면 기분이 좋아 매우 반기게 된다. 극장에서도, 비행기 티켓을 구매할 때, 골프장, 음식점, 공원 등 많은 곳에서 나이가 55세 또는 60세 이상인 연장자를 우대하는 경우가 있으니 문의하면 때에 따라 주어지는 혜택도 받을 수 있게 된다. 노인이 아름답다는 얘기는 없겠지만 노인을 우대한다는 것은 듣기에도 아름다운 일이 되는 듯하다.

여러 가지 세일 중에 명절을 맞아, 또 축하할 수 있는 날로 어머니 날, 아버지의 날, 프레지던트 데이President's Day, 발렌타인, 새 학기back to school, 부활절, 추수감사절, 크리스마스 등 계절에 따른 특별 세일도 많이 있지만 별스럽게 하는 세일도 있다.

와잇 세일white sale이라 하면 주로 집에서 쓰는 침구류, 타월, 시트 & 카버sheet & cover 등을 세일 하는 것으로 주로 연초에 성탄절이 끝난 후 1월 2월 정도에 있게 된다. 때에 따라 식기나 냄비, 접시, 칼을 포함한 부엌 용품 또는 간단한 전기제품이 포함된다.

블랙 프라이데이black Friday 세일은 연말 크리스마스가 지나고 26일에 하는 세일로 대대적으로 품목을 싸게 파는 날이다. 이때는 매섭게 추운 일기도 아랑곳하지 않고 극성스런 사람들이 전날부터 세일하는 가게 앞에 진을 치고 앉아 또는 텐트까지 동원하여 밤을 새우며 기다리는 진풍경이 벌어지기도 한다. 상점들은 개점시간에 예외를 두어 새벽이나 밤 12시 자정에 문을 열어 몰려드는 고객을 맞기도 하는데 한정된 품목이 있다면 상점 안에 서로 먼저 들어가려다 넘어지고 다치고 심지어는 병원 신세를 져야하는 예도 있어 동네 신문에도 기사화된다.

또 크리스마스가 지나고 처음 오는 월요일first Monday은 사이버 데이cyber day로 전자제품 즉 텔레비전, 사진기, 컴퓨터, 랩 탑lap top, 아이 팻I pad, 아이 폰phone 등을 싸게 파는 날이다. 물론 상점들은 크리스마스 시즌에 상당한 물품을 구비하여 손님들을 유치하게 되는데 아마도 미처 팔리지 않은 물품이 예상보다 많을 때 이러 저러한 세일을 하여 재고 정리도 하며 구매자들에게 선심도 쓰는 일종의 누이 좋고 매부 좋고의 상술이 아닌가 싶다.

그러나 구매자들은 어떤 세일이 있으면 이때다 싶어 새해 즉 돌아오는 연말에 쓰일 선물 품목이나, 어떤 품목은 필요하기는 하지만 사지 않고 기다리다 그때를 맞추어 구입한다. 그리고 꼭 필요한 것을 장만하는 기회가 된다. 어떤 상점은 유별스럽게 아침 일찍 몇 시간 동안 정하여 놓고 그 시간에는 더 싸게 구입할 수 있다는 톡 튀는 광고로 구매자들의 호기심을 유발시키기도 한다. 말하자면 얼리버드early bird 세일이라 하여 아침 일찍 일어난 새가 먹이를 구한다는 속담에 의한 것으로 보통 개점시간보다 이른 아침에 몇 시간 동안만 깜짝 세일을 한다.

종 교

　미국은 청교도들이 시작한 기독교 국가라 그런지 도처에 교회와 성당이 눈에 띈다. 동네에도 개신교인 교회가 종류 별로 감리교, 장로교, 침례교, 남 침례교, 그리고 앵글리칸Anglican Church-Episcopal, 루터란Llutheran church 등이 있다.
　또한 여러 민족이 어우러져 살다보니 유태교Jewish 몰몬Mormon, 로만가톨릭Roman Catholic, 그릿 올소독스Greek Orthothox, 불교 사원, 힌두교, 이슬람교가 있다. 아무튼 정하여진 예배일에 나가서 각기 다른 방법과 믿음을 가지고 신앙생활을 하는 것은 자유의지라 하겠으나 곳곳에 예배처가 많다는 것은 그만큼 많은 사람들이 종교를 가지고 있다는 것을 단적으로 보여 주는 예가 된다.

그러나 한국과는 다른 기독교문화가 이곳에 있는 것을 알 수 있다. 우선 어느 종파인가에 따라 예배하는 방식도 차이가 있고, 매주일 예배 참석하는 횟수, 헌금, 봉사하는 자세, 임직의 문제 등이 눈에 띄게 다르다. 그중 그릇된 예배 방식이나 크리스챤으로서 용납되어지지 않는 문제 등은 절대 주권자인 하나님의 몫으로 우리가 왈가왈부할 수 없지만 단적으로 인간의 눈으로 보기에 거슬리는 봉사와 임직 문제는 한 번쯤 생각해 보아야 하지 않을까 한다. 봉사를 할 때는 남의 눈에 보이게 하여 나의 수고를 인정하여 주기 바라는 얄팍한 마음, 그리하여 임직 받을 때 승진이나 훈장 받는 기분으로 기다리고 있다가 천거되지 못하여 마음이 많이 아프고 쓰리어 심지어는 서로 헐뜯고 교회를 떠난다는 일이 비일비재하다고 들었다. 그러나 미국인들도 인간이므로 그런 마음이 없지 않지만 최소한 한국 교회처럼 큰 바람이 일지 않고 조용히 처리되는 것이 예사인 것 같다. 아무튼 한국 기독교와는 믿는 방법과 교제, 봉사하는 것이 달라 각자 마음이 가는 대로 미국식 교회를 선호하는 사람이 제법 있다.

지난 경험으로 이슬람을 믿는 사람이 집의 페인트 일을 맡아서 한 일이 있다. 계약과 달리 일을 말끔히 처리하지 못하고 거짓말로 꾀를 내어 잔금을 받아가지고 줄행랑을 친 적이 있었다. 알라를 믿는다는 그 사람은 일하다가도 시간만 되면 하루 몇 번씩 엉덩이를 올리고 엎드려 열심히 기도를 하였고, 나는 그 사람들을 종교적 관점으로 생각하여 간식으로 돼지고기가 없는 음식을 대접했었다. 내가 사람을 너무 과신한 것이 잘못인지 아니면 나와 다른 종교인을 나와 동등하게 우대한 것이 잘못인지는 몰라도 피해를 본 일이 있다. 실제로 종교는 많고 믿는다는 종교인도 많지만 어떻게 생활에 적용하는가는 어느 종교를 믿던 그 사람의 됨됨이와 믿음의 분량이라 말할 수 있겠다.

예전에 베트남 보트 피플boat people이 미국에 많이 들어와 각 자선단체나 교회, 성당에서 어려운 난민 사람들을 보조support 하게 되었다. 대부분의 베트남 난민은 불교나 민속종교를 믿던 사람들로 대부분 이런 사람들은 교회 마당에도 가보지 않았을 것이다. 그러나 현지 미국인들은 그런 것에 구애 받지 않고 예수 믿는 사람이든 안 믿는 사람이든 상관없이 그들의 직장을 알아보든가 학교 등록을 도와주며, 도움이 될 수 있는 이런저런 형태로 구제의 손길을 펴며 생활에 적응하도록 힘쓰는 것을 보고 또 듣기도 하였다. 한국 교회 같으면 우선적으로 믿는 형제라 하여 기독교인을 살피며 도우려고 믿는 가정을 분배하여 달라고 특별 요청하였을 법한 일이다. 그런데 그런 일은 없고 무조건적으로 나서서 돕는 것을 보고는 참으로 성경의 말씀을 그대로 실천하는 자세이며 그것은 모두가 배워야 할 점 중의 하나라 생각했다. 아마도 모르긴 하지만 그분들 중에 철저하게 도와주는 선행에 감동되어 기독교인이 되었을 사람도 분명 있었을 것이다.

임직의 문제도 한국식으로 생각하면 한 번 임직을 받으면 영원한 것으로 간주되어 어떤 분은 명함에까지 넣어가지고 다닌다 한다. 하지만 내가 아는 미국 친구는, 교회 정관이나 규칙에 표시되어 있는 임기만료인 교회시무가 끝나는 기간이 되면 임직 호칭 사용하는 것을 금하며, 옆의 친한 친구도 임직으로 불려지는 것을 철저하게 사양한다. 오히려 예전처럼 자기 이름 아무개로 불리기를 선호하는 것을 보았다. 그러니까 임직은 명예가 아닌 일꾼 또는 봉사자라는 것이 몸에 배인 겸손의 습관이 아닐까 생각된다.

다민족 국가이다 보니 미국에는 여러 종교가 많이 생겨 기독교만이 미국의 종교라 생각하면 안 된다. 동네를 지나다보면 힌두교, 모슬램 즉 이슬람교, 불교 등 갖가지 종교 사원들이 있어 예전에 각자 모국에서 숭배하던 것을 그대로 따르고 있다 해도 과언이 아니다. 요즘은 특별히 모슬램인들이 많아져 어느 곳에서는 그들 종교 특유의 사원을 건축한다하여 동네 주민들과 갈등을 가져 매스컴에 이야깃거리가 되는 것도 볼 수 있다. 대부분의 미국인들은 타인의 일에 사사건건 참견을 하지 않는 편이지만 자기가 거주하는 동네에 타 민족 종교 사원을 지어 이런저런 모양으로 시끄럽고 방해가 되어 생활에 불편함이 있으면 큰 목소리를 내어 매스컴에 알리는 일이 일어난다. 종교의 자유가 법에 의하여 보장되는 나라이므로 자기의 종교적 행위가 국가나, 개인에게 해가 되지 않는다면 타인의 종교를 존중하며 조용히 자기 종교 행동을 자유로이 표출할 수 있다.

한 예로 뉴욕에서 9·11때 재난을 당한 터에서 몇 블록block 되지 않는 근처에 본래부터 이슬람 사원mosque이 있었는데 더 확장하여 문화센터를 짓겠다고 하는 민감한 문제가 있었다. 매스컴과 커뮤니티에서 찬성과 반대로 많은 논란들이 있었고, 또 어떻게 문제를 풀었는지 모르나 이렇게 종교 문제는 나와 남과 이질적일 때에 이기적이고 배타적인 감정이 앞서므로 해결의 실마리가 잘 풀어지지 않는 민감한 사항이다. 기존에 사원이 있었기 때문에 문화센터로 확장 사용하는 것이 별 문제가 될 것 같지 않다고 한다. 그러나 재난 전에는 사람들의 주위를 그다지 끌지 못하고 있다가 큰일을 당하고 나서 모두가 타 민족과 종교에 예민하여진 터라 매스컴과 커뮤니티에서 예민한 반응을 나타낸 것 같았다.

가령 여행 중 외국에 나가보면 자기와 다른 이교도의 아주 오래된 조각이나 건축물을 역사적인 산물로 보지 않고 우상이라 하여, 또는 옛 정치권력의 상징으로 생각하여, 각 나라 사이에 일어난 전쟁 중에 무조건 파괴하고 없애버린 어리석은 일들이 눈에 띄게 된다. 돌아보아 나쁜 것도 후세대에 대한 교육으로 현장을 보호하여 같은 과오를 저지르지 않도록 반성하는 방법도 있지 않을까 생각된다. 하긴 인류 역사를 돌아보면 종교로 인한 전쟁이 얼마나 많았으며 끼친 영향이 큰 것을 본다면 종교에 대해 쉽게 결론지을 수 없는 중대한 사항이다.

휴일과 명절

　명절이 아니더라도 휴일이나 주말에는 간단히 여행도 가지만 이 곳 사람들은 이웃이나 친척, 친구들을 초청하여 간단한 식사를 하면서 시간을 보내기도 한다. 특별히 연휴가 있는 경우에 아무 부담 없이 집에서 또는 공원에 나가 피크닉도 하며, 바비큐를 하든가, 운동, 물놀이 등을 하면서 즐거운 시간을 갖는 것이 습관처럼 되어 있다. 미국이라 내세울 수 있는 쉬운 말이 있는데, 사과파이, 핫도그, 야구apple pie, hot dog, baseball라고 한다. 휴일이나 명절에 흔히 들을 수 있는 얘기로, 먹을 수 있으며, 볼 수 있으며, 할 수 있는 것 중의 하나이기 때문이다.

공휴일이 오면, 알아 두어야 할 것으로 사무를 보지 않는 곳이 많으므로 이곳저곳에서 보내어진 청구서의 납부금 등은 기일에 맞추어 미리 보내야 한다. 그리하여 정해진 기일에 맞추지 못하여 불필요한 과태료를 부과 받지 않도록 한다. 청구된 금액을 내야할 날짜보다 하루라도 늦게 지불하게 되면 연체료를 지불하게 되며 신용도에도 영향이 간다는 것을 잊지 말아야 한다. 연휴나 명절 때는 우체국과 은행, 관공서가 휴무하므로 미리 준비하여 차질이 없도록 한다. 또 우편물도 우체통에서 수거되지 않고 배달도 안 하게 되며 동네 쓰레기 수거도 없게 된다.

- 월 별 분 류

1월

휴일이나 공휴일이라면 헤아릴 수도 없이 많지만 계절별로, 보편적인 것으로 생각해 본다면 바빴던 12월이 지나고 1월이 되면, 마틴 루터 킹 목사 날이 3번째 월요일로 학교도 수업이 없으며 관공서나 우체국, 은행에서는 사무를 보지 않는다. 루터 킹 목사 Rev. Martin Luther King Jr.의 생일을 기념하며, 휴일로 정하여 놓고 미국 시민의 일반 권리 civil rights movement를 주장하였던 운동을 돌이켜 보는 행사가 있게 된다.

1월 13일은 공휴일은 아니지만 한국 이민 역사 100년이 되는 것을 기념하기 위하여 한국의 날로 정해졌다. 처음으로 하와이에서 시작된 한국인의 이민 역사를 돌아보는 날이 2003년 의회에서 통과하였다. 아직은 한국인들만이 기념하고 축하하는 행사로 알고 있으나, 미국 내에서 그만큼 한국인이 많아졌고 위상이 높아졌다는 의미다.

2월

그라운드 호그 데이ground hog day는 2월 2일로써 긴 겨울이 얼마나 더 남았느냐는 것을 가늠하는 재미있는 날이다. 짧은 다리와 통통한 몸에 갈색털을 가진 다람쥐 같은 조그만 동물의 그림자가 나타나느냐 아니냐에 따라서 봄이 오려면 앞으로 6주가 지나야만 하느냐 아니냐를 가늠할 수 있다고 한다. 그림자가 나타나지 않으면 봄이 빨리 온다고 가늠하는 것이다. 물론 공휴일은 아니고 봄을 기다리는 마음으로 행해지는 재미있고 또 사람들의 흥미를 끄는 행사이다. 이것은 1887년에 펜실바니아에서 시작하였다는데 많은 사람들이 이 행사를 보려고 사방에서 모여든다. 하지만 추운 지방인 알라스카는 이런 날이 없다고 한다. 그리고 행사 후에는 당연히 매스컴에서 봄이 길어지는지 아닌지를 발표도 하여 궁금증을 덜어 주어 사람들 일상사의 재미있고 여유로운 한 면을 보게 되는 날이다.

2월에는 또 누구나 다 아는 발렌타인Valentine's Day이 있다. 친구, 애인, 또는 가족 간의 사랑을 확인하며 달콤한 초콜릿이나 사탕 그리고 빨간 장미꽃과 하트모양이 그려진 카드를 주고받는다. 이때는 꽃집과 카드점은 더 분주하게 되며 캔디, 초콜릿과 사탕도 하트 heart 모양의 것으로 수도 없이 팔리게 된다. 아직 따뜻한 날씨가 아니어서 꽃은 없지만 더운 지방이나 외국에서 들여온 장미꽃 값은 수요가 많아져 비싸게 된다. 하지만 꽃을 파는 사람은 이때다 싶어 가격이 최고에 이른 꽃을 팔게 되더라도 받는 사람은 기쁜 마음이 되니 서로가 기분 좋은 기회가 되는 셈이다. 하다못해 유치원생이나 초등학생들도 이날이 되면 고사리 같이 귀여운 손으로 쓴 카드와 하트 모양의 사탕을 친구들과도 주고받으며 즐거워한다.

2월에는 유난히도 지난 대통령들의 생일 즉 프레지던트 버스데이 President's birthday가 많다. 링컨Lincoln's, 워싱턴Washington's 대통령의 생일이 연달아 있어서 세 번째 월요일을 프레지던트 데이라 하여 공휴일이다. 각 학교에서는 이때를 이용하여 연휴가 있는 주말을 이어 2~3일간 겨울 휴교를 한다. 지루한 겨울을 보내며 잠깐 동안의 휴식을 할 수 있어 학생들이 좋아한다.

3월

미국은 이민자들로 모여진 국가이다 보니 인종별로도 다른 명절일이 있어 색다른 풍경을 볼 수 있다. 그중에 하나로 3월 17일이 되면 세인트 패트릭 데이Saint Patrick's Day라는 아이리쉬Irish들이 세인트 페트릭을 존경하여 의미로 벌이는 축제가 있다. 요즘은 아일랜드 사람뿐 아니라 다른 종족의 사람들, 즉 일반 남녀노소가 같이 즐기고 있다. 동네의 주점이나 식당에서는 아이리쉬색이라고 말하는 초록색 맥주green beer를 팔며 초록색 옷에 클로버clover 모양의 장식물을 붙이고 신나는 아이리쉬 음악을 들으며 춤을 추며 축제를 즐기게 된다. 또 아이리쉬 계통의 사람들은 스코틀랜드 하이랜드 Scottish Highland 전통 복장인 무릎까지 오는 스커트 차림 비슷한 킬트kilt를 입는다. 또 거리에서는 머리에 깃털이 달린 초록 모자를 쓰고 피리 같은 소리가 나는 백파이프bag pipe를 불면서 펼치는 퍼레이드가 있어 볼 만한 구경거리가 된다. 음식으로 콘비프corned beef와 양배추green cabbage 요리를 많이 먹는다.

4월

이렇게 지나며 봄이 오나 싶을 때 4월 1일이 오면 에이프릴 훌스 데이April fool's day가 있어 재미있고 황당한 거짓말로 놀래기도 하며 웃고 넘어 가는 만우절이 되는 것이다. 너무 심한 장난기로 사람을 난처하게 하는 일이 있는데 지나치면 부족한 것보다 못하다는 말도 있듯이 섣부른 일을 하지 않는다면 즐겁게 지낼 수 있을 것이다.

그리고 나면 부활절Easter을 맞는다. 성서적 달력에 따라 3월 말경이나 4월 초 또는 중순이 되기도 한다. 기독교적인 축일이며 예수님이 십자가에서 돌아가신 3일 후에 부활하신 것을 기념하는 날이다. 이제는 종교적이기보다는 세속적으로 많이 변질되어 어린 아이들에게는 알록달록한 색깔로 물들인 달걀이나 계란 모양의 캔디를 찾아나서는 계란찾기egg hunting의 신나는 행사도 있다. 이스터 바니Easter Bunny와 사진도 찍고 예쁜 바니가 가져온 선물도 받기도 한다. 교회와 성당에서는 이른 새벽과 오전에 부활절 예배가 있으며, 가정에서는 육식이나 그 외에 항상 선호하던 음식을 멀리하며 40일 동안 경건한 생활을 하며 자제하던 것을 끝내고 가족과 친지들이 만찬을 한다. 디너 테이블에는 다른 음식도 차려지나 주로 햄과 계란 요리, 콘비프corned beef를 선호한다. 교회나 성당에서는 흰 백합꽃으로 장식하며 여성들은 흰 옷이나 옅은 색깔의 옷을 차려 입고 예배에 참석하고 예수님의 부활을 기념한다.

학교에서는 이스터 브레이크Easter break라 하여 짧은 방학을 하며 사람들은 이 기간을 이용하여 가족과 또는 친구와 함께 기온이 온화한 남쪽지방으로 여행들을 떠난다. 그러니까 추웠던 겨울을 끝내고 봄을 맞이하며 기지개를 펴게 되는 셈이다. 날씨가 따뜻한 남쪽 지방은 추운 북쪽에서 내려와 즐기는 사람들로 인하여 북적거리며 그 지방의 상점과 호텔은 호황을 맞아 바쁘게 된다. 물론 여행 예정지가 붐비는 곳이라면 호텔 등을 미리 예약하여 모처럼의 휴가를 즐기는데 어려운 일이 없도록 해야 한다.

이달에는 사순절이 시작되는 재의 날Ash Wednesday이 있는데 그 수요일 전날인 화요일에 남쪽 루이지애나 주에서는 마디그라Mardi Gras 또는 햇 투스데이Fat Tuesday이라 하여 흥겨운 페스티발이 벌어진다. 사순절에는 기독교인들은 오래전부터 해오던 관습으로 금식과 절식으로 참회의 시간을 갖게 된다. 4월의 봄비가 거의 끝나 가면 꽃의 날flower day, 지구의 날earth day. 식목일Arbor Day 등이 있으며, 따뜻한 기운이 돌아 정말로 봄이 오는 것을 느끼게 되며 정원에 꽃과 나무도 심으며 지구를 보호하는 캠페인도 있게 된다. 또 이달에는 봉사자의 주일voulunteer's week도 있어 봉사하는 이들의 수고를 위로하며 감사를 표시하는 간단한 행사가 있게 된다. 4월부터는 좋은 일기가 계속되는 날이면 옥외에서 할 수 있는 운동도 본격적으로 시작되며 각종 운동게임도 스탠드에 편안히 앉아 볼 수 있게 된다.

5월

5월에는 누구나 다 아는 어머니날이 있다. 두 번째 일요일이다. 한국과 달리 어버이날이 아니고 어머니를 위한 날이고 아버지날은 따로 정해져 있어 6월에 갖게 된다. 어머니날은 모두들 알고 있는 것과 같이 카네이션이 많이 쓰이는 날이다. 또 5월에는 간호사의 날nurse's day도 있다. 이달 마지막 주일 월요일은 모처럼 연휴를 즐길 수 있는 공휴일인 메모리얼 데이Memorial day가 있다. 습

메모리얼 데이 세일광고

관이 되다시피 이 날을 기점으로 하여 본격적인 여름의 시작을 알린다. 상인들은 여름 바캉스 상품 준비를 하며 주위의 공원도 사람들이 드나드는 발길이 늘어 점차 활기를 띠기 시작한다. 또 여행하는 차들의 행렬도 서서히 많아지기 시작하며, 거리에는 자전거를 즐기는 가족들의 행렬도 눈에 뜨며, 캠핑, 보트, 요트yacht, 카누canoe, 카이약kayak, 수상스키 등 여름 해상 운동용구를 파는 상점에서도 본격적인 준비를 시작하게 된다. 휴가철이 시작되면 명성이 있어 발걸음이 많게 되는 바쁜 국립공원national park, 주 공원state park, 카운티 공원county park 등에 있는 야외 캠핑 장소는 미리 예약을 해야만 원하는 곳에서 지낼 수 있다고 한다.

여유를 가지고 계획을 하면 장소를 정할 때 도움이 되는데 심지어 몇 달 전이나 1년 전부터 예약을 받는다는 얘기가 있다. 반면에 친척, 가족들은 꽃을 가지고 공원묘지를 찾아 조용히 참배하며, 나라를 위해 전쟁에서 싸우다 앞서 세상 떠난 이들을 추모하며 기리게 된다. 이

날은 공휴일로 연휴가 되므로 긴 주말을 계획하여 즐길 수 있게 된다.

6월

6월에는 세 번째 일요일이 아버지날이다. 가족들은 집에서 아버지를 위한 특별 음식을 장만하여 나누며 선물을 준비하여 뜻있는 시간을 보낸다. 상점과 카드점에서는 어머니날과 같이 또 한 번의 매상을 올리는 기회로 바쁘다.

직장에서는 어린 자녀들이 아버지의 직장을 찾아 아버지가 무슨 일을 하는지 등을 눈여겨보는 기회도 갖는다. 특별히 아버지날이나 그 주week가 되면 회사나 사무실에서는 자녀들이 아버지가 평소 근무하는 직장을 찾아보는 기회를 만들어 아버지와 아이들의 정겨운 시간을 갖도록 배려하여 주는 곳도 있다.

비서의 날도 있으나 공휴일은 아니고 사무실에서 상사와 직원 간에 서로 존중하는 예의를 갖추는 형식이다. 비서의 상사나 비서의 도움을 받는 사람은 조그만 선물로 꽃이나 책 등 카드와 함께 건네주거나 식사를 제공하며 서로의 직책에 감사를 하는 셈이다. 또 이 달에는 국기를 존중히 여기는 국기의 날flag day이 6월 14일에 있으며 공휴일은 아니다.

7월

미국의 독립기념일Independence Day은 7월 4일이다. 몇 개의 기념일들은 정확하게 며칠이라고 날짜가 딱히 정해져 있지 않고 때에 따라 바뀌어 셋째 월요일, 마지막 목요일, 첫째 월요일 등이지만

1776년 시작된 독립기념일은 언제나 변함없는 7월 4일이 된다. 이 날은 물론 공휴일이며 신문과 텔레비전에서는 대대적으로 기념행사를 보도하거나 준비하는데 각종 경축 행사가 곳곳에서 있다는 것도 자세하게 알려준다. 이때쯤에는 본격적인 알코올을 시작으로 하여 맥주 소비량도 1년 중 가장 많다는 얘기도 있다. 대부분의 사람들은 학교는 방학 중이므로 가족과 여행도 떠난다. 날씨도 더워져서 이래저래 모임을 가져 같은 성씨가 모이는 가족 리유니온family reunion이라는 문중의 모임, 교회, 동창회모임, 직장 운동회, 취미모임, 단체모임 등으로 피크닉이 활발히 시작된다. 여름 중 일기도 최고의 피크를 이루어 모임도 야외에서 이루어지는 기회가 많아져 서로가 좋은 장소를 선호하다보니 넓디넓은 공원이 좁다고 불평을 하는 시점이 되기도 한다.

4일 전 후로 크게는 시에서 또는 이쪽저쪽 동네에서 주관하거나 가족끼리 하는 불꽃놀이 행사도 있다. 덕분에 여름에 아름다운 밤하늘을 볼 수 있으며 폭죽으로 불꽃이 터지는 소리를 들으며 늦은 시간까지 이야기꽃을 피우게 된다. 물론 메모리얼 데이를 기점으로 여름이 온다고 하지만 독립기념일 때는 여름도 무르익어 날씨도 더워지고 모든 여름 행사들이 이어지므로, 본격적인 여름이라 생각하면 된다. 집에서 어설프게 폭죽놀이를 하다 다치는 경우가 제법 있으니 조심하여 불상사가 없도록 부모들은 아이들에게도 각별히 주의를 주어야한다. 주state에 따라 개개인이 벌이는 불꽃놀이가 법에 저촉되는 경우도 있음을 기억하고, 무조건 상점에서 구입하는 것은 바람직하지 않으니 규정을 잘 알아보도록 한다.

9월

 가장 덥다는 8월은 그럭저럭 넘어가고 9월에는 레이버 데이Labor Day 노동절이 있다. 9월 첫 번째 월요일이 된다. 그러니까 주말을 끼고 연휴가 되는 셈인데 여름에 올랐던 기온도 이제부터는 한풀 꺾이며 여름휴가도 막바지가 된다. 대부분의 학교는 이날 이후로 방학을 끝내고 개학을 하게 되므로 가족끼리 여름여행도 마지막이 되기도 한다. 학생들은 한가한 방학을 이용하여 돈을 벌기 위하여 잠시 잡은 직장도 그만두고 다시 본래의 학교로 돌아가기 위해 준비하게 된다. 새 학년이 되는 학생들은 책가방, 학용품을 준비하고 기온이 내려가게 되므로 의복을 새로 준비하게 된다. 으레 상점들은 백 투 스쿨back to school 세일을 하며 학생들과 부모들의 구매욕을 부추긴다. 관공서들도 행정 하는 모든 일의 시작을 9월부터 카운트 하여 시행한다. 마찬가지로 학교에서는 새학년 등급도 9월에 시작되며, 새로 입학하는 학생은 생일이 몇 월month이 되는지에 따라 학년이 달라질 수 있는데 9월을 전후라든가 아니면 12월 1일로 되어 학년 배정이 바뀌게 된다. 그것보다 늦은 달의 생일이면 나이가 같더라도 친구 또래와 같은 학년에 등록을 할 수 없게 되고, 친구보다 먼저 1년을 일찍 시작하든가 아니면 1년을 기다려서 다음 해에 학교를 가게 된다.

 이날을 기점으로 하여 상점과 휴양지, 여름철상품이 최고로 피크를 이루다가 9월 초가 지나면서 비행기 요금을 비롯하여 호텔, 여름 제품 등 휴양지 물가는 꼬리를 슬그머니 내리기 시작한다. 그러므로 시간의 여유가 있는 사람들은 날씨만 도와준다면 노동절 이후를 이용하여 바캉스를 떠나면 오히려 조용하면서도 약간의 저렴한 비용으로 오붓하게 즐길 수 있는 기회가 된다.

상점에서는 벌써부터 겨울 상품이 선을 보이게 되는 때이며, 학교로 돌아가는 학생들을 위한 학용품과 의류 신발, 책가방을 유난히 많이 세일하게 되며 부모들과 학생들은 필요한 물품을 구입하느라 이곳저곳 부리나케 드나들게 된다.

야외 수영장이 있는 가정집이나 공공장소에서는 사용하였던 풀pool을 잘 손질하여 겨울을 나도록 준비하며, 여름용품으로 쓰던 가구 등을 정리하여 다음 시즌에 쓰기 위하여 창고에 보관하게 된다.

이외에 조부모님의 날Grandparent's이 9월에 있다. 어머니, 아버지 날에 하듯이 조부모님을 모시고 손자 손녀들과 다 같이 가족끼리의 모임도 하게 되며 의미 있게 지낸다. 동양에서만 어른을 공경하는 것은 아니며 또 미국인들은 버릇이 없다고 마냥 떠들어대지만 사실이 아니다. 세상 모두가 알고 있듯이 어른이 되는 조부모님을 사랑하고 존경하는 예의가 버젓이 있음을 알 수 있다.

10월

10월에는 보스데이Boss Day 즉 직장 상사를 위한 날도 있어 사무실에서는 상사를 위한 카드를 준비하여서 사인을 하느라 직원들 사이에 오가는 것을 볼 수 있게 된다. 물론 작은 선물도 준비한다. 10월 첫째 월요일로 콜롬버스데이Columbus Day가 있으며 아메리카 신대륙을 발견한 크리스토퍼 콜럼버스를 기리는 날이다. 이날은 국

할로윈 복장

경일로 은행과 연방정부 등의 사무실은 업무를 보지 않으나 일반 회사나 상점은 평일과 다름없이 근무하게 된다.

10월 달에는 아이들이 좋아하는, 할로윈Halloween이 있어 트릿-카 트릿trick or treat 소리 지르며 캔디와 초콜릿을 얻어 가지는 날이 마지막 31일이 된다. 아이들은 여러 가지 특색 있는 모양으로 곰, 토끼, 인디언, 프린세스, 천사, 개구리, 마귀할멈, 스파이더 맨, 스포츠 스타, 발레리나 등 여러 가지 복장으로 또 무섭거나 우스꽝스런 가면을 쓰고는 동네 집집을 두루 다닌다. 걸을 수 있는 두세 살 어린아이부터 중학생 정도가 나서게 되는데 각 가정에서는 캔디나 초콜릿을 푸짐하게 준비하여 놓는다. 집 현관 초입에든가 앞마당 정원에는 우스꽝스럽거나 애교가 있는 또는 무서운 모습으로 잘 도려낸 펌킨pumkin 호박에 불을 켜놓아 둔다. 그리고 창문이나 밖에는 장난스런 모습의 귀신이나 거미모양, 또는 흉측한 모습의 장식으로 아이들을 기분을 즐겁게 도와준다.

예전에는 아이들끼리 몇 시간씩 캔디를 얻으러 돌아다녀도 부모들이 걱정을 하지 않던 시절이 있었다. 허나 요즘은 걱정스런 일들이 가끔씩 일어나 나이 어린 아이가 있는 부모들은 아이들을 에스코트하여 같이 다니며 주의를 한다. 시간은 해가 뉘엿이 저물기 시작하는 대략 저녁 6시부터 8시까지이며 가정에서 준비한 캔디가 떨어지면 정문이나 현관의 불을 끄면 아이들은 발길을 돌려 다른 집으로 간다. 만약 어떤 이유로 인하여 캔디를 준비하지 못하였다면 마찬가지로 불을 꺼

할로윈 장식

놓으면 아이들은 그 집을 건너 뛰어 옆집으로 이동하게 된다. 캔디를 장만하고 기다리는 각 가정에서는 아이들에게 캔디를 몇 개 집어 주든가, 아니면 마음대로 집어 가라고 한다. 아이들은 좋아하는 캔디나 초콜릿을 집어 들고는 "고맙습니다thank you"를 잊지 않고 말하며, 각자 집어 드는 캔디 숫자도 한 개 아니면 두 개로 제법 예의 있는 태도를 볼 수 있다. 부활절과 더불어 이날은 달디단 사탕과 초콜릿을 꾸지람 없이 마냥 먹을 수 있는 아이들이 기다리는 즐거운 날이기도 하다.

10월이 되면 어린아이가 있는 집의 어머니는 할로윈 복장을 만드느라 바느질을 하게 되며, 집에 장식할 것을 생각하게 되는데 요즘은 상점에 많이 나와 있어 바쁜 어머니들은 이런 것들을 이용하면 손쉽게 된다. 눈썰미가 있거나 철이 든 학생들은 집에 있는 소재를 이용하여 스스로 그럴듯하게 복장을 꾸며 큰 손길이 가지 않아도 된다. 복장을 만들 때는 옷감을 파는 상점엘 가면 복장의 패턴 pattern 즉 본이 있고 그에 따르는 바느질법이며 부수되는 액세서리도 있어 만드는데 시간만 있다면 별 불편함 없이 만들 수 있다. 초등학교를 다니는 어린 아이들은 학교에서 할로윈 복장을 입고 퍼레이드도 있어 재미를 더하게 되며 각 직장에서도 펌킨과 같은 색깔의 주황색 차림으로 출근하여 주위 분위기를 돋우어 준다. 만약 친구나 친척 집에 같은 또래의 아이들이 있다면 지난해의 복장을 서로 바꾸어 입을 수 있다면 아주 좋은 기회로 바느질이나 별다른 수고 없이 할로윈을 잘 지낼 수 있다.

그리고 아이들이 얻어온 캔디나 초콜릿은, 부모들은 으레 체크하여 이물질이 있는지, 포장이 찢어진 것은 아닌지 식별 한 후에 아이들에게 먹도록 주의를 당부한다. 이것도 혹시나 일어날 수 있는 일을 염려하는 것으로 아이들을 위한 안전에 따른 조치이다.

이러한 아이들의 안전상의 이유와 반 기독교적인 어쩌면 미신적인 할로윈의 유래 때문에 많은 교회에서는 할레루야 나잇Hallelujah Night을 연다. 아이들을 보호하는 차원도 되기도 하여 캔디를 나누어주며 재미있는 프로그램을 마련하여 남의 집에 캔디를 얻으러 가지 않고 하루 저녁 뜻있게 지내기도 한다. 요즘은 어린아이들을 위하여 이웃 간에 동네에서 자체적으로 재미있는 프로그램을 마련하여 부모들이 자녀들을 지켜보기도 한다.

11월

10월이 지나면서 거리에 할로윈 장식을 떼어내고 나면 11월 첫 번째 화요일은 선거일Election day이다. 지방선거나 연방정부 선거가 두 해마다 번갈아가며 있다. 가을부터 길거리에는 선거인 포스터가 곳곳에 나붙으며 선거에 나서는 피선거인의 발걸음도 대단히 바빠지게 되는 것이다. 한국과 달리 이곳의 투표일은 공휴일이 아니며 정상근무를 하게 된다.

11월에 들어서는 11일이 재향군인의 날Veteran's Day이고 이날은 관공서는 휴무하게 된다. 각 곳에서 기념식이 있는데 이제는 1차, 2차 대전에 참가하였던 분들이 많이 돌아가셨다고 한다. 그리고 보니 어느 분이 1차 대전에 참전하고 돌아와 여생을 보내시다 그분이 마지막으로 세상을 떠났다는 기사를 읽었다. 한편 생존해계시는 전쟁용사 분들이 매스컴에 나와 옛일을 회상하며 얘기하는 것을 볼 수 있으며 한국전쟁, 베트남전쟁에 참전하였던 분들도 특별 인터뷰를 하는 것을 볼 수 있다. 요즘은 베트남, 걸프전, 이란, 아프카니스탄, 파키스탄 등에서 수고한 분들이 전우들을 다시 만나보는 특별한 날이기도 하며 앞서 세상 떠난 전우들을 그리워하기도 한다. 한편 다행스럽게도 근래에는 이곳 미시건에 사는 교포 한국인들이 한국전쟁에 참전하였던 나이 많은 전쟁용사들을 위로하는 자리를 마련하는 것을 볼 수 있다. 고마움을 잊지 않고 있다는 것을 보여주는 기회로 적은 수의 한국인이지만 우방국으로의 따뜻한 마음을 보여드리는 일이기도 하다. 해마다 한국전에 참전하였던 용사들의 숫자가 점점 줄어드는 것을 보며 살아계실 때 조금이라도 감사함을 표하여 그분들의 노고를 위로하는 시간이 되기를 바란다.

미국은 자연 환경이 아름다운 곳이 많지만, 내가 사는 미시건 주 Michigan State는 호수와 나무가 많아 더 아름답다. 여름에 파란 호수에 떠 있는 보트, 요트는 주위와 어울려 한 폭의 그림 같다. 그러나 가을이 되면 단풍도 단풍이려니와 사냥을 즐기는 사람들을 들뜨게 한다. 11월 초쯤 되면 화살arrow사냥을 시작으로 하여 연이어 총으로

베테랑스 데이 기념

하는 사냥 시즌이 있다. 여러 가지 동물을 잡지만 사슴 사냥이 있어 매스컴에서도 큰 뉴스거리가 된다. 운이 좋아 한 마리라도 잡은 사냥꾼은 차 위에 싣고는 의기양양하여 돌아오는데 고속도로에서 이런 차량을 볼 때는 지나가는 자동차이지만 보는 이들도 덩달아 기분이 좋아 넌지시 박수쳐 주며 웃음짓게 된다.

11월하면 빼놓지 못할 큰 명절인 추수 감사절Thanks Giving Day

이 마지막 목요일로 기다리고 있다. 이날은 백여 년 전에 청교도들이 메이플라워Mayflower 배를 타고 신대륙에 도착하여 힘들게 지은 첫 번째 농사의 수확을

추수감사절 디너

하나님께 감사하며 기념하였던 날이다. 요즘은 멀리 다른 지방에 살던 친척 또는 가족과 떨어져 홀로 생활을 하거나 직장 관계로 떨어져 지내던 식구들, 학교를 다른 곳으로 선택하여 갔던 아이들이 집으로 돌아오게 된다. 가정에서는 케이크와 과자를 굽고, 터키 요리를 풍성하게 차려놓고 식탁에 마주 앉아 먹으며 그동안 밀렸던 이야기를 나눈다. 추수 감사절 휴가Thanks Giving Break라 하여 대부분의 직장과 학교는 감사절인 목요일부터 다음 월요일까지 쉬게 되어 며칠간의 여유로운 시간을 갖는다. 또 교회에서는 근래 보이지 않았던 예전의 교인들의 모습이 보이고 이웃에서는 어느 사이 훌쩍 커버린 그들의 아들 딸들의 모습이 나타나 반가운 인사를 나누게 된다. 그리고 보면 이 명절은 한국의 추석 정도로 생각하면 될 듯, 집 떠났던 식구들이 본가로 돌아와 모두 모여서 특별한 잔치를 하는 날인 것이다.

명절을 지내려면 결혼한 자녀들이 어디를 먼저 가야할지 선택의 여지로 고민하는 것도 이때 보게 된다. 자녀들이 장성하여 결혼하여 가정을 꾸리고 나면 본가, 친가로 가야할지 아니면 시댁, 처가로 가야할지 부부간에 논쟁이 생기는데 양가가 멀리 떨어져있는 거리상

의 문제도 문제이지만 어느 쪽을 먼저 가야 할지 현명하게 의논하여 결정해야 한다. 예로 추수감사절에는 본가로 다음 명절은 처가로 정하여 아니면 그와 반대로 하여 무난하게 넘어가는 재치를 보이는 것을 볼 수 있다. 음식준비는 옛날 청교도들이 처음으로 감사의 디너를 차렸던 것을 유래로 하여 칠면조turkey, 옥수수corn, 고구마yam, 그린 빈greenbean, 펌킨pumpkin 파이, 크랜베리 샐러드 또는 젤리 cranberry salad or jelly 요리 등을 준비하여 풍성한 식탁을 차리게 된다. 반면에 시간의 여유가 없다거나 병으로 인하여 힘든 경우 등 이러저러한 이유로 요리하는데 신경 쓸 수 없을 때는 간편하게 감사절 디너 세트를 음식점이나 상점에 주문하면 집 주인의 손맛은 없으나 시간과 노동의 대가 없이도 제대로 갖추어진 오붓한 디너를 즐길 수 있는 방법이 있다. 요리 주문은 필요한 날짜나 시간을 맞추어 요청하면 원하는 대로 요리를 배달 받거나 찾아올 수 있게 되므로 명절 음식준비에 미리미리 계획을 하여 바쁜 절기에 차질이 없도록 해야 한다.

거리에서는 추수감사절 퍼레이드parade가 펼쳐지고, 어른과 어린 아이들은 추운 날씨에도 상관없이 밖에 나가 구경을 하며 좋아라한다. TV에서는 아침 시간부터, 살고 있는 도시의 퍼레이드를 시작으로 하여 전국적으로 중계를 하여 편안하게 여러 종류의 퍼레이드를 즐길 수 있다. 퍼레이드는 각급 학교의 밴드들과 학교에 속한 치어리더cheer leader, 각 대형 백화점, 기관과 단체들이 참여하게 되어 큰 그룹이 되어 한참 동안 흥겨운 시간이 된다.

우스꽝스런 광대, 외발 자전거 타기, 기마병, 대형 풍선으로 만들어진 갖가지 동물과 재미있는 인형 형상들, 꽃차들, 특별한 장식으로 치장한 자동차, 마차 등이 나타나서 몇 시간을 지켜보아도 싫증나지 않는다.

각 상점에서는 감사절 이후 크리스마스 캐럴이 들리고, 본격적으로 다가오는 크리스마스 용품이 나와서 상품을 광고하며 사람들에게 구매욕을 부추기게 된다. 상인들 애기로는 감사절 다음날에 파는 것이 1년 매상 중 가장 크고 이 절기를 위하여 상품들을 여름부터 준비하여야 된다고 이구동성으로 말한다. 사실 일반 사람들은 감사절 며칠간의 휴일이, 다가오는 크리스마스 선물을 준비하기에도 시간적으로도 도움이 되기 때문에 많은 사람들이 상점이 몰려 있는 쇼핑몰 shopping mall로 모이게 된다. 그리하여 연말이 가까운 명절이 시작되는 되는 시기인 이때부터 평시에는 넓디넓은 주차장이 모자랄 정도다.

12월

1년 중 상점과 쇼핑몰이 가장 북적이는 크리스마스가 12월에 있다. 기독교의 축제로 예수의 탄생을 축하하는 시기에 어찌 보면 상인들이 더 요란스럽게 성탄을 맞이하는 것처럼 되어 있다. 한편 각 가정에서는 크리스마스트리를 상점이나 임시로 마련된 거리상점에서 구입하든가, 아이들과 같이 나무농장tree farm에 가서 나무를 잘라다 준비하여

집안의 크리스마스트리

거리 장식

장식을 걸고 오색불을 켠다. 싱싱한 크리스마스트리로 전나무, 소나무를 집안에 장시간 놓아두면 그 향이 은은히 퍼져서 마음도 상쾌해지며 기분도 아주 좋아진다. 인위적으로 만든 볼품 있는 트리도 많지만 아마도 이런 즐거움 때문에 생나무를 준비하는 것이 아닌가 싶다.

싱싱한 나무로 크리스마스트리를 만들어 알록달록한 여러 가지 전구나 아니면 한 가지 색깔의 작은 전구로 장식하면 그냥 보기에도 색깔이 어우러져 예쁘지만 전기를 연결하여 환하게 켜질 때는 '와아' 하는 탄성이 절로 나오도록 아름답다. 그렇지만 꼭 불이 켜질 수 있는 전구를 사용하지 않고 이런저런 모양의 장식을 달아 놓아 나무를 치장해도 그런대로 보기에 좋다. 연륜이 있는 장식물은 해마다 하나씩 모아져 늘어나는데 오래된 것은 할머니 할아버지의 손때가 묻어있어 가족의 보물처럼 보관하며 자랑스러워한다. 그런데 의료상의 문제거나 이런저런 이유로 인해 생나무를 세우지 못하거나 또는 깨지기 쉬운 전구를 못다는 이야기를 들으면 어떤 때는 마음이 찡한 느낌을 갖게 된다. 누구든 크리스마스를 맞는 모습이 다르듯이 아름다운 불빛 즉 눈에 보이는 불빛으로 행복하기도 하겠으나 마음속의 기분을 돋우어 줄 수 있는 것이라면 헝겊이나 종이, 다른 재료로 만든 것이어도 좋겠다는 생각을 가진 것은 오래 지켜본 성탄트리의 다른 면이다.

성탄절이 끝나고 새해가 되면 서서히 장식되었던 크리스마스트리를 치우게 된다. 이때 여러 해 쓸 수 있는 장식물은 상자에 넣어 잘 보관하여 계속하여 다음 해에 쓰며 거두어진 생나무는 리사이클하게 된다. 여러 날 동안 세워졌던 트리는 수분이 없어져 침엽수인 잎이 많이 떨어지게 되는데, 치울 때 바닥이 어지럽혀지거나 또는 손에 찔리지 않도록 미리 준비하여 나무 밑에 두었던 봉투나 자루에 담아야한다. 일단 장식되었던 나무는 부착물을 모두 떼어놓고 생나무만 리사이클recycle로 수거하는데 보내지거나 집 앞 쓰레기 수거 날에 맞추어 내어 놓게 된다. 이 생나무들은 한 장소에 모아져 기계의 힘을 빌려 작은 토막으로 잘라져서mulching 정원 또는 산책로에 뿌려지게 된다.

크리스마스트리를 준비하는 과정은 가족들의 큰 행사이며, 현관 앞문을 비롯하여 정원 뜰이나 나무, 지붕 처마 가장자리, 지붕 위까지 여러 가지 색깔의 전구light를 달아매든가 크리스마스 조형물들을 설치하게 된다. 어스름한 저녁이 되면 그러한 장식이 정말로 보기에도 아름다워 지나다니는 사람들은 이러한 예술 같은 장식물에 감탄을 저절로 하게 된다. 도시에는 가로수에, 상점에서는 상점대로 빌딩에 치장하여, 밝혀지는 휘황찬란한 장식을 보려고 밤 시간에 나가 드라이브를 즐기게도 된다.

가정에서는 선물이 준비되는 대로 예쁜 포장을 하여 크리스마스트리 밑에 갖다 놓고 크리스마스가 오기를 기다린다. 어린아이들은 크리스마스 전날 저녁에는 산타클로스에게 드리게 될 쿠키와 밀크를 갖다 놓고는 원하는 선물을 받기를 고대하며 밤잠을 설치게 되

정원 장식

는 풍경도 일어난다. 12월 중에는 산타클로스와 사진을 찍으며 대화를 나누는 코너가 백화점을 비롯하여 곳곳에 설치된다.

직장이나 친구들 사이, 무슨 단체나 모임 등에서는 12월에 들어서면 다투어 크리스마스 파티를 비롯하여 연말 파티를 하게 된다. 이때 파티 장소를 정하게 될 때 적은 모임은 힘들이지 않고 결정되어지나 인원수가 많은 모임을 위한 장소를 예약하는데 재빠르게 움직여야 한다. 인원수는 물론이고 음식에 따르는 맛과 가격에 별 문제 없고, 장소 크기도 고려하며 사방에서 모이기 쉬운 곳으로 해야 하니 그러한 조건에 맞는 편리한 곳은 거의 1년 전에 예약이 끝난다. 파티시즌이 되어 흥겹기도 하지만 반면에 사람들이 들떠있는 상태가 되며 운전 부주의와 음주운전도 많이 발생하게 되므로 조심스럽게 방어운전을 하여야 한다. 이쯤에는 사람들은 파티에 입고 나갈 복장을 준비하느라 들떠있고 그런 저런 이유로 백화점에도 많이 드나들게 되며, 상점들은 제각기 많은 드레스, 파티복을 준비하고 있다고 광고를 한다. 아마도 사람들이 1년 중 파티복을 많이 사고, 팔며 준비하는 때가 12월이 아닌가 생각된다.

12월 한 달은 이렇게 바쁘게 되며 또한 이곳에서는 31일이 되면 다음날이 새해가 되어 공휴일이므로 술을 마시는 날로 인식이 되는지, 한 해를 잘 보냈다는 안도감이 생겨서인지는 몰라도 술 소비량도 제법 많아진다. 이 시기에는 음주운전에 각별한 주의를 하라고 방송과 신문에서는 캠페인까지 한다. 그러나 집에서 가족들과 함께 지내며 지난 1년을 돌아보며 새해에 뜻있는 계획을 가져 보는 것이 특별한 이유 없이 밖에 나가 사고에 노출되는 것보다 오히려 좋지 않을까 싶다.

- 선물 교환

연중 가장 많이 선물을 주고받게 되는 때가 크리스마스가 아닌가 생각된다. 가깝게는 가족과 친구, 친척, 직장 동료가 있지만 1년 동안 수고한 우편물 집배원, 신문 배달원, 청소 도우미. 아파트나 콘도의 경비원, 단골 미용사, 단골 세탁소, 주문집 배달원 등 감사를 표할 수 있는 분들께 조그마한 정성을 보이게 된다. 이렇게 나열하다 보면 누구에게, 무엇을, 어느 정도, 어떻게 드려야할지 걱정도 생기게 된다. 누구한테, 어떻게, 얼마나 서비스 받느냐에 따라 다르나 고마움을 나타낼 수 있을 정도면 무리가 가지 않는다.

예전에는 우편물 집배원, 신문 배달원에게는 간단한 장갑, 목도리, 양말과 캔디나 쿠키를 많이 드렸는데 요즘은 개인 수표check나 현금을 크리스마스카드와 같이 넣어 주는 일이 많다. 그러니까 주는 사람도 간편하며 받는 당사자는 본인이 필요한 물품을 살 수 있어 환영하는 추세이다. 언제나 받는

선물 포장을 풀면서

사람은 액수가 많으면 더 좋아하겠지만 정성이 담긴 노트나 감사의 말을 전하는 게 도리이니 적당한 금액인 $20~$30 또는 경우에 따라 그 이상을 넣어도 무난하다. 적절한 선물은 맘과 정성이 담긴 것으로 주고받는 사람이 기쁘고 즐거우면 작은 것이라도 가치가 있고 잊지 못할 순간을 간직하게 되는 것이 아닐까 생각된다.

얼마 전 신문에서 읽었는데 매일 만나는 콘도 경비원condominum security man 또는 엘리베이터 맨elevator man에게 주는 액수가 생각보다 많은 $100 정도를 준다는 사람도 있었다. 감사의 표시는 마음으로 느끼는 만큼 나눌 수 있으며, 적당한 선이라는 것은 사람에 따라, 얼마나 자주, 또 무슨 도움을 받았는지에 따라 다르다는 것을 볼 수 있었다. 사정이 허락된다면 서로가 많이 주고받을 수 있는 것이 기분 좋은 일로 인지상정이 아닌가 생각이 된다.

연말이 되어오면 또 한 가지 빠트릴 수 없는 즐거운 일이 있는데 가까운 친구나 이웃, 또는 직장 동료 사이에 쿠키cookie 교환이 있다. 좋아하는 쿠키를 구워 어느 날 한 곳에 모여 서로 적당량을 돌아가며 바꾸는 일이다. 그룹의 인원수가 많다면 몇 다즌dozen씩 바꾸게 되지만 본인은 한두 가지의 쿠키를 많이 만들면 되는 것이다. 이렇게 하여 여러 종류의 별미 쿠키를 힘들이지 않고 맛을 볼 수 있고 집에 가져와 연말 명절에 다른 요리와 함께 디저트로 요긴하게 식구들과 나누어 먹을 수 있다. 뿐만 아니라 좋아하는 쿠키 만드는 법인 레시피recipe를 주고받아 집에서 다시 만들어 먹을 수 있는 기회도 가질 수 있다. 선물 교환은 물건을 주고받지만 연말의 쿠키교환은 맛있는 쿠키와 레시피 교환까지도 할 수 있는 특별한 장점도 있다.

- 동료 선물

직장에서는 전 직원들에게 똑 같은 선물로 초콜릿 상자, 과일상자 등을 나누어 주고 직장 근무 연한에 따라 보너스 체크를 주기도 한다. 보너스 금액은 한국처럼 급여에 대한 몇 퍼센트나 목돈에 해당하는 큰 금액이 아니라 일률적으로 연수에 따른 똑같은 금액이 골고루 지급되므로 불만도 불평도 있을 수 없다. 직장에서 지내다보면 선물을 친분이 두터운 사람이나 좋아하는 동료에만 주는 것도 무리이고 그렇다고 사무실 전체에 돌릴 수도 없으니 난감할 때가 있게 된다. 이러한 경우는 전 동료가 같이 나누어 먹을 수 있는 적당량의 숫자나 크기의 캔디, 초콜릿, 쿠키 상자 중 하나를 준비하면 무난하다. 아무개부터라는 카드와 함께 사무실에 갖다 놓게 되면 모두가 일하면서 오며 가며 틈틈이 집어 먹을 수 있게 되어 즐거운 시간이 된다.

더욱 이상적인 방법이라면 사무실 동료들끼리 선물 교환하기 2주 전쯤에 전체 동료 모두가 선물로 원하는 적당한 액수를 정하게 된다. 그리고 정해진 액수 한도에서 본인이 갖고 싶은 선물을 이름과 함께 써서 큰 함이나 통에 모으게 된다. 이것이 다 모여지면 모두가 모여, 이름이 쓰여진 쪽지를 꺼내들어 해당되는 물건을 사거나 준비하여 선물 교환하는 날에 가지고 출근하여 쌓아놓고 간단한 파티를 하며 풀어보고 즐거운 시간을 갖게 된다. 그러니까 쓸데없고 낭비하는 물품이 아닌 자기가 원하는 물건이나 상품권을 가질 수 있어 좋고, 무엇을, 누구한테, 어떻게 쇼핑할까 고민할 필요 없이 골고루 나누는 선물을 받을 수 있고 시간적으로도 도움이 되는 좋은 방법이라 할 수 있다.

- 산타클로스

신문이나 방송에서 어린아이들이 산타 할아버지한테 보내는 편지가 나오는 철이 크리스마스 때이다. 가끔가다 이런 글을 읽어 보거나 듣게 되면 아이들의 순수한 마음을 느낄 수 있어 동심으로 돌아가 즐겁다. 크리스마스트리 옆에 쿠키와 밀크를 갖다 놓을 테니 산타 할아버지는 잊지 말고 꼭 집에 오셔서 먹으라는 얘기, 썰매를 끌어주는 레인디어Rein Deer한테는 당근을 준비하였다는 얘기도 있다. 또 자기는 동생과 싸움도 안 하고 엄마 아빠 말 잘 들은 착한 아이였다는 얘기, 어떤 장난감, 옷, 신발, 자전거, 전자 게임기, 닌텐도를 갖고 싶다는 천진난만한 얘기도 있다. 때로는 조금 철이 든 아이가 엄마 아빠가 힘든 것 같으니 도와달라는 얘기에는 눈시울이 붉어지기도 한다. 아무튼 크리스마스는 산타가 있어 즐겁고 훈훈한 인심을 느낄

산타클로스와 함께

크리스마스트리 앞에서

수 있어 좋다. 물론 너무 지나친 상업화로 기독교적인 본질을 잃어가는 것 같아 우려도 있는 것은 사실이다.

동네 쇼핑몰에는 부활절에 있게 되는 바니bunnyrabbit 부스가 있듯이 산타 할아버지 부스booth가 있어 아이들이 부모의 손을 잡고 있거나 품에 안겨서 차례로 줄을 서 기다리다 할아버지를 만나는 광경이 빼놓을 수 없는 크리스마스 때의 일이다. 산타 부스는 아린 아이들이 좋아하는 장난감이나 선물상자, 포인세티아 꽃으로 장식하여 예쁘고 분위기가 부드럽게 되어 있고 빨간 옷에 고깔모자를 쓴 할아버지가 흰 수염을 만지며 앉아 있다. 어떤 부모는 자기 아이가 그토록 원하던 선물을 준비하여 이름을 써서 살며시 산타 할아버지 곁에 갖다 놓고는 아이가 산타 무릎에 앉아 얘기를 나눌 때 할아버지가 꺼내어 주는 일도 있다. 이 감격스런 광경을 놓칠세라 부리나케 사진을 찍거나 캠코더를 돌리는 부모들의 모습도 빼놓을 수 없는 풍경이다. 아이들이 1년 동안 기다려온, 선물을 가져오는 산타 할아버지에 넋을 잃은 모습에 얼마나 감격스러울지는 보지 않고 생

산타클로스와 함께

각만 해도 재미있는 일이다. 반면 어떤 어린 아기는 처음 보는 산타 할아버지의 허연 수염과 빨간 옷에 놀라 자지러지게 우는 경우도 있어 옆에서 보는 이들이 한 번씩 웃는 일도 일어난다. 이 모든 것이 동화같은 일이 아이들에게는 행복하며 즐거운 시간이 된다.

일반사회에서는 한 해 1년을 마무리하는 시간이라 바쁘게 된다. 그런 중에 어떤 이들은 적게 가진 자들이나 어려운 처지에 있는 불쌍한 이웃을 돌아보며, 봉사의 시간으로 자기의 가진 것을 기쁘게 나누는 다른 면의 산타가 되는 기회다.

그동안 미루어온 이곳저곳에 보내는 기부금 도네이션donation을 마무리 하며 한동안 잊고 지낸 친구나 친지에게 카드나 편지로 소식도 전하며 방문도 하여 연말은 어른들에게도 청량제가 되는 듯싶다.

- 소수 민족 명절

이외에 스승의 날이 있어 학생들은 캔디, 카드, 정성이 담긴 것으로 선생님께 드리고 그동안의 감사함을 표시한다. 그러나 도에 지나친 선물로 받는 분이나 주는 사람이 마음에 부담이 되어서는 안 된다는 것을 기억해야 한다. 그리고 북쪽 지방에서는 폴카 페스티발 polka festival, 남쪽에서는 캣휘시 훼스티발catfish festival이 있으며,

루이지에나 주에서는 마디그라Mardi Gras, Fat Tuesday가 2월 말이나 3월 초가 될 수 있는 기독교 사순절lent 시기에 있어 각 지역마다 색다른 축제로 거리는 흥청거리게 된다.

이곳 미국은 세계 여러 나라의 이민자들이 모인 곳이므로 각 나라의 풍습에 따라 예전에 본국에서 지켜오던 명절을 즐기기도 한다. 각 나라들의 특색을 가지고 동양인, 스페니쉬, 유럽인, 아프리카인 등이 모국들의 풍습을 담아내는 모습을 쉽게 볼 수 있다.

예로 중국 음식점에서는 음력lunar calender 구정에 특별 메뉴로 손님을 끌기도 하며, 드래곤 춤dragon dance을 펼치기도 한다. 구정에 많이 먹는 송편같이 생긴 웬슈이라는 음식을 직접 만들어 먹으며 또는 중국 식품점에서 살 수도 있다. 덧붙여 가을녘에는 한국에서도 추석으로 지내는 중추절이 있어 월병을 나누며 즐기게 된다.

콴자Kwanza라 하여 보통 12월말에서 1월 초12월 26일-1월 1일에 아프리카 흑인 사회에서는 세계적인 잔치로 소올soul 음식을 준비하여 나누어 먹으며 축제 분위기를 즐기게 된다. 그 뜻은 첫 수확의 과일The First Fruit of Harvest이라는 것으로 아프리카인들의 농작물 수확을 축하하는 축제이다. 대대로 이어 내려오는 흑인들의 음식으로 그린green이라는 채소, 레드 빈red bean 요리, 군침 도는 돼지갈비 등을 구경할 수 있는 날이다.

폴란드인들의 축제로 푼즈키Puntzki와 프로기Pierogis를 먹는 날이 횃 튜스데이Fat Tuesday가 된다. 천주교에서 유래된 것으로 재Ash Wednesday의 날, 하루 전before 날이 되며 단sweet 음식인 도넛 모양의 빵인 푼츠키와 한국 음식인 만두 같은 모양의 프로기를 먹는다. 빵 속에는 사과, 체리, 레몬, 베리berry 종류를 넣어 사람들의 기호에 따라 골라 먹을 수 있으며 프로기 속에는 감자, 양배추, 체리cherry 등을 넣기도 한다. 폴란드인이 많이 거주하는 타운에서는 맛있는 이런 음식을 먼저 구입하려고 유명한 맛집 상점 앞에 줄을 서서 기다리는 사람들로 북적이게 되며, 멀리 사는 사람들은 며칠 전부터 주문하기도 한다.

유태계인들의 큰 명절인 하누카Hanukah, Chanukah는 히브류 달력으로 세 번째 달로 25일에 있다. 보통 12월 중에 있으며 축제는 8일 동안 이어지며 특별한 유태 음식을 장만하여 먹게 되며 이외에 로쉬하나Rosh Hashanah 유태인의 새해와 유월절 등이 있어 축제의 절기를 지내게 된다. 또 멕시코 이민자들이 축하하는 독립기념일은 5월 5일이며 10월에는 독일인들이 즐기는 옥토버 훼스트Oktoberfest가 있어 검은 맥주dark beer를 마시며 페스티발을 하여 그 민족의 고유문화를 엿볼 수 있다.

각기 다른 종교나 민족의 명절이 되면 매스컴에서는 특유의 음식을 소개하며 진행되는 특별한 잔치도 광고하여 많은 사람들의 시선을 모은다. 근래 와서는 소위 말하는 미국인의 구성원이 피부색과 체격이 다르고 언어가 다른 많은 소수민족으로 되어 있어 어느 특정 민족만을 말하기는 어렵고 그야말로 여러 가지 야채가 섞여있는 샐러드 보올salad bowl 같다고 한다. 각 나라의 고유 음식을 비롯하여 특유한 문화 중에서 좋은 점을 배우고 즐길 수 있다면 더 좋지 않을까 생각된다.

음식점에서

　레스토랑은 부지기수로 많아 식당을 찾는 사람은 어느 곳을 가서 음식을 먹을까 생각을 하게끔 된다. 하긴 외식을 매우 즐긴다는 중국 사람들이 사는 중국에는 거의 한 집 걸러 식당이라는 느낌을 받게 되는데 이곳은 다국적 인종이 많이 살고 있으니 외국식당도 많고 미국식 식당도 많은 것이 당연하다. 빠르고 손쉽게 먹을 수 있는 패스트푸드fast food, 차를 타고 앉아 주문하여 살 수 있는 드라이브 스루drivethru를 비롯하여 단정하게 차려 입고 발레 파킹valetparking 서비스를 받으며 격식 있는 코스 음식을 먹을 수 있는 음식점들도 있으니 선택의 여지가 많다.

　패스트푸드는 종이나 플라스틱으로 된 용기에 음식을 담아 주므로 정식 식기인 차이나china 종류로 된 것을 사용하지 않아, 일어서서 먹거나 손으로 집어먹어도 흉 되는 일이 없다. 그러나 좌석에 앉아서 웨이터나 웨이트레스의 서비스를 받는 곳에서는 갖추어야 할 예의를 무시해서는 안 된다. 쉬운 예로 요즘은 멋으로 입는 찢어지거나 해어진 진 종류는 사양한다는 곳도 있다는 것을 알아야한다. 어린아이들이 용납되는 곳도 있으나 그렇지 않은 곳도 있어 가려는 음식점에 문의하여 본다. 예전과 달라 대부분의 식당에서는 어린아이들을 환영하는 가족식당이 많아져서 아이들 때문에 갈 수 없는 불편함이 적어졌다. 어린아이들을 위한 좌석으로 하이체어highchair나 부스터시트booster seat가 마련되어 있다면 어린아이들에 대한 배려로 간주하게 된다. 그렇다고 어린이들이 혼자 식당 안을 부산스럽게 돌아다닌다든가 뛰기도 하며, 큰소리로 떼를 쓰는 일이 없도록 어린이에게 각별히 신경 써서 살펴야 한다. 뿐만 아니라 식당에서 음식을 즐기며 대화를 나누는 옆 사람에게 아이들로 인하여 실례나 부담스런 일이 없도록 조심을 해야 함이 마땅하다. 하나의 방법으로 부모들은 어려서부터 아이들을 데리고 가족 위주의 식당을 드나들며 가르쳐서 분위기를 익히도록 하는 방법도 있을 수 있겠다.

- 예약

음식점을 예약하려면 물론 패스트 음식점이 아닌 곳으로 일반 레스토랑이 된다. 예약이 필요한 식당은 분주한 시간이나 절기에 따라 다르지만 음식점을 이용하려는 곳에 보통 일주일 전부터 또는 적어도 몇 시간 전까지는 전화나 인터넷으로 예약을 마친다. 즉 몇 명의 좌석이 필요하게 되며 어느 날짜, 몇 시에 누구의 이름으로 예약을 한다고 분명하게 말한다. 요즘의 가족 식당에서는 예약을 받지 않고 훠스트 컴 훠스트 서브first come & first serve라고 못을 박아 먼저 도착한 손님들의 순서대로 좌석을 받아 앉게 되는 경우도 많다. 이럴 때는 식당 도착 후, 문에 들어서자 앞에 보이는 호스티스 데스크hostess desk에 이름을 내놓고 기다리게 되는데 조그마한 장난감같이 생긴 페이저pager를 배당받아 기다리면 된다. 이 손바닥만한 기계는 소리는 없이 반짝거리는 불빛만의 신호로 자기 순서가 되었다는 것을 알려준다. 지금도 예전의 방식대로 하고 있는 작은 음식점도 많지만 즉 호스티스가 일일이 호명하여 자기 차례가 왔음을 알게 되는 경우이다. 호스티스가 이름을 불러주든지 아니면 똑똑한 기계로 알림을 주든지 간에 손님이 식당에 들어온 순서나 인원수에 따라 손님의 테이블 차례가 정해진다.

언젠가 예약을 받지 않는 식당에 저녁식사를 하러갔는데 얼마나 기다려야 하느냐고 물었더니 2시간 50분 정도라고 해서 놀란 일이 있다. 보통 식당에서는 길어야 3, 40분 정도면 되는데 그날은 발렌타인 날 전날이고 신문 칼럼에서 추천한다고 뽑힌 곳이라 손님들이 긴 줄을 서서 또는 바bar에 앉아 술을 마시며 기다리고 있었다. 시장기가 있어 다른 곳으로 발길을 돌려 30분 후 식탁 배정을 받고 저녁을 먹기는 하였으나, 빨리 빨리를 외치는 한국인들에게는 있을 수 없는 시간이라 혼자 웃었던 일이 있다. 아니면 정말 맛이 있다는 식당의 음식을 먹어 보려면 많은 인내를 감수해야 한다. 기다린다는 것이 힘들다면 꼭 예약을 하는 식당을 찾아나서는 것이 옳을 것이다.

- 좌석

식당에 들어서면 호스티스hostess가 안내하여 준다는 사인과 함께 정해진 좌석으로 가게 되거나 아니면 자유자재로 편한 곳에 앉을 수 있도록 되어 있다. 호스티스가 있는 곳이면 테이블로 가기 전에 부스booth 또는 테이블로 가겠느냐고 물어볼 수도 있으며 또는 안내되어지는 곳으로 자리가 정하여질 수도 있다. 부스라면 고정되어 있는 테이블로 벽쪽에 붙어 있으며 네모난 테이블을 말한다. 테이블은 고정된 것이 아니고 인원수에 따라 다른 테이블을 더 붙여 길게 쓰거나 적당하게 떼어놓고 이용할 수 있으며 어린아이들이 앉을 수 있는 의자high chair 등을 놓기에 수월한 장점이 있다. 그리고 많은 인원이 앉으려면 의자를 더 놓을 수 있어 조금은 편하다고 할 수 있다.

음식점에서 금연석과 흡연할 수 있는 곳을 구별하여 선택하여 앉을 수 있게 되어있다. 건강을 생각해서 전국적으로 21개 주states 정부에서 공공장소에서는 금연을 정하여 아예 담배 피울 수 있는 곳을 없애고 담배 연기 없는 청결한 환경을 만들고 있다. 주마다 약간의 차이가 있지만 만약에 담배 피기를 원하는 사람은 보통 건물에서 15피트feet 떨어진 밖에서 피우라고 법에 정하여져 있는 곳도 있다. 또 어느 식당에서는 담배를 피울 수 있는 방이 따로 있어 별개의 공간을 마련하기도 한다. 담배를 피우려고 식사 도중 밖으로 나갔다 들어갔다 하는 모양새도 보기에 그렇고, 거추장스러울 뿐 아니라 모처럼 식사하면서 나누는 대화가 끊어지는 경우가 있다는 것을 말하고 싶다. 여러 사람과 하는 식사 시간만은 애연가들이 조금 절제를 한다면 맑은 공기로 입맛 당기는 음식의 구수한 냄새를 즐길 수 있다. 과학적으로도 증명되었다고 하는데 간접흡연이 건강에 좋지 않다는 얘기는 다 알고 있으니 이웃 동료나 가족에게도 도와주는 일이니 모두의 건강을 위해 금연에 노력하며 정하여진 규칙을 따르도록 하면 더 좋을 것 같다.

  담배 얘기가 나왔으니 근래는 유독 금연no smoking이라는 사인이 도처에 있는 것을 볼 수 있다. 물론 공공장소인 병원에서는 아예 흡연실도 없애고 병원 부지내 어느 곳에서도 담배를 필 수 없다고 한다. 흡연과 담배 연기가 인체에 얼마나 나쁜지 잘 보여주는 예이며 병원을 드나드는 모든 사람에게 청결한 공기를 접하게 하여 건강을 우선시하는 배려가 돋보인다. 직장을 비롯하여 공공건물을 드나들 때 애연가들은 주의하여 금연 지적을 당하거나 남에게 피해를 주지 않도록 해야 할 일이다.

- 주문

  좌석에 앉으면 그 테이블에 지정된 웨이터나 웨이트레스가 나타나 자기 이름을 소개하고 주문을 위하여 마실 것으로 간단한 청량음료, 와인 또는 맥주 등 어떤 종류의 알코올을 할 것이냐고 물어 먼저 가져오게 된다. 그런 다음에 메뉴는 이런 저런 것으로 오늘의 특별 요리, 쉐프chef의 추천, 자기네 식당의 특별한 요리를 설명하여준다. 수프 또는 샐러드를 선택하고 샐러드에 따르는 드레싱은 어떤 것이 있고, 스테이크는 어느 정도로 구우면 좋으냐고 묻는다. 그리고 나서 전채 요리appetizer를 먼저 선택하여 테이블로 가져오는 동안에 메뉴를 보면서 느긋이 주요 요리main dish를 주문하면 시간적으로 메뉴를 선택하는데 훨씬 여유로워진다. 어찌 되었든 간에 서브하는 웨이터, 웨이트레스는 쏜살같이 말하여 선택하기가 힘든 경우도 있으나, 이럴 때 침착하게 '죄송합니다. 다시 한 번 말해 주세요' 하며 다시 물어 자기가 원하는 음식을 주문하는 것은 실례가 아니므로 당황할 필요가 없다. 서비스를 받는 차원이니 오히려 명확하게 물어서 그 레스토랑의 음식을 제대로 즐겁게 먹어 주는 것이 당연하기 때문이다. 자기가 좋아하는 샐러드 드레싱도 많지만 특별히 그 식당의 고유한 드레싱이 더 입맛에 맞을 수도 있고 새로운 드레싱을 맛볼 수 있는 기회이니 식당에서 추천하는 것을 먹어도 나쁘지 않다. 일반적으로 사람들이 좋아하며 많이 쓰는 타운젠 아이랜드 thousand island, 후렌치french, 비니거 & 오일veneager & oil, 랜취 ranch 드레싱만을 고집하는 이도 많이 있다. 드레싱을 샐러드 위에 부어 오지 않도록 따로 달라고 하면 작은 종지기에 가져오므로 드레싱과 샐러드 양을 조절해가며 자기 취향대로 먹을 수 있다. 고기 구운 정도를 말할 때, 웰던welldone, 미디움medium, 미디움 웰 medium well, 또는 미디움 레어medium rare로 나누어지는데 고기의 빨간 색이 육안으로 어떻게 나타나느냐의 문제이다. 웰던은 완전히 다 익은 상태, 미디움은 반 정도 익은 상태, 미디움 웰은 중간보다 조금 더 익힌 것, 미디움레어는 미디움 웰보다 조금 덜 구워진 것으로 육식을 좋아하는 사람은 오히려 미디움, 미디움 레어를 선호하고 완전히 익힌 것은 오히려 좀 질기고 고기 맛이 덜 난다고하니 자기 입맛에 맞추어 요청하면 된다. 가령 내게 가져온 고기의 구운 상태가 너무 빨갛든가하여 식욕이 나지 않는다면 웨이트레스나 웨이터에게 '미안합니다. 조금 더 익혀 주시면 고맙겠습니다' 하며 정중히 요청하면 자신의 입맛에 맞는 스테이크를 즐길 수 있다.

수프 종류도 다양하여 맑은 것, 되직한 것, 식당 특유의 것, 토메이토tomatoe, 치즈베이스, 해산물, 파스타pasta 등을 기본으로 넣은 것이 있다. 샐러드도 가든garden, 그릭greek, 토스tossed 샐러드를 비롯하여, 덧붙어 샐러드에 닭고기, 소고기, 파스타 등을 넣은 것도 있다. 웨이트레스가 설명할 때 잘 들어서 자기가 선호하는 것을 선택하거나 메뉴를 읽어보고 가늠하여도 된다. 선택하기 어려운 경우는 웨이트레스가 일하며 손님들에게 얻은 경험으로 추천하는 것을 택하면 오히려 입맛에 맞을 수 있다.

이탈리안, 프랑스, 중동, 그리스, 중국, 타일랜드, 일본식 식당들이 많으나 음식을 다 먹어 보기 전에는 맛을 다 알 수 없는 노릇이다. 우선 색다른 음식점에 가게 되면 식당 종업원의 추천을 받아도 좋고 메뉴의 그럴싸한 설명을 읽어 보거나, 사진에 나와 있는 것으로 결정을 하면 된다. 주문되어서 나오는 음식의 양도 각 식당에 따라 차이가 나지만 대체로 중국, 타일랜드 요리나, 이탈리아 국수 종류는 많은 편이므로 특히 여럿이서 먹을 때는 인원수에서 하나 정도 빼고 주문하면 알맞을 때가 있다. 그렇다고 서너 명이 가서 두 접시만 시키는 일은 식당 주인의 눈에 나지 않을까 걱정되며 예의가 아니니 그런 일이 없도록 하는 것이 좋다. 오히려 식사를 주문하여 양이 많으면 먹다 남은 음식은 더기 백doggie bag이나 박스box에 넣어달라고 하여 집에 가지고 와 나중에 먹어도 되기 때문이다. 하지만 뷔페 음식점에서 먹다 남은 음식은 절대로 가져갈 수 없으니 적당한 양을 가져다 먹도록 해야 한다.

- 테이블 예의

　덧붙여 식탁에서의 예의로 음식물을 씹으며 동시에 입을 벌려 대화를 하든가 음료수나 수프를 홀쩍거리며 소리 내어 마시거나 먹는 것은 절대 삼가야 한다. 음식을 다 삼키고 난 후에 말을 하는 것이 옳으며 음식을 씹는 것도 입을 다물고 씹도록 하여 소리 내는 것을 조심해야 한다. 그렇다고 대화가 중단 되거나 할 수 있는 말을 하지 말라는 것은 아니고 같이 앉아 식사하는 사람들에게 음식물이 튀어 비위를 상하게 하거나 폐를 끼치는 일이 없도록 조심하라는 것이다. 실버웨어silverware or tableware 즉 숟가락, 칼, 삼지창이 식기에 요란하게 부딪히는 소리가 나지 않게끔 하며, 식탁에 구부려 앉아서 허겁지겁 먹는 것처럼 보이지 않도록 바른 자세를 가지면 보는 이도 좋고 먹는 사람도 위에 부담이 가지 않아 소화도 잘 될 것이다.
　요즘은 뷔페 스타일buffet style의 식당이 부쩍 늘었다. 아메리칸 스타일, 중국식, 타일랜드, 아니면 중국식과 일본식을 병행하는 음식점인데 자기가 좋아하는 음식을 양껏 먹게 되며 일정하게 정해진 음식 값을 내면 된다. 이런 곳에서 예의를 차리지 못하고 과다하게 가져와서는 다 먹지 못하고 그대로 남기거나, 좋아하는 부분만 빼어먹고 버리는 일은 상식적인 일이 아니며 자기의 분수를 지키지 못하는 행동이므로 누가 보든 안 보든 자제하는 것이 지켜야할 도리인 것이다.
　오래전에 들은 얘기로 어느 분이 일본식당에서 맘껏 먹고 일정금액을 낸다고 광고하기에 동료들과 어울려 여러 명이 갔다고 한다. 한참을 먹고 있는 중 스시 하나를 집어 먹었는데 어찌나 와사비를 많이 넣었는지 매워서 쩔쩔매도록 혼이 났다고 한다. 남자분들이 셀 수 없을 정도로 그리고 잽싸게 많이 먹으니 스시맨이 재빨리 만들기도 역부족이려니와 많이 먹는 사람들이 얄밉기도 하여 일부러 매운 와사비를 듬뿍 넣어 혼을 내주었다는 식의 얘기이다. 이처럼 체면에 금이 가는 몰상식적인 일을 하지 않도록 하여야한다. 모든 것이 적당할 때가 가장 좋은 것이라는 것을 명심하면 이런 일이 있을 수 없게 된다.

음식 값은 천차만별이나 보편적으로 주중 점심시간 때에는 저녁 dinner과는 다르게 비스니스 즉 사무실직원 손님들이 주로 많으며 음식의 양도 조금 적고 가격도 얕게 책정되어 있는 것이 일반적이다. 주중에는 점심 특별 메뉴가 있으나 주말에는 없는 것이 예사이며 식당 시간도 식당마다 달라서 점심시간을 빼고 저녁시간에 맞추어 조금 늦게 개점하는 곳도 있다. 간혹 있는 일로 어떤 식당에서는 일요일에 점심시간에는 아예 개점하지 않고 저녁식사만 서브하는 곳이 있으므로 운영시간도 알아보고 점심식사를 예약하거나 하여야한다. 주말이라면 일반적으로 금요일부터이며 뷔페식당에서는 음식 가격도 조금 더 올려 받는 것이 예사이다.

- **봉사료**Tipping

서비스를 받는 식당에 가면 으레 웨이터나 웨이트레스가 있어 주문도 받고 식사 도중 필요한 잔잔한 일을 도와준다. 그렇다고 도움 없이 혼자 해결할 수 있는 일들을 구태여 종업원들을 귀찮게 하면 좋은 매너가 아니라는 것도 알고 있을 줄 믿는다. 아시아 국가 중에서 중국, 일본, 한국 등을 여행하다 보면 따로 팁이 없는데 동양인은 습관이 되지 않아 팁을 놓는 것을 잊어버리거나 아니면 무시하는 경우가 있다. 또 팁은 어느 정도가 적정한지, 어떻게 주어야 하는지도 궁금하게 된다. 우선 음식점에서는 식사비로 나온 총금액에서 15%~20%를 더하여 계산하면 실례가 아니다. 특별히 식사시간 중 서비스가 좋았다든가, 테이블을 너무 어지럽혔다든가, 아이들의 잔심부름이 있었다든가, 식사 시간이 좀 길었다든가 하면 그것보다 더 놓으면 된다. 기본적인 예의가 그 정도라는 얘기이고 더 많이 주지 말라는 뜻이 아니다. 식사 후, 음식도 맛이 있고 서비스를 많이 받았다면 사람들은 그야말로 봉사료를 듬뿍 놓고 나간다는 얘기는 많이 들어서 알고 있을 것이다. 그렇게 한다면 웨이터나 웨이트레스의 기분도 좋지만 이후에 같은 곳에 음식을 먹으러 갔을 때 더 좋은 서비스를 받게 되는 사실도 잊어서는 안 된다.

팁을 줄 때 총액의 15~20%를 주는 것이 일반적인 일이지만 식당에서 발행하는 쿠폰을 가지고 가서 식사한 후 계산할 때 어떻게 적용해야하나 궁금해진다. 그러나 팁은 그날의 서비스를 받은 고마움의 표시이므로, 쿠폰으로 계산되는 것을 생각지 말고 쿠폰의 할인이 없었던 총 합계의 금액으로부터 퍼센트를 계산하여 주는 것이 옳은 일이며 주고받는 양쪽 모두 다 기분 좋은 일이 되는 것이다.

어느 식당에서는 많은 인원 즉 10명 이상의 사람들이 단체로 앉아 식사를 한 경우에는 청구서를 테이블로 가져올 때 전체 청구액에 봉사료를 포함하여 가져오는 경우도 있으니 지불하면서 금액을 확인하거나 물어보아도 된다. 때로는 확인하지 않고 덧붙여 봉사료를 두 번씩 지불하여 비싼 식사비를 내게 되는 경우도 있다. 웨이트레스는 청구서를 가져다주면서 봉사료가 포함되어 있다는 얘기를 하기도 하지만 그렇지 않은 경우를 생각하여 확인하는 습관을 가지면 좋다.

웨이트레스 일을 하는 어느 분이 황당한 얘기를 들려준다. 동료가 서비스를 마치고 정리하려고 테이블에 갔더니 느닷없이 1센트짜리 몇 개가 놓여 있어 놀랐다고 한다. 음식을 주문하여 먹고 나가면서 팁 대신 놓고 간 것으로 지폐가 아닌 동전을 보고는 기분이 많이 상하였다고 한다. 서비스가 좋지 않아 항의 표시로 그러한 일을 일부러 한 모양인데 아무리 서비스가 맘에 들지 않아도 서비스를 받은 이상 그런 몰상식적인 행동은 해서는 안 된다.

또 한 번은 한국 분들이 출장을 와서 열 명 이상이 한국식당에서 식사를 하고 난 후 팁을 놓지 않고 그냥 떠나서 서비스한 웨이트레스가 허탈하였다고 한다. 팁에 습관이 되지 않아 그랬을 수도 있겠지만 미국 식당에는 팁이 있다는 것을 알고도 그랬다면 고쳐야 할 일이다. 식당 주인의 얘기로 그 후부터는 인원수가 많은 경우 꼭 봉사료를 추가하여 청구서를 테이블에 보낸다고 한다.

- 음식 값 지불

식사 후 음식 값을 지불할 때, 한국 같으면 서로 내겠다는 용사들이 많아서 별 문제가 되지 않지만 한국인 동료끼리 식사 후 이런 광경을 보게 되는 웨이트레스는 누구한테 청구서를 내어 놓을지 몰라 어리둥절한 경우도 있다. 그렇지만 미국에서는 그렇게 나서서 동료들을 위하여 그야말로 한 턱 내는 사람도 있으나 사전에 알려주는 것이 통상적이며 자기가 먹은 음식 값은 본인들이 으레 각자 지불하는 것을 당연하게 여긴다. 청구서를 가져오는 웨이트레스도 각자 한 장 한 장 청구서를 가져와서는 일일이 한 사람씩 건네준다. 청구서를 가져오기 전에 웨이트레스가 모든 음식 값을 한꺼번에 지불할 것인지 아닌지를 물어오는 경우도 있으나 본인이 먹은 음식 값은 본인이 지불한다는 통념으로 모든 계산은 분명하게 처리하는 이곳 사람들의 습성이다.

 그러나 누가 음식을 대접하겠다는 사전의 약속이 있으면 같이 간 사람은 대접을 받으면 그만이고 고맙다는 인사만 하면 모든 것이 해결된다. 특별한 경우로 인하여 음식을 대접하고 받으면 별 문제가 아니지만 어느 사람이 뚜렷한 이유 없이 대접을 받으면 다음번에는 인사로 되돌려 주는 기회를 만들어 남에게 특별한 이유 없이 호의를 받는다는 껄끄러움을 씻어주게 된다. 그래서 우리가 보통 말하는 더치페이dutchpay라는 것을 생각하면 마음이 편하여진다. 아니면 동료들이 주문한 음식 값을 총계를 하여 같이 음식을 먹은 인원수대로 나누어 낸다면 그것 또한 다른 한 방법이 될 수 있다.

 식사 후 영수증을 주고받을 때 웨이트레스가 알아서 건네주기도 하지만 그렇지 않을 때는 카피copy가 영업하는 쪽의 몫인지 손님 몫 customer receipt인지 구별하여 챙기도록 한다.

 음식 값을 카드로 낼 때가 많은데 쓰고 난 카드를 잊어버리고 나오는 일이 없도록 한다.

일상생활

 미국은 땅이 넓은 나라이다 보니 북쪽은 겨울에 눈이 많고 남쪽은 여름에는 무지막지하게 더운 곳도 있다. 또 한국처럼 사계절이 있는 곳도 있으니 미국의 계절에 관해 얘기할 때 꼭 집어 이렇다 저렇다 하기보담 어느 주State의 얘기인지 먼저 알아야한다. 여기서는 주로 사계절이 있는 곳을 얘기하면 적당할 것 같아 중서부, 동부쪽을 기준으로 하기로 한다. 근래는 지구 온난화 현상으로 봄과 가을이 무척이나 짧아졌고, 기후의 변동이 심하다고들 얘기한다.
 일반적인 기후로 말하자면 미네소타나, 뉴욕 주에 있는 버펄로는 겨울에 내리는 눈이 낭만적이고 아름다움보다는, 진저리나도록 많이 내려서 출퇴근 때는 운전하기가 무서워지는 정도다. 그러나 자연의 이치대로 사계절이 있어 다른 계절을 기다리며 눈을 원망하기보담 계절을 즐길 줄 아는 여유도 있게 되는 듯하다. 서쪽인 주에서는 여름과 같은 더운 일기도 있지만 때로는 온화한 일기로 여러 가지 활동을 할 수 있어 좋을 것이나 지진의 염려가 있기도 하다. 중부는 토네이도 같은 것이 봄, 가을에 많고 남부는 해일이나 태풍도 빼놓을 수 없다. 일기는 어찌되었든 전체적으로 볼 때, 미국의 습관과 문화가 별 차이는 없으며 계절에 따르는 큰 혼동스러움도 없다.

- 차고 세일Garage sale

쉽게 말하면 일반 가정집 세일이라 하면 맞을 것 같다. 집에서 쓰지 않는 물건, 옷 종류, 책, 아이들용품, 또는 오래된 물건들 즉 잡동사니를 모아 차고에다 테이블을 펼쳐 놓거나, 옷걸이 등을 만들어 걸어 놓고 파는 것이다. 러미지 세일rummage sale이라고 하여 쓰던 물건을 모아놓고 파는 그라지 세일보다 조금은 큰 규모로 수입을 모아 체리티에 기부하기도 한다. 그라지 세일은 잡동사니만 있다고 생각하면 큰 오산이다. 실외에서 하는 세일 중에서 그라지 또는 야드yard, 텐트 세일 등이 있다.

이사 가는 집의 세일moving sale은 집의 규모가 바뀌어 또는 장거리로 가게 될 때 운반비를 고려하여 가져가 봐야 짐

야드 세일

스럽든가, 이사하는 곳의 기온이 달라서 필요하지 않게 될 옷가지나 기타 가구를 비롯하여 가재도구까지 파는 경우이다. 에스테이트estate 세일은 집에서 쓰던 살림살이 전체를 내놓고 파는 것으로 쓰고 있던 사람이 사망하였다든가, 파산으로 인하여, 또는 퇴직하여 살림을 줄여나가는 과정에서 불필요한 것을 대부분 처리하는 세일이다. 이런 저런 이유로 차고에서 한다는 세일은 동네를 지나다 한 번쯤 흥미를 가지고 들여다보게 되며 하나 둘씩 필요한 물건을 집어 들게 된다. 물건 값도 재미있어 옷가지, 책, 조그만 잡동사니들은 몇 센트부터 붙여져 있고 가구나 그림, 가재도구 같은 것은 몇 불부터 몇 백불이 넘는 것도 있다. 물론 가격이 정말로 저렴하니까 부담 없이 여러 가지를 구입하는 경우가 많다.

차고 세일

때로는 전혀 사용하지 않았던 새 물품도 있는데 가격은 훨씬 싸게 매겨져 있어 골라들고 횡재했다는 기분이 들 때도 있어 그라지 세일을 찾게 되는 재미를 가지게도 된다. 때로는 그런 곳에서 골동품antique을 허름한 값에 사서는 나중에 우연히 감정을 해보니 그야말로 진품 명품으로 나타나 적지 않게 놀라는 일도 있는 것이 그라지 세일이다.

목요일, 또는 주말에 동네를 지나다보면 입구에 그라지 세일이라는 사인과 함께 풍선이 매달려져 있는 것을 많이 보게 된다. 그라지 세일에서 좋은 물건을 의도적으로 구하려는 사람은 일반 사람들이 붐비지 않는 주중의 목요일인 첫째 날이 좋다고 세일이 시작되

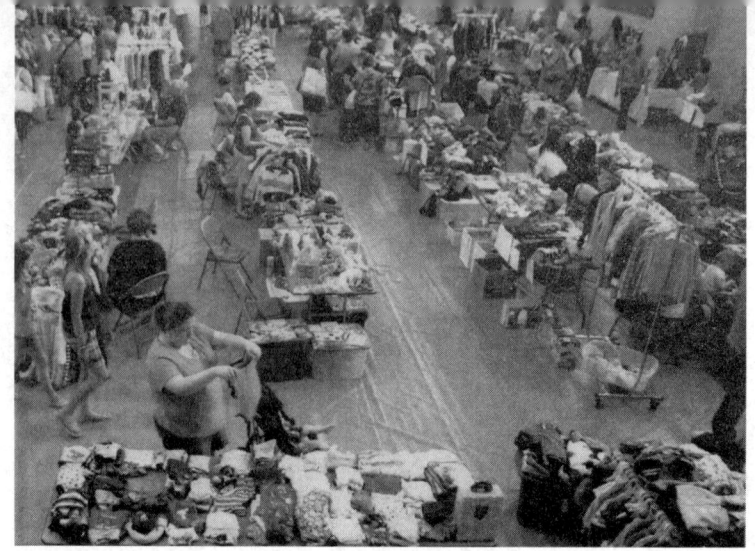

러미지 세일

는 아침 일찍부터 나서서 운전하며 동네 곳곳을 돌아다니게 된다. 동네 전체가 참여하는 규모가 큰 세일이나, 기부금을 모으는 러미지 세일 같은 것은 동네 신문에 광고를 내어 주의를 끌어 많은 사람들의 발길을 모으게 된다. 1년 중 철이 바뀌는 봄, 가을에 주로 많으며 꼭 필요한 물품을 구해야겠다는 사람은 동네 광고를 눈여겨보면 도움이 될 수 있다. 뿐만 아니라 시간의 여유가 있다면 봄, 가을 정취를 느끼며 드라이브하여 동네를 지나치면 혹 눈에 띄는 좋은 품목을 만나는 행운도 얻게 된다.

그라지 세일과 조금 다른 바겐bargain 세일이 있는데 후리마켓flea market을 들 수 있다. 이곳은 일반상점에서 흔히 볼 수 있는 상품과는 전혀 다르게, 비싼 진열장에 넣지 않고 여러 가지 잡다한 품목을 나름대로 진열하여 놓는다. 예로 옷, 신발, 가발, 가구, 장신구를 비롯하여 고가구Antique furniture나 골동품 같이 별난 물건을 보게 된다. 새 물건도 파는데 가격도 훨씬 저렴하고 흔히 볼 수 없는 것들이 있어 구입하지 않더라도 눈요기하기에도 좋다. 주말인 금요일 오후부터 토요일, 일요일에 많이 개점하며 동네를 지나다보면 임시로 차려 놓은 것이 아니라 영구적으로 지어진 건물들로 필요할 때는 언제든 사용할 수 있는 것을 볼 수 있다. 후리마켓은 고정적으로 항상 같은 시간과 장소에서 장사하는 것이니 광고지를 통해서 알 수도 있으나 일반적으로 많이 알고들 있어 그곳을 찾기에 별 어려움이 없다. 대부분의 후리마켓은 일시적인 것이 아니고 계속적으로 시간을 맞추어 영업하므로 꽤나 연륜이 있고 명성이 있는 곳도 많다.

- 동네 운동 경기

겨울이 지나고 봄이 되어 기온이 올라가기 시작하면 겨울옷도 벗어 버리고 가벼운 옷차림이 된다. 아이들은 마당에 나와 제각기 좋아하는 운동으로 농구, 야구, 롤러 또는 라인 스케이트, 자전거 타기 등으로 동네가 한결 부산스러워진다. 이즈음부터 학교 운동장이나 공원, 동네의 큰 공간이 있는 뒷마당 같은 곳에서는 아이들이 팀을 이루어 경기를 하게 되며 부모들도 아이들의 경기를 위해 운전하느라, 응원하느라 바쁘다. 그중 어떤 부모는 자기 아이들 팀의 코치를 맡아 더 열성적으로 가르치며 뛰는 것을 볼 수 있다. 이런 운동이나 그 이외 아이들이 할 수 있는 활동상은 날씨가 풀리기 시작되면 동네 신문이나 책자에 곳곳에서 행해지는 프로그램이 일목요연하게 나와 있게 된다. 책자나 소식지에는 운동, 그림, 무용, 컴퓨터교실, 요리강습, 도자기, 공예교실 등이 무슨 요일, 몇시, 강사 누구, 수업료가 얼마라는 문구를 쉽게 읽을 수 있다. 그중에서 각자 좋아하는 항목을 택하여 등록을 하게 되는데, 4세부터 할 수 있는 여러 가지 운동도 있고 중학생 정도의 나이, 또 성인들이 할 수 있는 종목도 있어 몇 주간부터 또는 시즌 끝인 몇 달 간 계속할 수도 있다. 시즌이라면 봄 또는 방학 후 6월 중부터 시작하여 학교 개학하기 전 8월 말경에 끝이 나는 경우가 많으며 계속하는 프로그램도 있어 가을학기, 겨울학기도 있다.

　방학 동안에 동네별로 구성되어 하는 스포츠는 대부분이 부모들이 나서서 조직하고 가르치고 하여 나이 별로 팀을 만들어 다른 팀과 경기도 한다. 그런데 승부를 가릴 때는 아이들이 하는 경기라는 것을 깜빡 잊고는 이기는 것에만 열중하여 부모들이 더 열을 내어 고함을 지르고 화를 내는 경우도 있어 어린 자녀들 보기에 좋지 않은 모습을 보여주기도 한다. 한편으로는 부모들은 아이들의 팀을 위하여 각자 시간과 정성을 쏟는 것이 치맛바람이 무색할 정도로 열심이다.

　팀이 제대로 갖추어져 다른 팀과 경기를 하다보면 동네에 있는 팀과 우월을 가리고 나중에는 다른 도시나 타운 팀과 또는 다른 주 state에까지 가서 챔피언쉽에 나가는 일이 있다. 그러다보면 취미로 시작한 운동이 나중에는 프로가 된 것처럼 즐기는 사람이 있다.

어린이 댄스 리사이틀

운동경기를 보면 각 팀마다 유니폼을 차려 입고 자기 팀의 개성을 나타내기도 한다. 햇볕이 잘 드는 날이면 빨강, 파랑, 녹색 등의 유니폼이 어우러져 어린아이들이 운동장에서 뛰어다니는 광경이 보기에도 참 예쁘다. 팀에 드는 경비는 개개인이 등록비로 내놓아 충당하지만 모자라면 팀에 속한 부모들이 모금을 하거나, 빈 병이나 캔can을 모으고, 세차car wash, 캔디, 피자를 팔아 보충한다. 그러니까 부모들이 여러모로 정성을 퍼붓는 노력을 하여 팀을 유지한다는 것이다. 봄에 동네를 지나다 보면 세차한다는 광고를 들고 어린 학생이 서 있는 것을 볼 수 있으며, 며칠 몇 시부터 빈 깡통을 수집하러 다니겠다는 전단지를 집집마다 돌리는 것을 볼 수 있다. 또한 동네 주민들은 즐거운 마음으로 동참하여 세차 할 수 있도록 공간을 내어주든가 빈 병과 깡통을 모아 집 문 앞에 내어놓고 가져가라고 한다. 그러니까 내 집 아이들이 아니라고 나 몰라라 하는 태도가 아니고 열심히 운동하는 학생들의 노력에 보탬이 되도록 힘을 실어주는 정감 있는 풍경을 볼 수 있는 것이다.

- 공원

비행기를 타고 아래를 내려다보게 되면 어느 정도의 높이에서는 그 지역의 이루어진 모양새를 볼 수 있게 되는데 무엇보다 초록색의 녹지가 제일 먼저 눈에 띄게 된다. 사막 지대가 아닌 곳에서는 푸른 숲과 나무가 보이면 일단 공기도 깨끗해 보이고 동네가 맘에 들기도 한다. 미국도 다른 나라와 마찬가지로 예외가 아니어서 도시 군데군데

어린이용 기차타기

 공원이 많다. 타운town, 시city park, 카운티county, 주립state, 국립 national 공원 등 어느 곳에서 공원을 관리하느냐에 따라 나누어져 있지만 누구든지 이용할 수 있어 주민들이 맘껏 즐길 수 있는 장소이다.
 입장료를 내야하는 곳도 있지만, 공원에 따라 조금씩 차이가 있고, 도시공원은 무료인 곳도 있다. 들어갈 때 내는 사용료를 내면 허가증park permit을 주는데 한 차례 얼마간의 요금으로 1년annual 동안 쓸 수 있는 것도 있으며 하루day pass만 이용할 수 있는 것도 있다. 요금은 사람 인원수에 따른 것이 아니고 보통 자동차 한 대당 부과되는 것으로 하루 종일, 또는 1년 중 공원이 열려 있을 동안에는 수시로 드나들 수 있다. 이것은 주로 자동차 운전석 앞 왼쪽 유리창에 부착하여 공원 관리인park ranger이 언제든 식별 가능하도록 한다.
 공원 입장료는 항시 지불해야 공원을 이용할 수 있지만 때로는 예외가 있다. 국립공원인 경우에는 내셔날 파크데이National Park Day, 재향군인의 날Veteran's Day이라든가 마틴 루터 킹 목사 날Reverend Martin King Junior은 기념관이 있는 공원은 무료다.
 보통 나이가 몇 살이냐에 따라 다르지만 즉 주 또는 카운티 공원에 따라 62세, 65세가 되면 노인senior으로 우대하여 디스카운트하여주므로 1년 허가증을 받아 자주 드나들며 공원을 마음껏 이용하는 것도

얼음낚시

좋은 방법이 된다. 이럴 때에는 아이디ID로 생일이 표시되어 있는 운전면허증을 보여주고 구입할 수 있다. 그렇지 않더라도 1년에 몇 차례만 드나들 수 있다면 1년 것을 구매하는 것이 오히려 현명한 방법이 될 수 있다. 하루만 쓸 수 있는 것은 1년annual pass보다 훨씬 저렴하지만 1년 동안 서너 차례만 쓸 수 있다면 1년 패스가 이득이다. 왜냐하면 1년 패스는 1월부터 12월까지 연중 사용할 수 있으며 겨울동안에도 할 수 있는 조깅jogging, 눈썰매, 크로스 컨츄리 스키cross country ski, 스케이트, 아이스하키, 스노우 모빌snowmobile, 스노우 슈snow shoe, 디스크 골프disc golf 등을 즐길 수 있으며 물이 얼은 호수나 강에서 얼음낚시도 할 수 있어 맘껏 이용할 수 있기 때문이다.

겨울철 아이스 휘싱ice fishing은 꽁꽁 얼어붙은 물 위에 텐트나 움막hut을 치고 앉아서 하게 된다. 일기가 추울 때는 별다른 주의를 안 하고 즐길 수 있겠으나, 기온이 올라가 얼음이 녹기 시작하면 움직이지 않고 한 장소에 눌러앉아 하기 때문에 기온의 변화를 감지하기 쉽지 않게 된다. 이럴 때 뜻밖의 사고가 일어나 신문과 방송에 뉴스로 올라오게 되는 일이 있다. 얼음이 어는 추운 겨울에는 운치도 있고 재미있겠으나, 일기예보에 귀를 기울여 변화되는 기온 차이에 민감하게 대처하여 불상사가 없도록 한다. 낚시하려는 날에 기온이 올라간다는 얘기가 있다면 아예 접어두고 호수나 강가에 낚시는 하지 않는 것이 상책이다. 겨울이 지나면서 간혹 눈에 띄는 것으로 움막이나 텐트가 호숫가에 떠있는 것을 보게 되는 것도 날씨를 미처 체크하지 못하여 치우지 못한 이유다.

공원은 피크닉 할 수 있는 장소, 수영, 각종 운동, 아이들 놀이터, 낚시, 보트, 카누, 야외 공연장, 걸을 수 있는 트레일trail, 크로스 컨츄리 스키, 때로는 골프, 캠핑을 할 수 있는 곳이다. 그래서 사시사철 드나들며 가족과 친구들, 직장 동료들과 같이 누구든지 여유를 즐길 수 있는 곳이어서 좋다. 그리고 애완동물과도 같이 갈 수 있어 더더욱 환영 받는 곳인데 주의사항을 꼭 읽어보도록 해야 한다. 프리웨이에 있는 곳과 마찬가지로 동물들이 놀 수 있는 러닝 에어리아running area도 있으며 애완동물을 반드시 끈에 매어 데리고 다녀야한다. 많은 사람들이 있으므로 혹시나 동물 털에 민감한 알러지로 인하여, 또는 달려들어 갑자기 물거나 하여 다른 사람에게 뜻하지 않는 피해가 생기지 않도록 하기 위함이다. 동물 금지 구역이라 정해진 곳은 피하여야 하며 동물들의 배설물은 각자가 준비해 온 도구를 이용하여 깨끗이 챙겨서 다른 사람들의 기분을 상하게 하거나 공원을 더럽히지 않도록 하는 예의를 지킨다.

낚시, 보트, 사냥 허가증은license 따로 주정부에서 발행하여 내주는 것으로 공원이 아니어도 가능한 장소로 사냥터, 호수나, 댐 등에서 어디든 사용할 수 있다. 아무도 없고 남이 보지 않는다고 허가증이 없이 그러한 레저leisure 스포츠를 하게 되면 불법으로 티켓을 받게 된다. 예로 낚시는 하루 이틀 사용할 수 있는 허가증을 구입할 수 있어 많은 돈을 들이지 않고 물가에 나가 하루를 즐길 수 있다. 허가증을 구입할 경우는 꼭 문의하여 하루 허가증을 받아서 적은 금액으로도 같은 스포츠를 맘껏 즐길 수 있는데도 알지 못하여 1년 허가증을 사게 되어 불필요한 낭비를 하지 않도록 하는 것이 현명하다. 낚시나 사냥 등을 할 때는 규정이 있어 최대한 몇 마리 또는 규정된 사이즈가 있으므로 마냥 기분 내키는 대로 잡게 되면 벌금이 있으니 충분히 규정을 읽든가 들어서 알아야 한다. 모든 것에 대한 규정이 각각 다르므로 모를 때는 허가증을 구입하며 묻든가 읽어서 벌칙에 해당되지 않도록 준비한다.

피크닉이나 운동을 하면서 마시는 음료수는 물, 스포츠 음료수도 있지만 보통 사람들이 즐겨 찾는 것으로 맥주도 있고, 다른 알코올 종류가 있는데, 공원에서는 아무 때나 마실 수 있는 것이 아니고 법칙에 의하여 정하여진 날짜부터 마실 수 있다. 가령 학교가 여름방학이 시작되기 전에는 대부분의 공원에서 음주는 금해져 있고 방학 후부터는 공공연하게 마셔도 문제가 되지 않는 경우도 있다. 이것을 피하려고 어떤 사람은 다른 사람에게 보이지 않게 몰래 숨겨서 마신다든가 병이나 깡통의 레이블label을 감싸고 마시는데 법규를 어긴 사람은 처벌을 받는다는 것을 염두에 두고 지나친 행동을 삼가야 한다. 단 음주는 정해진 기간에는 피하고 남녀노소 누구든 공원의 깨끗한 공기도 즐기며 간단한 소다 음료수나 물을 마시면서 건강에도 도움이 되는 스포츠 등을 한다면 좋을 것이다.

공원은 넓은 장소이다 보니 나무도 많고 야생화, 풀, 잡초들이 널려있다. 동양인들이 먹는 고사리, 고비, 취나물, 산 달래 등이 눈에 띄게도 되는데 아무 생각 없이 꺾거나 자르면 법에 저촉된다. 아무도 보는 사람이 없다고 무모한 일을 하여 적지 않은 벌금을 내거나 무안을 당하지 않도록 주의한다. 예전에 한국분이 공원이 아닌 곳이라 괜찮으려니 생각하고 남의 땅에 들어가 고사리를 꺾다 지나는 경찰의 눈에 띄어 많은 벌금을 물었다는 얘기가 있다.

자연을 즐기고 오직 발자국만 남기라는 팻말도 간혹 있지만 공원을 드나드는 모든 사람이 맑은 공기와 아름다운 경치를 오래도록 감상할 수 있다면 얼마나 좋을지 생각을 하여보자.

- 투표일

투표는 만 18세가 되면 미국시민으로서 당연히 행사해야할 의무이며 권리이다. 투표를 하지 못하게 될 이유 즉 병으로 투표장에 가지 못하거나 여행 중이거나, 해외 거주, 또 출장 등 기타 다른 이유로 자기의 권리를 행사치 못할 때는 부재자 투표를 신청하여 투표하는 방법도 있다. 또한 나이가 60세가 넘으면 노인으로 인정하여 부재자 투표를 할 수 있는 권한이 있다. 부재자 투표 등록은 시티city, 타운 숲township, 세크리터리 오피스secretary office에서 하여야 하는데 투표일 30일 전에 등록을 마쳐야 그해 행해지는 선거일에 한 표를 투표할 수 있는 권리 행사가 가능한 것이다.

아무튼 선거일이 오면 아침 7시에 시작하여 오후 퇴근 후 8시까지 투표장은 열려 있다. 이런 저런 이유로 빠지지 않도록 투표시간이 되어 있으니 투표에 참여하는 율도 그리 나쁘지는 않게 된다. 단 투표일은 공휴일이 아니고 학교, 회사, 관공서들은 여느 때와 같이 정상적으로 근무를 하게 된다. 1년 중 11월 첫째 화요일이 투표일로 정해져 있으며 2년, 4년마다 돌아가며 카운티, 도시 등 지방선거를 비롯하여 주 정부, 연방정부Federal Government에 대한 선량을 뽑으며 또 시·주정부의 자체적인 계획안에 대한 찬반을 묻는 투표를 하게 된다. 예비선거일은 보통 8월 초에 있으므로 이때도 잊지 않고 참여하여 시민의 권리를 포기하지 않도록 한다.

투표자 등록은 주정부에서 맡아 하는데, 운전면허 받는 곳 secretary office에서 만 18세가 된 사람은 등록을 하게 된다. 동네 구역 즉 선거 구역에 따라 투표장이 바뀌고 출마하는 피선거인 명단도 다르니 본인의 투표자 등록카드에 표시되어 있는 곳에서 투표를 하면 된다. 일반적으로 운전면허를 받게 될 때, 투표자 카드등록을 할 수 있으며 카드를 발급 받아 가지고 다니다 선거하는 투표일에 자기의 권리를 행사하면 된다.

선거일이 다가오면 많은 사람 중에서 누구를 찍어야 할지 모를 경우가 있게 되는데, 지방이나 도시 신문에는 선거인의 이름이 나열되고 그 사람의 인적 사항과 정치권에서 활동한 모든 사항이 나오므로 신문을 잘 읽어보고 투표에 임하면 혼란스럽지 않다. 혹시 많은 후보자 수로 암기가 어려울 때는 혼자만 알아볼 수 있도록 작은 종이에 표시하여 투표장에 가지고 나가면 혼란스럽지 않으며 시간적으로도 많은 도움이 될 줄로 안다.

투표장에서 수고하는 사람들은 민간인 봉사자로 자기의 맡은 바 역할을 잘 감당할 수 있도록 선거관리부에서 하는 오리엔테이션을 받는다. 투표하는 사람들은 한 사람씩 줄을 지어 투표하게 되는데 그리 바쁜 사람이 아니라면 붐비는 아침과 저녁을 피하면 기다리지 않고 투표장에 들어갈 수 있어 시간이 절약된다. 투표하러 갈 때는 언제든지 사진이 있는 증명서로 운전면허증과 투표자 등록카드를 가지고 가야만 투표가 가능하다. 단 각 주에 따라 약간의 차이가 있으나 증명서로 투표자 카드만 요구하는 곳도 있다. 처음으로 투표하는 사람은 주의사항을 염두에 두고 어떤 것을 가지고 가야 투표가 가능한지 잘 챙겨 투표에 임하도록 한다.

- 꽃의 날 & 식목일 Flower day, Arbor day

사람들은 항상 꽃을 가꾸며 좋아하는데, 왜 꽃의 날까지 정하였는지 모르겠으나 꽃은 항상 사람들의 마음을 풍요롭게 하는 매력이 있는 것은 사실이다. 봄이 오면 화원이나 꽃시장에서는 온갖 화초와 나무, 정원 가꾸기에 필요한 비료 등을 밖에 내다놓고 손님을 기다린다. 꽃의 날이 있는 기간을 시작으로 하여 정원을 손질하며 사온 꽃과 나무들을 심으며 봄을 여는 셈이다. 꽃과 나무를 대량으로 키워 기업으로 하는 사람들은 큰 트럭에 싣고 와서 팔기도 하는데, 특히 꽃의 날에는 더 많은 장사와 인파가 몰리고 꽃과 나무의 종류도 다양하여진다. 주위의 농부들도 그동안 기른 야채, 계란, 메이플 시럽 maple

꽃시장

syrup, 때로는 강아지, 토끼, 병아리, 오리새끼 등을 가져와 팔게 되니 시장은 북적이며 어른 아이 할 것 없이 봄의 기분을 맘껏 누리고 활기차게 된다. 다른 한 쪽에서는 맛있는 바비큐나, 레스토랑의 음식 냄새가 배고픔을 자극하며 또 다른 쪽에서는 게임도 할 수 있다.

반면에 소규모 인원으로 구성된 밴드도 있어 음악으로 축제마당이 벌어진 듯하여 지나던 사람도 발걸음을 멈추게 한다. 꽃의 날은 대략 4월 말이나 5월 초로 일기의 변화에 따라 다르지만 때로는 부활절에 근접할 때도 있다. 요즘은 일반 가정에서는 어른 아이 모두들 함께 주말에 일부러라도 나서서 화초도 구입하며 즐기는 축제 비슷한 행사로 자리매김하여 많은 인파가 몰리기도 한다.

- 농산물 판매

농산물을 파는 스탠드stand라 하면 농부들이 밭에서 기른 화초, 채소와 과일을 큰 시장에 내다 팔기보다는 동네 사람들이 집 텃밭에서 기른 것을 집 앞에 조그만 평상을 마련하여 내어놓고 저렴하

화머스 마켓 가을 판매대

게 파는 것이다. 금방 밭에서 나온 것이라 신선하고 맛도 있고 파는 사람도, 야박하지 않은 인정으로 사람들을 대하는 것 같아 기분이 한결 상큼하다. 동네라고 하여 아무 곳이나 내다놓고 팔 수 있는 것이 아니고 각 시와 타운마다 규율이 있어 돈 거래를 할 수 있는 곳이 있고 안 되는 곳이 있다.

사람들이 많이 살지 않는 시골길을 가다보면 밭에서 나온 채소랑 과일들을 지나가는 차들을 대상으로 파는 것을 볼 수 있다. 시골길을 달리며 신선한 바람도 쏘이면 기분도 좋지만 이렇듯 농부들이 기른 싱싱한 야채와 과일을 맛보는 재미도 있어 일석이조라 할 수 있겠다. 때로는 시골 인심이라 그런지 돈을 받는 사람도 없이 가격만 표시하여 놓고는 조그만 상자만 있어 직접 돈을 넣고 물건을 가져가도록 외어 있어 인심 좋은 동네를 만난 듯 흐뭇한 기분이 든다.

화머스 마켓farmer's market은 농부가 여러 명 때로는 수십 명이 모여 각 농장에서 기른 것을 가지고 나와 한 장소에서 파는 것으로 규모가 조금 큰 것이며 이런 경우는 일주일 중 주말을 이용하여 토요일 아침 일찍부터 오후까지 연다.

미시건에서는 식물을 보존하기 위한 와일드 원스Wild one's 또는 마스터 가드너Master Gardner 그룹에서 일하고 계신 분들이 화머스 마켓에 나와서 봉사자로 일을 하며 도와주고 있다.

봄기운이 익어가는 5월 정도부터 시작하여 춥기 전 10월 말경까지 계속하여 열리며 농산물도 봄, 여름, 가을, 철마다 달라지는 특산물이 있어 제법 훌륭한 야채와 과일을 맛볼 수 있다. 왠지 모르지만 이곳에서 구입한 제철 과일은 큰 대형 식품점에서 샀던 것보다 당분이 많고 사각거리며 맛이 있다는 주부들의 칭찬이 있다. 때로는 무공해라서 그런지 모양이 조금 일그러지거나 사이즈가 마음대로 들쭉날쭉하지만 집에서 먹는 데에는 아무런 지장이 없어 환영을 받는다. 봄에는 온실에서 키운 꽃, 야채 모종이 나오고, 옥수수, 멜론, 수박, 토마토, 오이, 컬리홀라워cauliflower, 고추, 복숭아 등은 여름에, 가을에는 펌킨 호박, 국화, 사과 사이다 등이 있어 차를 타고 가다가 잠깐씩 들르는 재미가 참 쏠쏠하다.

가을 호박

어떨 때는 농사하는 사람들이 적은 면적의 밭에서 수확한 것을 가지고 나와 아침나절만 팔게 되므로 파는 양이 많지 않아 일찍 서둘러 나가야 살 수 있고 사지 못하여 발걸음을 돌릴 때도 있다. 때로는 다음 주일을 기다리며, 파는 농부와 진지한 약속도 하며 농작물작황, 일기이야기, 또는 세상 돌아가는 이야기로 이어져 다정스런 대화의 기회가 된다.

- 집 주위 가꾸기

자기 집을 소유한 사람은 으레 한쪽에 꽃과 나무를 심고 가꾸는 화단이 있다. 집 사이즈가 크면 큰 대로 적으면 적은 대로 보기 좋게 가꾸어 놓아 지나는 사람들도 눈여겨보게 된다. 화단의 크기가 커지면 정원이 되겠으나 보통 일반 가정에서는 자그마한 화단으로 주부들이 손질하기에 별 어려움이 없고 오히려 이것을 가꾸는 즐거움이 보통이 아니다. 봄이 오기 전 집에 있는 올망졸망 작은 용기를 이용하여 모종을 키우는 사람도 부지기수이며 잡지, 캐다로그catalog나 인터넷을 통하여 꽃뿌리, 씨종자를 주문하기도 한다.

이렇게 하여 색깔과 모양, 높이를 맞추어 꽃씨를 뿌리고, 모종과 나무를 심고 나면 봄부터 화단의 색깔이 제법

집관리 광고

어우러져 예쁘게 보인다. 일년초는 해마다 심어야 하지만 다년초는 전년도 가을에 뿌리를 심어두어, 배고픈 다람쥐가 파먹지 않는다면 별 문제없이 봄에 싹이 나오게 되어 있다. 정원의 면적이 클 때는 우선 꽃 구입에 돈이 들어가더라도 내년, 내후년 장래를 내다보고 다년초를 심으면 가꾸는데 신경도 덜 쓰인다.

집 주위에 작은 동물인 다람쥐, 토끼, 래쿤racoon, 스컹크skunk 게다가 사슴까지 합하여 정성스레 심어놓은 화초나, 작은 나무에 흠집을 내기도 한다. 사람들은 여러 방법으로 얕은 울타리도 쳐 보고, 약도 뿌려 보지만 야금야금 뜯어 먹어서 뿌리만 남길 때는 속이 상한다. 동물이 접근하지 못하도록 특별한 방법을 동원하게도 되는데 보기에도 괜찮은 꽃이나 화초이면서 특이한 냄새를 가지고 있는 금잔화, 페오니peonies, 고사리과 같은 종류를 심는다면 동물들이 싫어하여 근접하지 않아 도움이 될 수 있다. 사슴, 토끼의 저녁 식사로는 맛이 없거나 독이 되어 적당치 않지만 심어 놓은 꽃을 사람들이 제대로 즐길 수 있게 되는 것이다.

다른 방법으로는 울트라 쏘닉 소리ultrasonic sound와 쏠라 파워 solar power을 이용한 작은 기계를 설치하기도 하며 미시건에서 특별히 연구하여 만들었다는 리펠란트 휀스Repellent Liquid Fence라는 약을 뿌리면 6개월가량은 효과가 있다니 시도하여 보기 바란다.

어느 분은 한국 참외 씨가 생겨 심어서 보기 좋게 자라 올망졸망 참외 몇 개가 달려 아침저녁으로 물을 주며 조금 있다 수확하려고 기다리고 있었단다. 그런데 어느 날 아침에 나가보니 사슴이 와서는 식사 중이라 너무 화가 나서 돌을 던졌는데 도망도 안가고 먹고 있어 허탈하여 다시는 농사를 안 짓는다는 얘기를 들었다.

날씨가 따뜻해지기 시작하면 나뭇가지도 쳐주고 잔디도 깎아야 되며 하나 둘씩 일거리가 생겨서 일손이 바빠진다. 부지런한 주인은 아무런 문제없이 잘 진행되어 나가지만 바쁜 직장과 다른 가사일로 시간에 얽매이는 사람은 짐스러울 때가 있다. 살다보면 게으르거나, 병으로 활동하지 못하거나, 여행 중이거나, 이사 후 새 집주인이 아직 들어오지 못한 경우가 있게 된다. 이러저러한 이유로 인하여 집 앞 잔디 높이가 보기 싫을 정도로 올라와 키가 높아져 볼썽사나워지거나 정원 뜰을 제대로 가꾸지 못하게 될 때가 있다. 그런 사람들에게는 그 집이 속해 있는 시, 타운 정부에서 벌금이 부과된다. 그런 이유에서가 아니라, 자기가 사는 집 주위는 눈에 거슬리지 않도록 깨끗이 정리하여 이웃에게 폐가 되지 않도록, 이왕이면 보기에도 괜찮게 가꾼다면 더 좋지 않을까 한다. 또한 동네 그룹에는 단지 주위를 가꾸는 beautification team 자원봉사팀이 있어 동네 주민 누구든 협력하여 단지 내의 입구나 길 양켠에 꽃을 심기도, 연못을 정리하는 일들도 한다.

여름에는 동네 아이들이 잔디 깎아준다는 조그만 광고지도 보내고 겨울에는 집 앞 차고로 들어오는 길을 치워 준다고 삽을 들고 기웃거리는 아이들도 있다. 물론 전문적으로 이런 일을 하는 사람들이 있어 일을 쉽게 처리할 수 있지만 동네 아이들은 특히 일기관계로 휴교할 때나 긴 여름방학 기간에 짬짬이 시간을 내어 용돈을 벌어보겠다는 마음이 생기게 되기 때문이다. 집을 관리하는 주인들은 협조한다는 생각으로 웬만큼 나이가 들은 학생에게 부탁하면 매끄럽지는 못하나 그런대로 쓸 만하게 일을 처리해 준다.

전문적인 사람한테 정원 일을 부탁하면 일주일에 한 번씩 가정용이 아닌 상업용 큼직한 기계를 가져와서 집에서 하는 것보다 시간이 많이 들지 않고 말끔하게 잔디를 정리하여 준다. 잔디 넓이와 지형에 따라서 요구하는 금액이 달라지는데 보통 한 달에 한 번 지불하면 된다. 그리고 잔디뿐 아니라 나무도 자르고 정원 관리라 하여 모든 것을 맡아서 해주는 소규모 비즈니스도 있다. 특히 잔디에 주는 잡초를 제거하는 제초제, 또 영양분 있는 비료를 뿌린다든가, 뿌리가 튼튼하게 자라게 하는 약을 준다든가, 또 살충제를 써서 벌레를 죽이는 등 여러 가지 잡다한 일 등이 있다. 이른 봄부터 여름, 그리고 늦가을까지 정원 관리에 손길이 가야하므로 전문적인 사람에게 부탁하는 경우도 많다.

직접 집주인이 하는 경우는 인건비가 절약되고 더 많은 비료 양으로 알뜰하게 꼼꼼히 살펴주게 되므로 효과를 볼 수 있는 장점도 있다. 그러나 어설픈 솜씨로 하다가 잔디를 태우는 예가 있지만 숙달되면 그리 어렵지 않게 모든 것을 해결할 수 있다.

기온이 높아져 더울 때는 잔디나 화초에 돌아가며 제대로 물을 뿌려 주는 것도 잊어서는 안 된다. 비싼 수도 요금으로 걱정이 될 때는 바깥에서 쓰는 물, 즉 야외용은 하수도를 쓰지 않으므로 조금은 저렴하게 되므로 시의 허가를 받아 식수나 빨래 등을 하는 내수용과 구별하는 미터기를 따로 달아서 요금을 차별화하는 방법이 있다. 뿐만 아니라 물 사용료가 해마다 오르고 있어 정원이나 잔디에 물을 뿌려준다는 것이 부담이 될 수도 있다. 시에서는 물 값이 저

물 사용 제한

렴하고 대체적으로 물 사용량이 적어지는 늦은 밤이나 새벽시간을 이용하라는 권고가 있으니 그대로 따른다면 도움이 된다. 때에 따라 가뭄이 있어 강우량이 적어 물 사용을 제한할 때는 하루 건너 한 번만 주라는 시의 방침이 있기도 하니 유의하여야 한다.

　겨울에는 눈이 많이 오게 되면 집 앞의 도로는 시에서 치워주게 되어 있으나 자기 집에 속한 드라이웨이driveway는 스스로 치운다는 것은 상식적인 일이다. 눈이 많이 올 때는 집 앞의 도로에는 주차를 하지 않아야 하는 예의를 지키면, 한결 깨끗하게 눈이 치워져 지나다니는 차들의 통행이 쉬워진다는 사실도 명심해야한다. 뿐만 아니라 자기 집 소관에 있는 길이나 주위에서 부주의로 인하여 미끄러져서 일어나는 작은 사고 등이 있게 되면 집주인에게 책임이 있다. 물론 주택 보험에서 처리하게 되나 그러한 일이 없도록 조심해야 할 일이다. 추워지기 시작하는 늦가을이 되면 가정집에서는 눈을 치울 수 있는 기계 또는 삽, 길에 뿌리는 소금도 준비해야 한다. 눈이 많이 올 때는 식구들이 동원되어 즐기며 한차례 운동하는 기분으로 눈을 치운다. 또 아이들도 나와 눈사람을 만들고 눈썰매도 타며 사진에서 보는 것처럼 즐거운 가족 시간을 갖는다. 경사진 곳에서는 아이들이 눈썰매도 많이 타게 되는데 이런 경우는 헬멧을 쓰는 것이 안전을 위하여 옳은 일이다. 겨울철 운동으로 스키나 스노우 모빌 등을 즐기다 사고가 나는 것은 모두 다 알고 있는 일이지만, 집에서 아무 생각 없이 운동을 하다 다치는 경우도 많으니 언제나 안전장치를 갖추어야 한다.

겨울철에는 가끔 신문에서, 좋은 이웃을 만나 보게 된다. 나이가 들은 이웃이나 병약한 이웃을 나 몰라라 하지 않고 젊은 사람들이 나서서 그런 분들의 집 주위를 치워주기도 하여 출입하는데 어려움이 없도록 도와주는 아름다운 일이다. 이웃사촌이라는 말도 있듯이 평상시 좋은 관계를 이어오는 것도 좋으나, 서로가 바쁠 때, 어려울 때 잔디를 깎아준다든가, 눈을 치워주는 미덕으로 서먹한 이웃간에 온정을 나눌 수 있는 좋은 기회가 될 수 있으니 이런 기회가 온다면 서로 돕고 사는 것은 기분 좋은 일이다.

겨울철 눈이 올 때 눈 치우는 것이 부담스러울 때 전문적으로 치워주는 사람을 고용할 수 있는데 계약은 하기 나름이나 보통 눈이 올 때마다 매 회당 할 수도 있고 시즌으로 즉 한겨울 동안 할 수 있게 된다. 어느 것이 좋은지는 계약하는 사람의 마음이지만 눈이 많이 안 온다면 매번하는 것으로 하면 좋겠고 겨울 내내 눈이 많이 온다면 계절 계약이 낫겠으나 이와 반대인 경우로 전문적인 서비스를 하는 입장에서는 그렇지 않은 경우이다. 우선 믿을 만하고 가격도 저렴한 곳을 택한다면 그리 나쁘지는 않을 것이다. 보통 야드 관리나 잔디 깎는 회사에서 이런 서비스를 같이 하는 경우가 많으니 잔디 문제와 눈 치우는 것을 같은 회사에 맡기면 번거롭지 않고 관리하기가 수월해질 수도 있다.

여러 해가 지나면 자연히 집 바깥이나 안에 있는 페인트칠한 것이 햇볕이나 비바람에 색이 바라거나 벗겨지고 더러워진다. 이럴 때 오래 방치하면 상태는 더욱 나빠져 골몰이 흉측해질 수 있으니 그렇게 되기 전에 손질해야 한다. 바지런한 주부라면 집안의 페인트가 필요한 곳으로 손닿는 곳이나 좁은 면적은 좋아하는 색깔의 페인트로 칠하여 준다든가, 가구와 잘 어울리는 벽지를 사다 바르기도 하는데 솜씨도 솜씨려니와 시간도 많이 들고 안목이 있어야 한다.

집 바깥쪽은 높다란 사다리를 놓고 돌아가며 페인트와 간단히 고쳐야 할 것을 고치게 되나 실은 시간과 어지간한 수고를 보태지 않으면 힘들게 된다. 이럴 경우에도 집수리 전문가에게 부탁하면 되는데 인건비 등 경비가 만만치 않게 든다. 가계를 생각하여 스스로 할 수 있는 일이라면 찾아 해결하고 시간과 에너지 등을 고려하여 볼 때 도움이 된다면 기꺼이 전문가에게 맡겨 집 안팎의 일을 처리할 수 있다. 전문적인 사람한테 부탁할 때는 먼저 그 회사를 이용하였던 이웃 또는 친구의 추천도 있을 수 있으나 두세 군데를 알아보아 견적을 뽑은 다음 얼마나 또 어떻게 일을 잘하는가 보고 선택하면 좋다. 페인트는 기온이 어느 정도 올라간 다음에 칠해야 좋다고 하니 비가 많이 올 때를 피하여 봄이 무르익은 다음부터 추워지기 전까지를 택하면 무난할 것이다.

- 동네 프로그램

커뮤니티 프로그램community program인데 동네에서 활동하는 강사를 중심으로 여러 가지 종류acitivities가 많다. 컴퓨터 교실, 댄스,

요가, 수영, 승마를 비롯한 여러 가지 운동, 여행 모집, 골프, 수공예품 만드는 교실, 요리교실, 캠핑, 그림, 음악 교실 등이 가족, 어린이나 청소년, 성인을 위하여 운영되고 있다. 한국에서 구청이나 동에서 하는 것과 비슷한 것으로 프로그램에 시간과 요일, 가격, 강사 등이 자세하게 나와 있어 원하는 활동을 선택하여 저렴한 가격으로 배울 수 있는 기회이다. 각 가정으로 우송되는 프로그램은 학기 시작하기 전에 오는데 그것을 받아보고 등록을 하면 된다. 시민인 경우는 명시된 가격으로 등록이 가능하나 타 지역의 시민은 자리가 있을 때는 받아주나 그렇지 않을 때는 수강 신청을 할 수 없게 된다. 시민들이 그동안 살면서 낸 세금의 보조를 받으므로 그 동네 주민 즉 시민city resident은 저렴한 가격으로 우선적으로 대우하여 주는 것이다. 도시나 동네마다 세금의 비율이 차이가 있으며 각 시나 타운옆에서 제공되는 프로그램도 다르기 때문이다.

그렇다보니 방학 중에 인기 있는 아이들 시간은 서로가 먼저 등록을 하느라고 등록시간 훨씬 전, 문 앞에서 아침 이른 시간부터 커피 잔을 들고 서 있거나, 집에서 가져온 의자에 앉아 책을 읽거나 수다를 떨면서 줄을 길게 늘어서 있는 것을 볼 수 있게 된다. 그러니 한국이나 미국이나 아이들을 위한 부모의 마음은 어디서나 마찬가지이다. 먼저 등록을 하기 위하여 애쓰는 모습은 극성이다 싶을 정도로 아이들에게 정성을 쏟는 것을 볼 수 있다. 요즘은 전화나 팩스fax 또는 인터넷으로도 등록이 가능하나 모든 프로그램이 그런 것은 아니고 종류에 따라 다르고 또는 특정한 기일 안에만 등록이 될 수 있는 것도 있으니 어느 것이 가능한지 아닌지를 주의 깊게 눈여겨보았다가 본인이 가장 쉽고 마땅한 방법을 택하면 된다.

강사들은 프로그램을 마치고 수강한 아이들과 함께 학교 강당 같은 큰 무대나 전시할 수 있는 장소를 빌려서 때로는 발표회나 전시회를 연다. 계속하여 배우게 된다면 좋은 작품을 만들어 남한테 보여줄 수준에 이르게 되며, 이런 발표회, 전시회에 참석하는 아이들은 자부심을 가지게 되어 즐거워한다. 그뿐 아니라 이런 프로그램으로 어린이들의 재능을 발견할 수 있는 우연한 기회가 되어 유명한 예술가가 되기도 한다.

- 월동 준비

교통 사정이 좋지 않거나 전기문제로 인한 경우를 대비하여 정말로 눈이 많이 오는 지방은 10월 말 경이나 11월부터는 깡통can 음식, 마른 음식, 인스턴트 음식과 어느 정도의 가스를 별도로 준비하여 놓는다. 그리고 집 밖 한켠에는 벽난로에 땔 나무를 쌓아 놓은 것을 볼 수 있는데 눈이 많이 와서 전선이 끊어질 경우를 대비하여 난방에 도움이 되도록 하는 것이다. 상점이나 큰 빌딩에서는 발전기 portable generator를 준비하여 놓고 굳은비나 눈이 오는 날에 전선이 끊어질 경우 즉각 사용할 수 있도록 대비한다. 뿐만 아니라 눈이 몇일 계속 된다는 예보가 있으면 동네 식품점에는 밀크, 빵, 쥬스, 시어리얼 등 주식 품목과 아기에 필요한 용품이 불티나게 팔리고 주유소에는 차들이 비워져있는 가스탱크를 채우려고 줄을 잇게 되는 경우도 볼 수 있게 된다. 보통 가정에서는 눈이 쌓여 얼게 되는 것을 막기 위하여 길에 뿌릴 수 있는 소금을, 눈을 치울 수 있도록 눈 치우는 기계snow blower를 점검하여 놓거나 삽을 준비하여 놓는다. 또한 항상 쓰는 자동차에는 외출 중에 차에 쌓인 눈과 얼음을 제거 할 수 있는 간단한 도구인 스크랩퍼scrapper를 넣고 다니다 필요할 때 요긴하게 쓰도록 하고 있다. 또한 겨울철 장거리를 운전할 때는 가스를 여유 있게 채우고, 조그마한 담요나 간편한 간식거리도 차에 준비하고 다니는 것이 좋다고 추천한다.

일기변화에 따르는 한 예가 생각나는데 미국인들의 직업적 서비스 정신이 얼마나 훌륭한지 그들의 자세를 본받아야 할 것 같은 느낌이 들어 얘기하여본다.

언제인가 눈이 상당량 올 거라는 예보에, 근처에 있는 몇 개의 병원에서는 멀리 사는 직원들을 위하여 출퇴근이 가능하도록 병원 내에서 최대한의 편리를 베풀어 음식을 준비하며 잠자리를 마련하는 것을 보았다. 혹시나 그날 출근하지 못하여 일어날 수 있는 직원들의 부족으로 환자 돌보는 것에 차질이 없도록 부지런히 배려하는 것이었다. 환자에게 일어날 수 있는 문제나 불편은 천재지변의 일로 인하여 병원에결근한 직원부족이라는 핑계로 책임회피를 하지 않는 것이다. 그러니까 직원들이 집에 오가지 못하여 일어날 수 있는 모든 상황과 불편함에 병원 측에서는 편의와 성의를 보여주며 환자에 대한 우려와 서비스를 우선적으로 내세우는 전문적인 직업정신이라고 생각되는 좋은 예가 된다.

- 토네이도Tornado 요령

봄가을에 토네이도가 오는 곳에서는 때때로 기상청 예보가 있다. 연이어 라디오나 텔레비전 방송에서 피신하라는 경보음이 울리게 된다. 이럴 때는 집이나 빌딩 안에 있는 주민들은 전기로 사용하는 것이 아닌, 배터리batteries로 쓸 수 있는 라디오와 손전등을 가지고 창문이 없는 사방이 막힌 곳인 지하실이나 클로짓closet, 또는 화장실로 재빨리 가야한다. 만약 바깥 장소에 있다가 이런 일이 있다면 평상시 보아둔 곳인 대피소가 있는 공공건물로 피해야 한다. 실내로 들어가서는 몸을 낮추고 라디오를 들으며 경보가 해제될 때까지 기다려야 한다는 것은 미국 중서부에 사는 주민은 물론 어린아이들도 유치원 시절부터 학교에서 배워 익혀온 습관이며 지켜야할 사항 중의 하나이다.

이런 경우에 신속하면서도 차분하게 실행하는 것은 오래된 습관의 하나로 질서 있는 미국 시민들의 한 모습이라고 할 수 있다.

- 세금 보고

4월이 되면 영주권자를 포함하여 모두들 세금 보고로 바쁘게 된다. 보고 마감일은 4월 15일 자정까지이며 이 날이 되면 사람들은 우체국에 줄을 지어 보고서를 보내느라 분주하다. 우체국 직원들은 아예 우체국 마당에 나와서 조금이라도 먼저 보고서를 제출하려고 줄지어 서 있는 차 안의 사람들에게 손을 내밀어 보고서를 일일이 받고 있다. 사람들이 우체국 안에 들어오는 번잡스러움도 덜어주며, 짧은 시간동안 더 많은 사람들이 보고서를 제출하도록 지나는 자동차들 하나하나의 창문을 통하여 받는 것이다. 법을 지키려는 시민들은 마지막 시간에 맞추느라 정신없이 우체국으로 모여든다. 당연히 4월 15일 이전에 보고서를 작성하여 제출한다면 서두르지 않고 할 수 있으나 마지막까지 기다리어 부과되는 세금을 조금이라도 늦추려는 심리도 한몫을 하게 되는 것이다. 그렇지만 일찍 보고하게 되면 연초에 1년 동안 예측하였던 것보다 많이 낸 세금을 빨리 돌려받게 되니 일찌감치 보고한다하여 나쁘지만은 않고 개인의 사정에 따라 보고 기간을 선택할 수 있다. 반대로 너무 늦장 부리다 보고를 늦게 한다면 기일을 못 맞추어 그 대가로 벌칙인 페널티penalty를 받게 되어 오히려 손해 보는 경우가 있으니 정해진 기일 안에 꼭 내도록 한다. 부득이한 경우로 기일 내에 보고가 어려운 경우는 담당 회계사와 상의하든가 하여 늦게 보고해도 패널티가 없도록 규정에 있는 것을 참작하여 미리 IRS에 알려 간단한 보고로 기일을 얼마간 늦출 수 있다

 예로, 비즈니스를 하는 분들이 실제로 하는 얘기를 들은 일이 있는데 세금보고 때가 되면 IRSinternal revenue service에서 돌아온 수표를 쓰는 사람들이 제법 있어 비즈니스가 반짝하는 호경기를 누린다고 한다.

 세금보고 용지는 도서관이나 우체국에 비치되어 수수료 없이 가져와 쓸 수 있는데 예전에는 우편으로 각 가정에 배달되었다. 요즘 은 인터넷 온라인on line으로 집에서 작성하면 되도록 용이해졌다. 그러

나 보고해야할 내용이 너무 복잡하거나 이런 저런 이유로, 또 시간이 없는 사람은 자세하게 보고할 내용을 준비하여 믿을 수 있는 전문 회계사Certified Public Accountant에게 맡기고 부탁하면 수월해진다. 물론 이럴 때는 개인의 사생활이 직접, 간접적으로 타인에게 노출되고 또 그런 서비스에 상응하는 수수료를 내야한다는 점이다. 집에서 직접 보고서를 작성할 때는 한 줄 한 줄 하라는 대로 따라하면 되지만 시간이 걸리는 것은 부인하지 않을 수 없다. 새해가 되면 상점에는 보고서를 작성하는데 도움을 줄 수 있는 가이드가 될 만한 책자나, 시디CD를 팔고 있어 구입하여 그해의 보고에 관계되는 새로운 사항이나 바뀐 점 등 자세한 내용을 살펴볼 수 있다. 세금 보고 전에 해야 할 일로는 1년 동안 일하며 얻은 소득W-2 증명, 은퇴자료 401 K Form는 물론 세금 낸 영수증, 각종 사회봉사 기관에 기부한 영수증, 학교나 종교기관에 기부금 낸 영수증, 임대하여 얻은 수입, 기타 세금 보고에 필요한 영수증을 준비하여 놓으면 보고서 작성에 시간적으로 보탬이 된다. 그러니까 항시 1년 내내 잊어버린 영수증이나 서류가 없도록 세금 보고 서류철을 만들어 빠짐없이 수시로 모아 놓으면 허둥대지 않고 보고서를 작성하는데 도움이 된다.

    세금 보고서를 작성할 때 필요한 서류는 매해 연초가 되는 1월 또는 2월 중에 각 직장의 수입 내역, 은행의 이자내역서, 기타 수입이 있었던 곳과 기부한 곳에서 우편으로 각 가정에 우송되어져 4월 15일까지 보고하도록 도와준다. 세금 보고하기에 시간적으로 너무 늦게까지 영수증이나 기타 필요한 서류가 도착되지 않았다면 서류를 발행하여 주는 곳에 직접 연락하여 받도록 한다. 또 법적으로도 당연하게 세금 보고에 필요한 서류를 정한 기일 안에 보내게 되어 있으므로 개인적으로 요구하여도 당연하게 여긴다.

미국에 거주할 수 있는 영주권자나 시민, 해외에 거주하더라도 세금 보고의 의무가 있는 사람이 제때에 하지 않아 나중에 IRS로부터 벌금을 받거나 처벌을 받지 않도록 정확한 보고서를 제출해야 한다. 보고를 한 후에도 법적으로도 7년 동안은 보고서를 보관하여 IRS에서 감사audit를 불시에 하더라도, 언제든 준비가 되어 있도록 한다. 기한이 지났다고 일단 제출되었던 보고서 복사본copy을 버리는 일이 있어서 불이익을 당하지 않도록 해야 한다.

가끔 들려오는 얘기로, 보고를 정확하게 하지 않아 내야할 세금에 이자는 물론, 추징금까지 내게 되어 정말로 힘들게 된다고 한다. 만약에 그런 일이 있게 되면 선량한 미국 시민으로서 자질에 흠집이 될 수 있는 일이기도 하다.

- 페스티발Festival, Fair

여름이 되면 카운티, 또는 주에서 주최하는 훼어 또는 카니발carnibal이 열리는 것을 볼 수 있다. 아이들이 좋아하는 것으로, 돌아가며 타는 구기놀이, 오르락내리락 하며 타는 기구, 작은 동물 우리, 상품이 걸려 있는 여러 가지 게임, 핫도그 & 팝콘 스탠드, 아이스크림 스탠드, 색색

페스티발 동물농장 풍경

겨울 페스티발 풍경

의 풍선, 흥겨운 음악 밴드, 우숫광대clown 등이 있다. 거기에 덧붙여 많은 사람들까지 모이게 되어 흥청거리고, 시끄럽기도 하지만 재미도 있다. 훼어나 카니발은 여러 가지 즐길 수 있는 오락 종류들이 모이고 시끌벅적 며칠씩, 길게는 일주일 동안 한 장소에서 열린다. 어린아이, 어른 할 것 없이 어깨를 들썩이며 즐기는 풍경은 보는 사람도 덩달아 기쁘게 되어 같이 동참하게 된다. 이렇듯 여름 한철 주민들이나 멀리 이웃 동네에서 나온 어른, 아이들이 아침부터 밤늦도록 노는 것은 아마도 무슨 볼ball 게임이나 콘서트concert 아니면 볼 수 없는 일이다. 사용하지 않는 넓은 광장이나 평평한 곳이 많은 시골 동네에서 흔히들 하는데 보통 주차비를 내고는 별도로 조그만 티켓들을 사게 된다. 티켓을 내고 해보고 싶은 게임도 하며, 한켠에 있는 작은 우리 안의 가축도 만져 보고 또 먹이도 줄 수 있도록 염소, 돼지, 양, 닭, 조랑말들이 있다. 이런 때는 특히 가축을 키울 수 없는 도시에 살고 있는 어린이들에게는 흥미로운 자연 공부의 기회가 되기도 한다. 각종 게임을 한 후 상품을 타서는 보란 듯이 들고 이쪽저쪽 기웃거리며 하루 종일 시간이 가는 것도 잊은 듯 서로들 즐거운 표정들이다.

때로는 날씨가 추운 겨울철에도 타운이나 도시에서 겨울 페스티발winter festival, 윈터 블라스트winter blast, 아이스 페스티발 등으로 사람들의 흥미를 모으기도 한다. 눈조각, 눈썰매, 스케이트, 눈미끄럼 타기, 개가 끄는 썰매 타기, 마차 타기, 스노우빌 타기, 칠리 쿠킹chillicooking 콘테스트 또는 맛보기chili tasting 또는 와인 맛보기wine tasting 등등이다. 추운 것도 잊은 채 때로는 활활 타고 있는 장작불을 쬐면서 게임도 하고, 바람막이 텐트 안에서 밴드소리에 맞추어 어깨춤도 추면서 갖가지 음식을 먹어보며 또 미술품을 감상하는 기회도 있어 유익하고 재미있는 시간을 보낸다.

- 여가 시간

시간이 있을 때는 집에서 음악을 들으며 독서를 하면서 여유로움을 즐길 수도 있으나 밖에 나가 활동할 수 있는 일들도 참으로 다양하다. 극장을 가서 팝콘을 먹으며 명화를 볼 수 있으며, 승마, 수영, 정구, 야구, 조깅, 미식축구, 골프, 아이스하키 등 운동을 참관할 수도 있고, 직접 참여하여 즐길 수도 있다. 때로는 음악회, 박물관, 미술관, 연극, 뮤지컬을 보며 교양도 쌓을 수 있다. 조금 한적한 시골 동네에서는 저녁시간이 되면 식사 후 가족과 여러 가지 일들을 할 수 있겠으나 일주일에 하루 정도 시간을 내어 동네 타운홀이나 교회, 성당에서 빙고 게임을 하기도 한다. 대부분의 이런 게임은 상금이 저렴하여 사행성 없이 재미로 하거나 체리티에 보내지게 되며 또 조그만

디트로이드 미술관

사과따기

단체나 교회, 성당에서 하는 빙고게임은 엄지와 검지로 원을 만들어 보이는 사인인 오케이OK로 인정되어 법에 저촉되지 않는다는 얘기다. 덧붙여 이런 사인은 한국에서 흔히 뜻하는 돈이라는 것과는 다르다는 것을 알고 있으면 때에 따라 상대방과 서로 말을 주고받지 않더라도 이해하는데 도움이 되기도 한다.

　8월 말경 늦은 복숭아 철이 지나고 가을이 되어 10월 중순이 되면 사과가 새로 나오기 시작한다. 이맘때쯤 되면 넓은 밭에는 잘 익은 노란 펌킨pumpkin 호박이 보기 좋게 누워있고 각종 베리berry 종류가 끝물이 되나 겨울 철새들을 위해 남겨 놓는다. 초등학교 저급 학년에서는 휠드 트맆field trip이라 하여 각 반별 단체로 펌킨 밭을 찾아가 할로윈 때 쓰일 호박을 고르는 행사가 있다.

　호박만 고르는 것이 아니고 사과도 따고 사과사이다apple cider를 마시고, 사이다 도넛, 캬라멜 사과, 핫도그, 브라우니, 파이, 과자 등을 먹으며 재미있는 하루를 보낼 수 있다. 농장에서 키우고 있는 여러 가지 가축들도 만져보고, 짚을 깔은 농장 마차도 타보고, 사과로 사이다 만드는 공정도 놓치지 않고 보며, 키가 커다란 옥수수 밭에 들어가 꾸불거리는 미로를 헤집고 다니는 특별한 체험을 해보는 셈이다. 가을에 있는 행사로 초등학생 뿐 아니라 가정에서도 식구들과 친구들과 어울려 사과 따러 가자며 일부러 시간을 내어 다녀오기도 한다. 밭에 들어가 얕은 키의 나무는 힘들이지 않고 딸

수 있는데, 때로는 나무 높은 곳까지 사닥다리를 놓고 기어 올라가거나, 장대를 이용하여 맘에 드는 사과를 따는데 그 재미가 그만 일뿐 아니라 옷이나 종이에 쓱쓱 문지른 사과를 나무 아래서 먹는 것은 정말로 맛있고 잊혀지지 않는 시간이 될 수 있다.

박물관 야외풍경

봄에는 딸기밭을 찾아가는데 싱싱한 딸기를 눈에 보이는 대로 따서 그릇에 담는 것은 생각보다 쉽지 않다. 요령이 생겨 아침 일찍 밭에 가면 땀을 흘리지는 않겠으나, 해가 중천에 있을 때 나가면 더워서 땀도 땀이지만 붙어 다니는 모기들 극성에 보통 일이 아니다. 딸기 밭에 나가려면 모기나 벌레 방지 스프레이 또는 테이프, 약을 바르고 나가면 한결 수월해진다. 그러한 수고 없이 싱싱하고 달콤한 딸기를 먹겠다는 것은 욕심쟁이라고 해야 될 것이다. 하지만 따는 재미에다 아침 이슬에 살포시 젖은 싱그런 딸기 맛을 경험하지 않은 사람은 모를 것이다. 겨우 내내 집안에 움츠리고 있다가 상쾌한 바깥바람을 쏘이며, 자연이 숨 쉬는 소리를 들으면서 봄 기온을 피부로 느낀다는 것도 건강상에도 좋은 일이다.

미시건은 일조량이 충분하고 물이 맑고 공기가 좋아 과수원이 곳곳에 많다. 덕분에 주민들은 계절에 맞추어 봄에는 딸기, 베리 종류, 여름이 시작된다 싶으면 체리, 초가을부터는 사과 종류, 늦가을에는 펌킨이 나오므로 식구들, 친지들과 과일을 따러 가는 기쁨을 맛볼 수 있다.

도로의 사슴 주의 사인

늦은 가을이 되는 11월은 사냥 시즌이다. 먼저 활로 쏘아하는 사냥으로 야생 터키, 새, 토끼, 식용 다람쥐, 사슴 등을 잡을 수 있다. 이어서 총을 가지고 할 수 있는 시즌이 약 2주가량 허용되는데 허가증을 받아야하며 무작정 잡을 수 있는 것이 아니고 정해진 규정이 있다. 이렇듯 사냥을 허용하는 것은 많이 번식되는 야생 동물의 숫자를 조절할 수도 있지만 동물들이 곧 수확하게 되어있는 농사를 망가트리거나, 먹어 치우는 일이 많아 농부들에게는 큰 골칫거리가 되기 때문이다. 또 무심하게 달리고 있는 자동차에 속절없이 달려드는 사슴들로 인하여 차를 손상케 되며 운전자들에게도 대단히 위험하기 때문이기도 하다. 사냥 시즌이 다가오면 사냥터 근처에 있는 농가에서는 미끼가 될 수 있는 당근, 옥수수 등을 내어놓고 팔기도 한다. 사냥꾼들은 그것을 구입하여 미리 보아둔 장소에 흩어 뿌려 놓고 동물들의 움직임을 주의 깊게 보게 된다. 그리하여 진작 허가된 날이 시작되자마자 동물의 행동반경을 보아둔 곳에서 기다리고 기다리던 사냥을 하게 된다.

　사냥터에서는 때로는 너무 흥분한 나머지, 동료 사냥꾼을 동물로 오인하여 총을 쏘든가 오발로 인한 불상사도 일어나므로 많이 조심을 해야 한다. 특히 옷차림은 아주 밝은 상의를 입든가 모자를 써서 서로 간에 눈에 띌 수 있도록 한다. 이런 철에는 근처의 상점이나 주점, 음식점, 호텔, 모텔은 분주하게 되며 여름 휴가철 이후 모처럼 많은 사람들로 동네는 활기를 띠게 된다. 동물을 잡게 되면 요리하여 쓸 수 있도록 고기를 처리processing 하여 주는 곳도 있으며, 집에 가져와서는 햄버거, 스테이크, 바비큐로 하여 먹을 수 있어 냉동실에 넣어놓고 1년 내내 두고 조금씩 꺼내어 요리해 먹으며 즐기기도 한다.

눈이 오는 계절에는 눈이 덮인 풍경이 그림처럼 아름답지만 겨울철 운동을 즐기는 사람은 누구보다 더 좋아하게 된다. 크로스컨츄리 스키crosscountry ski, 다운 힐downhill 스키장은 성업을 이루게 되며, 특히 북쪽 강설량이 많은 곳에서는 스노우 모빌snow mobile이 교통수단이 되기도 하고 즐기는 스포츠가 되어 많이들 타게 된다. 조금 남쪽에 살면서 겨울 스포츠를 즐기는 사람들은 휴가를 내어 눈이 많은 한가한 농촌을 찾아 북쪽으로 스노우 모빌을 타러간다. 크로스컨츄리 스키는 동네 공원이나 골프 코스에서도 가능하며 다운 힐 스키는 대부분 번잡한 시내와 떨어져 있는 스키장을 이용하게 된다. 다운 힐 스키는 티켓을 당일 하루 또는 시즌으로 구입할 수 있으며 때로는 패키지package를 이용하게 되면 집에서 멀리 떨어져 있는 곳의 스키장을 이용할 때, 스키 리프트ski lift 요금과 호텔 숙박비도 포함되는 경우도 있다. 스노우 모빌은 거리가 길어야 하므로 도시보다는 야산이나 면적이 넓은 한적한 시골 동네로 가게 된다. 이때도 마찬가지로 여러 날을 외부에서 지내게 되므로 당연히 머무는 곳 근처의 비즈니스에 큰 영향을 주게 되므로 동네 사람들은 외지인들을 매우 환영하게 된다. 스키에 필요한 장비는 본인의 것을 사용하게 되지만 준비가 안 된 사람은 현장에서 사용료를 내고 빌려rent 쓸 수 있다.

근래에는 많이들 골프를 하지만 예전에는 지나는 말에 골프 과부라는 얘기가가 있었던 때가 있었다. 이처럼 사냥이나 스노우 모빌은 주로 남정네들이 좋아하며 집을 떠나 친구들과 모여 즐거운 시간을 보내고 돌아오는 일이 흔하다. 근래에 와서는 사냥철에 아들과 딸을 대동하고 다니는 일들도 있어, 신문에 가끔은 사냥하기에는 나이가 많지 않은 아이가 몇 개의 뿔을 가진 사슴을 잡았다고 사진과 함께 자랑스러워하는 기사가 나오기도 한다.

제법 오래된 친구가 겨울철이 되면 스노우 모빌 여행을 계획하느라 남편이 장시간 전화를 붙잡고 흥분하여 친구들과 떠드는 모습이 마치 수다 떠는 여인들 같다고 흉보던 생각이 난다. 아무튼 겨울 운동은 재미도 있겠으나 위험한 일이니 꼭 안전수칙을 지켜 즐거운 행사가 되도록 하여야한다.

- 취미 골프

건강에 관심을 가지다보면 여러 가지 운동을 하게 되는데, 미국에서 손쉽게 할 수 있는 것 중의 하나가 골프다. 한국서 오래 살다 이곳에 온 사람들이나 또는 업무적인 일로 잠깐 살기로 작정한 사람들의 이유와 변명도 되기도 하지만 골프는 쉽게 접할 수 있다는 것이 사실이다. 골프장 안에 주택을 구입하여 집 뒷마당이 골프 코스가 되며, 살고 있는 동네에서 가까운 곳은 10분에서 1시간 정도의 거리에 골프장들이 있으니 골라가며 적당한 시간에 맞추어 나가 즐길 수 있다.

골프장 카트

큰 도시에 살고 있는 사람들은 아무래도 운전 시간이 더 걸리고 티 오프tee off 시간을 자기 계획에 맞추어 예약하기가 작은 도시에 거주하는 사람보다는 조금은 어렵다고 한다. 그러나 한국처럼 시간과 경제적으로 여유 있는 사람들의 사치운동이라 여기지 않는 이유가 골프장이 곳곳에 있으며 골프비용golf fee도 천차만별로 저렴한 곳부터 어지간하게 고가인 곳도 있다. 그러나 그다지 경제적으로 부담되지 않는 곳도 많으니 기분도 좋은 일이며 덧붙여 건강에도 좋다는 운동도 하게 되는 것이다. 개인이 운영하는 사설, 시나 타운 옆, 카운티에서 운영하는 곳들이 있어 비용도 약간의 차이가 있게 되며 클럽 운영도 다르다. 나이가 든 연장자들과 여성 골퍼들을 위한 혜택discount도 있고 주중과 주말, 시즌 시작 전 봄에나, 시즌 후 가을에는 조금 저렴한 비용을 내게 되므로 시간적 여유가 있는 사람은 구태여 바쁜 시간인 주말에 나가지 않아도 되는 것이다. 예약을 할 때는 골프장마다 다르지만 일주일 전, 며칠 전 또는 하루 전에도 할 수 있다.

교통체증 등을 고려하여 일찌감치 집을 나서 예약시간 전에 미리 도착하면 허둥대지 않고 기분 좋게 시작할 수 있으며 같이 치는 다른 사람한테는 기다리게 하는 실례를 하지 않게 된다.

사설 골프장인 경우는 제 아무리 비용을 많이 낸다하여도 무작정 들어가 골프를 칠 수는 없고 회원인 사람과 동행하여야 한다는 것은 다 알고 있는 사실이다. 골프클럽 회원제membership 가 있어 회원 되는 사람은 상당한 회비와 클럽에 부수되어 있는 식당, 휴게실 사용비를 내는 것은 물론이다. 그러나 명성 있는 사설 골프 클럽에서는 규정에 있는 절차에 따라 회의를 거쳐 심사숙고하여 회원으로 받아들인다. 예전의 일로 매스컴에, 골프장 회원 문제로 기사화되어 오르내리는 것을 보았는데 회원권을 신청한 사람이 주위에 명망 있는 인사로 으레 회원이 되리라는 예상이 빗나가 놀라웠던 일이다. 여러 가지 이유가 있었으나 그중 하나는 백인이 아니었다는 얘기가 있었다. 골프장 숫자도 예전과 달리 많아져 회원권 문제가 어렵지만은 않지만 사업상 또는 개인의 편나 특별하게 개인생활에 필요하다면 회원권이 필수가 될 수 있다. 사설 골프장 회원권은 딱히 한국의 부동산처럼 아무에게나 사고파는 수단이 되지 않으니 심사숙고해야 한다. 신문에 나온 기사를 읽었는데 부동산 침체와 불경기로 사설 골프장의 운영이 힘들다고 하며 클럽 회원이 많이 줄어 관리가 어려워 도산하는 경우가 꽤나 있다고 한다. 그러므로 덩달아 골프 회원권 금액이 예전과 달라 경기침체 전보다 많이 내렸으며 까다로운 규정도 많이 완화되었다는 얘기이다.

공공 골프장에 가면 몇 홀 즉 9홀 아니면 18홀을 치느냐, 카트 cart를 타느냐, 연장자인가에 따라 골프 비용이 달라지는데 카트를 꼭 타야하는 곳도 있으며, 아니면 선택을 할 수도 있다. 때로는 잔디 관리하느라고 일기상황에 따라 카트가 다닐 수 있는 길에만 갈 것을 요구하며, 90도 직각 방향으로만 다녀야 하는 것과. 아니면 꼭 걸어서 쳐야한다는 지시사항이 있을 때는 그대로 따라야 한다.

또 대부분의 골프코스에는 캐디가 없는 것이 한국과 다른 점 중의 하나이다. 기본적으로 지켜야할 예의manner도 많지만 다 얘기할 수는 없고 흔히 실수할 수 있는 조그만 일이라도 먼저 남을 배려하고 조심하여 같이 치는 분들이나 주위의 골퍼들에게 서로 존경하고 받게 되기를 바란다.

대부분의 골프코스에는 클럽 하우스가 있어 홀에서는 세미나, 회의, 결혼식 또는 피로연 등을 할 수 있으며, 골프 도중이나, 후에 간단한 식사부터 음료, 저녁까지 먹을 수 있게 되어있다. 한국 골프장에는 그늘집이 있어 골퍼들의 사랑을 받고 있으나, 이곳에는 이동 카트가 있어 간단한 샌드위치, 핫도그, 맥주나 물, 스포츠 음료수를 준비하여 전체 코스를 다니며 팔고 있어 라운딩rounding 도중에 구태여 클럽하우스를 찾지 않아도 간편하게 이용할 수 있다. 이동 카트에서 음식을 주문할 때 코스를 오가는 사람의 노고를 생각하여 음식 값보다 봉사료를 조금 덧붙여 준다면 좋지 않을까 생각한다.

또한 곳곳에 사설이 아닌 공중 골프장에서도 시작하기 전 골프카트에 골프채를 카트에 실어다 주고, 끝난 후에 닦아서 자동차로 옮겨주는 도우미가 있어 봉사료를 주어야하는 곳이 있다. 이처럼 골프장에서 도우미하는 사람들은, 여름방학 중인 학생들이 나와서 용돈을 벌고 있는 일이 많으므로 지나치지 말고 봉사료를 주어 학생들의 기분을 도와주는 좋은 하루가 되기를 바란다.

골프장을 운영하는 친구분의 얘기인데, 골프장 안에 있는 클럽의 음식이 아닌 것을 밖에서 준비하여 가지고 와서 라운딩 중간에 먹는 것은 그렇다치고 먹고 남은 쓰레기를 함부로 버리는 일도 있고,

내기 골프를 하다 싸움이 나서 볼썽사납게 다치거나 언성을 높이는 일이 있다고 한다.

그리하여 그런 일이 있었던 골프코스에서는 무례한 한국인들 때문에 예약을 받지 않는다는 믿지 못할 일도 일어난다고 한다. 아무튼 미국은 쉽게 골프를 즐길 수는 있으나 기본적인 예의를 지켜준다면 더욱 좋을 것이다. 워낙 목소리가 큰 한국인이 많지만 큰소리로 떠들고 얘기하여 싸우는 듯한 인상으로 옆 사람은 물론 다른 팀들에게까지 들리게 되면 실례되는 일로, 골프 치는 사람들의 기분과 분위기를 해치는 일이 없도록 각별한 주의를 하였으면 한다.

- 예약과 약속

모든 일에 질서와 규칙이 있듯이 친구나, 사업상, 병원, 의사와의 예약을 비롯하여 가깝게는 가족 간에도 약속을 해야 하는 일이 많다. 시간이나 날짜 같은 개념을 비롯하여 주거니 받거니 하는 것이 될 수도 있고 상식적인 마음의 약속mutual agreement도 있을 수 있지만 주로 얘기하는 것은 시간의 약속이나 예약을 말하여 보기로 한다. 보통 해도 되고 안 해도 무방한 식당, 영화관을 비롯하여 병원 갈 때, 사업상의 약속, 음악회, 쇼, 비행기 티켓구입처럼 필히 해야 하는 것도 있다. 근래에는 편하게 인터넷으로 여행 가고자하는 곳의 호텔 예약을 하기도 하고 극장의 쇼나 음악회, 운동 경기, 스키 티켓 등도 살 수 있다. 어떨 때는 예약한 경우가 문전에 가서 구입하는 것보다 약간은 저렴할 수도 있고 느긋이 시간에 맞추어 도착하여 주위의 여러 가지 일어나는 일이나 전시회 같은 것을 즐길 수 있는 장점이 있다.

예약 문화를 바로 이해하고 잘 이용하면 여느 사람보다 시간적으로도 앞서가는 생활을 할 수 있게 되며 시간을 잘 지킬 수 있는 문화인이 될 수도 있다. 이렇게 예약을 하거나 지키면 쉽고 편하게 지낼 수 있으나 반대로 약속을 지키지 못하여 일어날 수 있는 상황을 보면 당황스럽게 되며 실없는 사람이 되기 십상이다. 특히 약속과 예약이 어떠한 일로 인하여 지켜지기 어렵게 되면 그것을 취소한다는 내용을 전화라든지, 메모, 이메일로 하루 전이나 또는 그 이전에라도 미리 알려서 양해를 구하여야 하며 다시 새로운 예약을 하는 것이 상식이며 바람직한 일이다. 때로는 어느 의사 사무실 같은 곳에서는 규정에 의하여 이유 없는 예약 취소에는 그에 따른 벌칙금도 있다는 것을 알고 있으면 도움이 된다. 다만 일기관계, 사고 또는 위급한 상황으로 인한 피치 못할 경우는 예외가 되기도 한다.

시간개념 때문에 웃지 못할 일이 생긴 경우를 보았는데, 평소 알고 지내던 친구는 미국에서 어려서부터 교육받은 한국인 2세로 사회에 나가 직장생활을 오랫동안 하다 잠깐 쉬고 있는 분이었다. 그 친구와 어떤 일로 인하여 다음 주일 어느 날에 점심 약속을 하자고 하였더니 곤란한 듯이 못하겠다고 대답을 한다. 지금은 먼저 약속된 것이 있어서 다른 분의 전화를 일주일 내내 기다리고 있다고 하면서…. 어떤 자리에서 다른 분이라는 사람이 다음 주일쯤 점심을 같이 먹자고 말을 해서 그러겠다고 대답하였단다. 보통 한국인들은 무심결에 지나치는 말들을 너무 많이 하는데 이 친구는 그 말을 너무도 진지하게 받아들여 아무런 대책 없이 전화를 기다리고 있었던 것이다. 나아가 친구는 그동안 이곳 생활에서 늘 해오던 습관으로 남과의 약속은 철저하게 지켜주는 것이 몸에 밴 미국식 사고방식이었다. 아무튼 이런 상황은 심각한 일이 아니라서 별 탈 없이 웃고 넘길 수 있었으나 중요한 약속은 진지하게 또 지켜야하는 것이 예의이며 도리인 것이다.

예로 한국에서 사업을 하며 살고 있는 분이, 며칠 후에 미국을 가게 될 테니 이러저러한 일을 비즈니스 차원에서 도와달라는 전화가 왔다고 한다. 이것은 현지의 사정을 관념치 않는 상식적이지 않은 처사이며 한 번쯤은 생각해 보아야할 문제이다. 자기사업은 중요하며 부탁하는 비즈니스 상대방의 형편은 고려치 않고 일방적으로 통보하는 식의 태도는 미국에서는 용납되지 않는다. 그분을 위하여 항시 시간을 내어놓고 비즈니스 하기를 원하는 회사나 사람은 없을 뿐 아니라, 미국의 비즈니스 구조나, 상대방에 대한 예의를 개의치 않는 것으로 상당히 조심해야 할 일 중의 하나이다.

비슷한 예로 한국 친지나 친척들은 이곳에 사는 사람들은 어떠한 계획도 없이 지내는 것 같이 생각하는지 마음대로 자기들의 스케줄에 맞추라는 식으로 미국 방문을 갑자기 통보하는 일이 있다. 급한 상황이 아니라면 상대편의 계획을 고려하여 적어도 몇주 전이라든가, 아니 빠르면 빠를수록 이른 시기에 알려주면 비즈니스 사정상, 개인의 형편에 따라 도움이 될 줄로 안다. 이곳 사람들은 가능한, 모든 계획을 하기 전에 미리 일정을 의논하여 주는 것을 당연시 여기고 있고 그렇게 하기를 원하고 있다. 그래야 방문객을 맞아들이는 쪽에서도 직장이나 사업 근무 시간을 조정할 수 있는 충분한 시간적 여유가 있게 되어 모처럼 먼 길을 오시는 분들에게도 편의와 호의를 베풀어 즐거운 여행이 될 것이다. 일례로 미국 직장의 1년 휴가계획을 새해부터 제출하는 곳도 있다.

예약이나 약속은 이처럼 미국생활이 계획적이며 질서 있게 돌아가는 한 면이라 볼 수 있으며 이것이 흐트러트릴 때 개인적으로는 예의 없고, 신용 없고, 이기적이고 독선적인 사람이 될 뿐만 아니라 나아가서는 무질서한 사회가 되지 않을까 생각된다. 자기가 불편하더라도 남과의 약속은 지켜서 부드러운 관계를 갖도록 하며 지켜질 수 없는 약속으로 인하여 타인에게 폐나 해가 되지 않도록 주의하는 습관이 있었으면 한다. 지켜질 수 없는 시간 약속은 미리 알려주어 남의 시간도 내 시간처럼 아껴주는 마음이 있으면 아름다운 관계가 계속될 것이다.

- 음식주문과 배달

한국에서는 배달되지 않는 것이 없을 정도로 음식 배달에 대해 좋고 나쁜 점을 많이 알고 있는데 이곳 미국에서도 피자나 샌드위치 등을 주문하는 일이 있다. 어느 피자점에서는 시간을 다투듯이 재빨리 배달한다는 광고도 하지만 주문해서 그리 시간이 걸리지 않고 원하는 것을 받을 수 있으니 편리한 것이다. 뿐만 아니라 레스토랑에 캐리아웃carry-out으로 요리를 주문하면 완성된다는 시간에 나가 음식을 받아오면 된다. 배달되는 것에 대해서는 팁tip을 조금 주면 되지만 캐리아웃 음식은 본인이 직접 가져오므로 팁이 제외되어 15~20% 저렴하게 된다. 물론 식당의 분위기나 웨이터, 웨이트레스의 친절한 서비스는 없지만 집에서 간편하게 식사를 할 수 있으며, 오랫동안 기다릴 필요가 없어 많이 이용된다. 간편하고 편리하게 식사하는 방법으로 요즘은 햄버거 배달을 시작했다는 기사를 읽게 되었다. 아직은 여러 가지 이유로 전국적으로 실시되지는 않으나 좋은 반응이 있어 차차 확대해나갈 것이란다. 이렇게 하나씩 배달하는 가짓수가 늘어난다면 생활 자체가 바쁜 사람에게는 더할 나위 없이 좋은 일이니 가끔씩 이용하여 집의 음식이 아닌 남이 요리 하여준 것을 즐겨보는 것도 좋을 것 같다. 지나치면 모자라느니만 못하다는 얘기가 있듯이 집에서 정성들여 하는 요리는 아예 접어두고 주문 음식에 길들여지지 않을까 걱정 아닌 우려의 마음도 생긴다.

은 행

은행은 보편적으로 입금, 송금, 유에스 본드U.S. Bond, 대출, 모기지mortgage, 공증, 외국환 등을 처리하기도 하지만 여러 가지 우리 주위에서 일어나는 일에 많이 이용할 수 있다.
어떤 일을, 어떻게, 거래하는 은행에서 처리하는 것이 가능한지 구체적으로 알아보고 드나들게 되면 편리하며 유용할 것이다. 예로 매달 내어 빚을 갚아 나가는 집 모기지나 자동차 대출금, 기타 공과금으로 전기세, 물세 등을 납부할 수 있다. 그러므로 은행은 때로는 아주 요긴하게 여러 일을 대행하여 주는 친절한 이웃 기관이 되는 셈이다.

- 금고 이용

은행은 금전적인 이유로 출입을 하지만 다른 경우에도 이용하게 된다. 은행에는 금고상자safe box가 있어 요긴하게 쓸 수가 있다. 가령 중요한 서류나 패물 등을 세이프에 넣어서 자기만이 갖고 있는 번호를 이용하여 오고가며 꺼내고, 또 넣어둘 수 있다. 특별히 휴가를 장기간 가게 되는 경우, 빈집에 놓아두면 위험하다 생각되는 물품이 있다면 이럴 때 요긴하게 된다. 금고 방에 들어가는 열쇠는 은행이 갖고 있으며 원하는 서류에 명시된 특정인, 예로 부부에 한하여 번호가 있는 상자를 자기만이 가지고 있는 열쇠를 이용하여 쓸 수 있는데, 물론 매달 금고 사용료를 지불해야한다.

얼마 전에 일어난 사고라 기억이 나는데 어느 집에서 비즈니스를 하며 집을 비운 사이 도둑이 들어 집에 있었던 패물과 현금을 몽땅 잃어 버렸다고 한다. 보통 사람으로는 그렇게 상당한 액수의 돈과 패물이 집에 있지도 않겠으나 아무튼 많은 피해를 보았다고 하니 참으로 안되었다 생각했다. 이런 경우 현명하게 은행을 이용하였다면 일어날 수 없는 일이었다. 또 은행에 입금되지 않고, 기록이 추적 안 되는 불분명한 상당한 현금은, 혹시나 검은 돈으로 마약이나 갱단에서 흘러온 돈이 아닌가 의심되어 연방정부IRS의 수사 대상이 된다.

- 초과 지출

은행과 거래를 시작하려면 그 은행에 계좌를 열어야 하며, 쇼셜 시크리트 번호social security number를 비롯하여 사진이 있는 증명서로 운전면허, 여권이 필요하게 된다. 계좌는 자기가 필요한 금액을 수표로 끊을 수 있는 체킹 어카운트checking account와 저축할 수 있는 세이빙스 어카운트savings account가 기본이며 체킹 어카운트를 이용하여 각종 청구서가 보내오는 금액과 물건 구입할 때 필요한 금액을 체크에 써서 지불할 수 있게 된다. 그리고 은행마다 조금씩 다르지만 세이빙스 어카운트에 얼마만큼의 목돈이 들어 있어야 은행 계좌를 만들 수 있다는 규정이 있다.

근래에는 많은 사람들이 어카운트에 충분한 금액을 넣어놓고 매월 지불하여야 하는 청구서에 있는 금액이 자동적으로 지불되는 방식을 쓰고 있다. 예전에는 우편으로 보내 기일 안에 지불해야 했던 것을, 방법이 다른 자동지불auto payment을 하게 되는 것이다. 즉 시간적으로 바쁘다보니 납부기일을 제때에 맞추기 어렵거나 이런저런 이유로 잊어버리기 쉬운데 이 방법은 큰 신경 쓰지 않고 지불되므로 편리하기 때문에 사람들은 많이 이용하는 추세이다.

오버 드레프트over draft라 하여 본인 은행 어카운트에 있는 잔고보다 서류상으로 1달러$라도 초과된 금액이 빠져나가게 되는 경우가 있다. 이럴 때 패널티 벌금에 해당하는 것으로 초과된 1달러보다 상당한 액수를 내게 된다. 그러니까 처음 어카운트를 시작할 때 지켜져야 할 규약에 명확히 표시되어 있는 상응하는 금액을 은행에 지불하여야 마땅하기 때문이다. 이러한 조그만 실수도 신용체크credit check 할 때는 여과 없이 그대로 크레딧 서류상에 나타난다는 것을 알고 은행 어카운트를 조심하여 관리하여야 한다. 개별적으로 은행의 잔고를 온라인이나 체크 북check book을 통하여 수시로 점검하는 습관을 갖고 있다면 방지할 수 있는 일이다.

병원, 약국 출입과 의료보험

 살다보면 하지 않아도, 가지 않아도 될 성싶은 것이 있는데 의료보험을 비롯하여 병원과 의사를 보게 되는 일일 것이다. 그러나 무병할 수 없는 일이라 부득이 찾아 나서야 모든 것이 해결될 수 있으니 거기에 대하여 약간의 지식을 갖고 대처하면 쉬울 것이라 생각된다.
 요즘은 우스갯소리 밖에 안 되겠지만 옛말에 화장실과 처가는 멀어야 한다는 속언이 있듯이 병원 출입은 멀리하고 건강하게 지내기를 바라는 마음을 가져본다.

 - 주치의

 한국 같으면 아프면 동네 병원으로 가서 의사를 만나 진료하고 치료받으면 별 문제가 되지 않으나 이곳은 그리 쉽게 의사를 보게 되지 않는다. 우선 약속을 해서 의사Dr's office를 찾아가는데 보통 정기 검진을 하려면 미리 예약하여 의사 사무실에서 정해주는 날짜와 시간을 받아가는 것이 보통이다. 그러니까 의사 진단으로 며칠 후, 한 달 아니면 석 달, 1년 후에 정기적으로 보자는 것이 정해지면 그 결정에 따르면 된다. 또한 병으로 수술이나 치료를 받아야할 때는 주치의인 프라이머리primary 의사의 입원하라는 지시를 받아 병원에 가게 된다. 그러나 갑자기 병이 나서 급히 주치의를 보아야 할 경우에는 전화로 사정을 얘기하고 당일에 의사를 만나볼 수도 있다. 또는 워크 인walk in 또는 아웃 페이션트 클리닉out patient's clinic, 어전트 케어urgent care라 하여 응급실 정도로 약속 없이 그냥 찾아갈 수 있는 곳이 있어 도움을 받을 수 있다. 단 위급한 경우에는 의사를 거치지 않고 직접 주위에 있는 병원의 응급실 emergency로 가서 처치를 받거나 병원 의사의 지시를 따라야 하는 것은 상식적인 일이다.

평시에 보험에서 처리되는 주치의family Dr를 정하여 수시로 검진하고 치료받도록 하여 필요할 때 허둥대지 않고 의사를 만날 수 있도록 하여야한다.

- 911번호

의사 사무실이 문을 닫은 시간이나, 주말, 또는 휴일에 급한 병으로 또는 사고로 인하여 의사를 만나야 될 때는 시간을 낭비하지 말고 가까이 있는 동네 큰 병원의 응급실로 급히 가야한다. 다급한 경우라면 911번호로 전화를 하여 구급원들의 도움을 받아야 하며, 쓸데없는 시간 낭비로 인하여 생명이 위험에 처하지 않도록 해야 한다. 한국의 응급전화 번호와 혼동하지 말고 꼭 911을 외우거나 한 쪽에 써두어야 하며 어린이가 있는 집이라면 부모나 어른이 반드시 가르쳐서 비상시에 대처하도록 하는 훈련이 필요하다.

전화를 걸어 주소를 알려주고 번지수는 몰라도 거리 이름만이라도 말하여 지금 어떤 상황인지를 정확하게 신고할 수 있으면 도움이 된다. 가끔 어린아이가 긴급 전화를 걸어와 곁에 있는 위급한 어른의 생명을 구하였다는 얘기가 신문이나 TV에 나오는 것은 평소에 이렇게 훈련받은 이유일 것이다. 이곳 프리스쿨, 유치원이나 초등학교 저급 학년에서는 평시에 도로 횡단보도를 건너는 것과 자동차 조심에 대한 것을 재미있게 구성하여 가르치고 있듯이, 응급 전화번호를 가르치거나 암기하도록 유도하는 게임을 하여서 교육을 시킨다.

- 다양한 의료 보험

의사 사무실에서 치료를 받든가 병원에서 치료 받는 경우든 대부분의 경우에 의료보험이 있어야 하는데 같은 종류의 치료를 받았다 할지라도 보험의 선택에 따라 본인이 내야하는 금액이 옆 사람과 다르다. 의료보험이 없는 경우는 환자에게 부과되는 금액이 또 다르게 책정되기 때문이다. 이러한 모든 것들이 미국 사회에서 항시 말하고 있는 의료보험의 혁신이 있어야 한다고 하는 아주 까다로운 제목들topics이다. 병원을 찾게 되는 경우는 대부분이 일단 자기 담당의사family, or primary Dr가 진찰 후 의사의 지시에 따라 병원에 가서 테스트를 받든가 입원수속을 받게 된다. 이 지시에 따르는 엑스레이X-ray, 물리치료physical theraphy, 초음파ultrasound, 혈액 검사 등 기타 필요한 테스트는 보험 종류에 따라 지불이 가능한지 아닌지에 따라 달라진다. 자신의 의료보험이 어느 정도의 것이 포함되는지의 여부를 보험회사나 담당자에게 확실히 물어서 한다면 나중에 많은 지출을 줄일 수 있게 된다.

어느 병원에서는 치료비를 다른 곳과 달리 저렴하게 책정하였다고 광고하면서 병원을 찾는 이들에게 선택권을 주는 경향이 있으니 가능하다면 이런 병원을 이용하면 좋다. 그러나 의사와 보험회사가 어떤 프로그램에 속한지 아닌지에 따라 의료보험 혜택이 어떻게 적용되며 또는 아닐 수도 있다는 것을 알고 있어야한다. 의료보험 중에서도 치과와 안과는 별개의 것으로 보통 의료보험medical insurance과 달리 따로 가입하여 들어야하는 번거로움이 있게 된다. 흔히 말하는 의료보험과 혼동되지 않도록 해야 한다.

- 사회복지사

병원 치료비를 보험회사에서 많이 지불하여 주어도 본인의 부담이 커서 감당하기에 너무 버겁다든가, 의료보험이 없어 곤란할 때에 무척이나 답답하여 전전긍긍하게 될 때가 있을 수 있다. 이럴 때는 각 병원에 있는 담당 쇼셜워커social worker 즉 사회복지사와 상담을 하면 문제를 해결할 수 있다. 예를 들면 사회복지사와 상담을 하다 보면 한꺼번에 병원비를 지불할 수 없을 때 분할하여 지불하는 방식, 보험에서 최대한 지불되도록 노력하고 환자에게는 조금이라도 적게 부담을 주는 방법도 있으며, 그 이외에 정부기관으로부터 무상 혜택을 받을 수 있는지의 여부를 따져 도와주는 방법이 있다. 영어 미숙으로 복지사의 말이 이해가 되지 않을 때는, 때에 따라 병원에 한국인 직원이 있어 자기 분야가 다르지만 통역을 도와주기도 하므로 요청하여 보는 것도 나쁘지 않다.

환자는 자기가 가지고 있는 보험을 잘 이해하여 병원이나 의사의 치료를 받은 후 혜택을 최대한 활용하여 쓸 수 있어야 하며 사회복지사의 얘기도 귀담아 들어서 도움이 되도록 해야 한다.

병원에 입원하였다 집으로 곧장 퇴원하지 못하고 어느 기관에 잠시 머물며 치료를 받게 되거나 장기간의 치료가 소요되는 경우가 있게 된다. 이런 경우에 사회복지사는 개개인 환자에게 적당하고 병원보다 비용이 적게 들며 쾌적한 요양기관이나 센터를 알선하여 옮겨서 치료 받도록 도와준다.

- 메디케이드와 메디케어

생일이 그해의 기준으로 만 65세 이상이면 젊은이와 달라 정부에서 보장하는 메디케어medicare 프로그램이 적용되는지도 살펴보아야 한다. 미국은 수입에 관계없이 의료 혜택이 주어지는 것으로 적정 나이가 되면 프로그램을 신청할 수 있으며 그동안 일하며 세금으로 내어 놓은 쇼셜 시크리트social security 혜택도 받을 수 있다. 젊어서 힘써 일하는 동안 봉급에서 정부에서 세금을 차근차근 떼어가더니 나이 들어서는 찾아 쓰는 격이 되는 셈으로 당당하게 누릴 수 있는 안정된 제도이기 때문이다. 열심히 일한 보람이 이렇게 혜택으로 돌아오는 경우이다.

나이의 제한적 조건으로 그런 것이 해당이 안 된다 할지라도 메디케이드medicaid라는 것이 있다. 수입이 어떤 일정한 금액에 도달되지 않는 저소득층이나 빈곤한 사람들을 위한다든가, 신체적인 장애로 인한 경우, 기타 여러 가지 이유로 연방정부에서 미국민에게 혜택을 주는 프로그램으로 정부기관social secret's office에 문의하든가, 사회복지사와 상담을 한다면 자세한 내용을 알려 준다. 어찌되었든 환자가 재정적으로 여유롭지 않고 급한 상황에 처한 경우라 할지라도 생명을 중시하여 우선적으로 치료를 받게 되는 것이 상식적이며 보편화 되어 있다. 그러므로 치료 받은 후 치료비 걱정을 하더라도 병원을 이용하여 적절한 조치를 하여 병을 악화시키거나 생명이 위급하지 않도록 해야 한다. 치료비를 먼저 지불하고 치료를 받게 되는 일은 한국에서는 가끔 있다고 하지만, 미국에서는 경제사정이 어려워 치료혜택의 불이익을 받는 경우는 없고, 모든 사람이 평등하게 누릴 수 있는 생명의 존엄성에 관한 인권은 보장된다 할 수 있겠다.

- 약값 비교

그렇다면 약값은 어떠한지 알아보면, 환자가 쓰는 약의 종류가 너무 많기도 하려니와 보험회사에서 그 많은 처방약을 어떻게 또는 얼마나 보장하여 주는지도 문제가 된다. 보통 처방약은 보험에서 지불되므로 그리 많지 않은 금액만 내면 용이하게 구입할 수 있으나 약의 단가가 높은 브랜드brand 약은 보험처리가 적게 되어 많은 환자들이 부담스러워하여 저렴한 약을 원하고 또 복용하고 있다는 사실이다. 의사들은 처방전에 으레 제네릭 약generic drug을 때로는 브랜드 약을 쓰게 되는데 물론 효과도 같고 가격이 훨씬 저렴한 약인 제네릭을 쓴다면 많은 도움이 될 줄로 안다. 말하자면 고유 회사만의 이름으로 나오는 브랜드 약값은, 각기 다른 여러 제약 회사에서 나오는 제품인 제네릭과 달리 많이 비싸다. 간혹 새로 나온 약이라든가, 제네릭이 아직 시판되지 않아 없다든가, 환자에게 꼭 필요하다 생각되면 담당의사는 디 에이 더블유Dispense As Written라고 약자 DAW를 처방전에 명시하면 브랜드 약을 구입할 수 있다. 그러나 의사의 특별지시로 DAW가 없다면 미주US 약사법에 의하여 약사는 환자에게 제네릭을 권하게 되며 보험회사에서도 권장하고 있다. 부득불 브랜드 약을 쓰기 원한다면 개인이 약값을 더 부담하면 되는데 구태여 그래야할 이유가 있는지는 깊이 생각해 보는 것이 옳을 것이다.

- 비 처방약

간혹 감기 몸살, 찰과상, 체하거나 하여 가벼운 증상을 치료할 때는 구태여 의사에게 가지 않고 자가 치료를 하게 되는데 의사의 처방전이 없이도 근처 가까운 약국에서 아픈 증상에 해당하는 약을 구입할 수 있다. 약의 종류나 효과를 몰라 망설여질 때는 약국 약사에게 문의하면 도와주게 되며, 약 용기나 레블label에 쓰여 있는 사용 방법을 읽어보고 사용하도록 한다. 이런 약은 OTCOver The Counter라 하여 의사가 주는 처방 없이 쉽게 살 수가 있다. 그러나 약을 남용하거나 약에 대해 무지하여서 의사에게 가지 않고 오랫동안 자가 치료를 하여 병을 키우지 않아야한다.

의사가 처방전을 주어 약국에서 약을 구입하게 될 때, 처방전에는 리 힐refill이라 하여 그 약을 다 복용하거나 쓰고 난 후에 계속하여 구입할 수 있는 방법이 있다. 병을 치료하는데 장기적으로 약이 조금 더 필요하다 생각되면 계속적으로 약을 쓰게 되는 경우로 의사는 처방전에 몇 번의 리힐이라는 표시를 하여 준다. 먼저 구입한 약국에 온라인이나 전화로 환자의 이름과 약의 처방 번호를 주어 재구입을 요청하면 옛 기록이 약국 컴퓨터에 저장되어 있어 번거롭게 약국에 가게 되는 횟수를 줄이고 또 약국에서 오래도록 기다리지 않고 약을 받을 수 있다. 또한 집 근처의 약국을 이용한다면 여러 가지로 편리하므로 평소에 전화번호를 알고 있으면 도움이 된다. 근래에는 곳곳에 24시간 영업하는 곳과 늦게까지 영업하는 약국이 있으니 눈여겨보았다가 급작스레 필요한 약이 있다면 부리나케 나가 밤늦게라도 구입할 수 있다.

집 구하기

집은 많지만 본인이 원하는 곳이나, 매달 얼마를 어떻게 지불할 수 있는가에 따라 집을 구하는 범위가 달라진다. 뿐만 아니라 어디서 어떻게 시작하여야 할지 몰라 난감할 수도 있다. 곁에 친구나, 아는 분이 있어 도움을 받을 수 있겠으나 모두가 자기 일에 바쁘게 지내는데 처음부터 끝까지 도와달라고 부탁을 할 수 없고 대략의 기본지식을 가지고 있다면 쉽게 해결될 수도 있을 것이라 생각된다.

- 준비서류

 거처할 장소를 마련한다는 것은 단독 집single house 또는 콘도미니움condominium을 구입하든가 아파트, 콘도미니움, 타운 하우스 townhouse 등을 한국서 흔히 있는 전세는 없고 월세로 빌리든가 해야 한다. 어찌되었든 집을 구하려면 이런 저런 환경과 학군을 무시해서는 안 된다. 이곳도 한국처럼 학군이 좋은 곳을 선호하지만 유별나게 기피하는 곳도 있다. 대략의 기본 지식은 먼저 그 동네를 잘 아는 분의 얘기도 듣고 부동산의 추천을 귀담아 들으면 된다.
 시장real estate market에 나온 집값을 전부 현금으로 지불하면 문제가 안 되지만 그렇지 않더라도 최소한 집값의 20~30%는 지불down payment해야 하며 나머지 금액에 대해서는 신용이 좋아야 은행에서 대출을 받을 수 있게 된다. 우선 매달 대출금을 지불할 수 있는 능력이 있어야 한다. 필요한 서류로는 합법적으로 거주할 수 있는 증명서나, 쇼셜 시큐리티 번호social security. Number, 안정된 직장증명서나 전년도 세금보고서401 K가 있어야 한다. 월세로 빌리는 경우는 구매하는 것보다 좀 용이하나 매달 지불할 능력이 되는 직장증명서가 있으면 가능하지만 처음으로 월세를 얻으려는 사람은 신용보증인이 필요하다.
 사려는 집값을 다 지불하여 산다면 매달 내는 은행의 모기지 mortgage가 없어 좋은 점은 있으나 미국에 오래 거주할 생각이라면 처음에 다운페이를 조금 더 추가하더라도, 신용을 중요하게 여기는 미국사회에서는 매달 지불하는 방법으로 확실하게 신용을 쌓아가는 방법이 훨씬 낫다고도 말할 수 있겠다. 그리고 부동산 세금이 포함 되므로 세금 보고할 때 어느 정도 혜택deductible을 받을 수 있다.

- 통학거리

이렇게 시작하여 집을 구하게 되는데 먼저 학군이 좋은 곳과 학교와 가까운 거리에 있는 곳은 보통 주택에 비하여 가격이 조금 높은 편이다. 뿐만 아니라 좋은 학군에 있는 집은 부동산 세금property tax도 높게 되어 매달 내는 모기지 금액이 비교적 그리 많지 않더라도 세금과 같이 지불하는 경우에는 금액이 올라가게 된다.

집을 구할 때 우선 도시를 선택하고 그 다음 동네 학군을 보게 되는데 초등학교는 걸어서 갈 수 있는, 직선거리 1마일 이내에 있는 동네는 학교 버스가 오지 않고 그 이상의 거리라야 버스 통학이 가능하게 된다. 버스가 안 오면 편할 수도 있지만 일기가 고르지 못하여 너무 춥거나, 더울 때, 비가 올 때는 항상 부모가 데리고 왔다 갔다 해야 하는 번거로움이 생기게 된다.

중고등학교 학생들은 보통 1마일의 거리는 걸을 수 있으나 초등학생 경우는 조금 무리가 될 수도 있다. 학교는 버스 통학이 가능한 동네라면 좋으나 고등학생이 되면 버스를 타기 싫어하는 경향이 있어 부모들이 운전을 대신하여 주거나 자기 차나 집의 차로 학생이 직접 운전하고 싶어 한다. 아무튼 학교와의 거리는 생각 나름이고 집을 어디다 구하는가에 따라 통학하게 되는 계획이 바뀌기도 한다. 걷기에 무리가 되는 동네에 살고 있다면 카풀car pool이라 하여 같은 동네에 살고 있는 서너 명의 학생들이 한 팀이 되어 부모가 또는 운전 가능한 나이의 고등학생이 돌아가며 교대로 운전하여 통학하는 경우도 많다.

- 부담금

동네거주 단지subdivision마다 어소시에잍 휘associate fee라 하여 집을 쓰고 있는 단지 주민들이 동네자체에 있는 회associate에 내는 부담금이 따로 있게 된다. 각 가정당 1년에 얼마씩 내는데 그 돈을 가지고 자치적으로 단지에 필요한 일들을 꾸려나가게 된다. 가령 단지 안에 있는 공공장소의 잔디를 깎고, 나무를 심고 정리하며, 작은 호수 정리, 꽃을 심던가, 크리스마스 장식 등 동네에 필요한 각종 일을 하게 된다. 단지가 세대 수가 많은 곳이라면 각 가정당 돌아가는 분담금도 적어지지만, 작은 단지이면서 관리해야 할 일이 많은 곳에서는 부담금도 꽤나 되어 무시하지 못할 정도이다.

콘도미니움은 관리를 본인이 하는 것이 아니므로 편할 수 있으나, 단체로 해야 하는 관리 비용이 단독 주택과 비교하여 생각보다 많이 내야하는 경우가 있다. 정원 관리, 눈 치우기, 페인트, 지붕 등 집 밖의 필요한 관리는 개개인이 보수하고 정리를 하지 않는 대신 공동으로 하기 때문이다. 그러므로 매월 부담금으로 가구당 돌아오는 비용이 개인 주택에 살며 1년에 내야하는 금액보다 은근히 높다. 그러나 주택 관리에 별 신경을 쓰지 않고 관리비를 내게 되면 모두 해결되는 장점이 있으며, 주택 관리에 힘든 노인이나 시간이 많지 않아 집 관리에 신경 쓰기 힘든 사람, 가족 없이 혼자 살며 직장 다니는 젊은 사람들에게는 인기가 좋다.

아파트, 타운 하우스에 월세monthly rent로 거주하게 될 때 가스세, 난방비, 쓰레기 수거비 등은 세입자의 부담인지 아닌지, 어느 것이 포함되는지 꼼꼼히 알아 보아야한다. 또 주인이나 렌탈 오피스 rental office는 일반적으로 세입자에게 1년을 계약하자고 하는데, 때와 사정에 따라 바뀔 수도 있으니 협상을 하는 것도 나쁘지 않다. 계약을 리스lease라 하며 계약시 디파짓deposit이라는 보통 한 달 세 rent fee에 해당되는 거치금을 요구한다. 그리고 다시 한 달 분의 세를 앞서 지불하게 되므로 두 달 세를 처음에 내게 되는 셈이 된다. 일반적으로 계약기간 만료 한 달 전에 재계약을 하게 되고, 만약 다른 곳으로 떠나게 될 때, 대부분의 경우 적어도 한 달 전에는 미리 경고notice를 주어야 계약금을 돌려받을 수 있다. 그렇지 않다면 그 금액을 받을 수 없게 되며 다시 한 달을 기다려야 거치금을 돌려받을 수 있는 부득이한 상황이 생긴다. 알림을 줄 때 누구한테 며칠날 전해주었는지 명심하여야 하며 아니면 문구로 적어 받아 놓으면 정확한 사항이 되어 문제가 생기지 않는다.

- 집 청소와 수리

살고 있던 집을 비워 줄 때는 깨끗이 청소하여 적절하지 않은 부당한 이유로 인하여 리스 디파짓이 잘려cut down 나가지 않도록 해야 한다. 그러기 위해서는 살면서 혹시 고장 난 것이나 수리해야

할 것이 있을 때 망설이지 말고 집 주인 또는 렌탈 사무실 또는 관리 사무실에 연락하여 그때그때 고쳐가며 살아야 한다.

거주하면서 손상된 부분에 관하여는 집 주인이나 렌탈rental 회사의 책임으로 고쳐줄 의무가 있기 때문에 미리 미리 손을 보아 책임지는 일이 없도록 해야 한다.

가령 한 아파트에서 장기간 거주하게 되어 집안의 벽이나 천장의 페인트가 오래되어 더럽혀졌을 때 사무실에 요청하면 새롭게 페인트를 다시 칠하여 줄 수 있는 경우도 있다. 이사 나올 때 고치지 않거나 깨끗하게 사용하지 않고 살다가 손상한 부분에 대해서 리스 계약에 있다는 이유로 인하여 돌려받을 수 있는 금액이 생각보다 많이 제하여지기도 한다. 되돌려 받을 금액에 대해 보상불가나 손해 배상 이유를 꺼내지 않고 전액을 돌려받을 수 있도록 평시에 집을 깨끗이 사용해야 한다.

우체국

근래는 인터넷의 발달로 우체국 출입이 예전보다 조금은 줄었어도 이용해야 할 때가 많다. 요즘의 우체국은 구태의연한 옛적의 고집스런 방식이 아닌 새로운 아이디어를 내어 사람들의 요구에 맞추어 주고 있다. 간편한 포장 박스 또는 봉투를 무료로 제공하며, 평소에 많이 쓰는 카드 종류, 들고 다니며 물건을 넣을 수 있는 예쁜 가방 등을 팔며 빠르게 배달된다는 급행우편express mail, & overnight mail 등을 기존의 서비스에 보태어 한결 편하고 좋아졌다고 할 수 있다.

- 배달 정지

  우체국이라 하면 우표, 우편, 소포만 취급하는 곳이 아니라 일상생활에 있어 여러 가지 일로 왔다 갔다 하게 된다. 또 하나의 주소로도 쓸 수 있는 우체국 피오 박스P. O. BOX가 있어서 특별히 주소가 자주 바뀌거나, 수시로 배달되는 우편물이 많은 사업체 또는 비즈니스가 있는 경우 등은 우체국에 신청하면 적당한 사용료를 내고 장만할 수 있다. 장단점이 있으나 우편물이 집이나 사업체에 배달되지 않으므로 직접 우체국에 가서 일일이 우편물을 찾아와야 된다. 그러나 휴가 등으로 집을 비우는 경우에 우편함에 편지 등이 쌓이지 않아 분실의 염려도 없게 되며 우편물을 배달하는 시간의 절약으로 조금은 빠르게 받을 수 있는 장점도 있다.
  여름철 휴가로 여러 날 동안 집을 비우게 될 때 우편물이 쌓이게 되면 사람이 집에 없다는 근거가 되어 도둑의 표적이 되는 수가 있다. 이런 경우에는 우체국에 들러 우편물 배달 정지 카드를 제출하여 놓으면 된다. 필요한 사항으로 언제부터 언제까지 정지, 그리고 언제 다시 배달하여 달라고 정확이 기입하고 사인하여 제출하면 최장 30일간은 우편물이 배달되지 않게 된다. 휴가에서 돌아오는 날이나 자기가 원하는 날에 다시 배달하도록 하든가 우체국 가서 본인이 사인하고 찾아오면 된다. 해당 우체국에 임시 배달 정지신청을 확실히 하여 우체통에 우편물이 없도록 주의하여 혹시라도 있을 수 있는 불상사가 없기를 바란다. 때로는 시도 때도 없이 배달되는 광

고지 같은 종이 즉 플라이어 flyer가 쌓이지 않도록 이웃이나 친구에게 부탁하여 놓으면 우편함이나, 길목, 집 앞 드라이브웨이drive way가 깨끗하게 되어 도둑들에게도 쓸데없는 표적이 되는 것을 방지할 수 있다. 만약 가까이 지내는 이웃 가정에 어린아이가 있다면 잔심부름을 하는 양 약속하여 도움을 받을 수 있고 다녀온 후에 조그만 선물이나 용돈을 주는 방법으로 간단하게 해결될 수 있는 일이다.

이사를 하게 되면 우편물 배달 주소를 당연히 바꾸어야한다. 우체국에 가서 주소변경 용지를 가져다 이사하는 주소를 정확이 기입하여 언제부터는 이러이러한 주소로 바꾸어 달라는 신청을 한다. 주소변경 신청을 하게 되면 보통 6개월 동안은 별도의 부과 요금 없이 새 주소로 우편물이 배달된다. 주소변경 카드는 우체국에 항상 비치되어 있으며 눈에 띄지 않을 경우는 데스크에 문의하면 받을 수 있다.

- 여권 신청

한국에서는 여권 발급 신청을 외교통상부 같은 곳에서 하는 것으로 알고 있는데, 미국은 여권 신청을 동네에 있는 여권 신청이 가능한 큰 우체국clerk office에서 받고 있다. 요구되는 서류인 출생증명서 등을 준비하여 가지고 우체국에 가서 접수하게 된다. 그 다음에는 미국 내에 있는 큰 도시로 중서부에서는 워싱턴, 시카고, 텍사스, 아틀란타 등 몇 군데 안 되는 여권 발급되는 곳에서 직접 집으로 배달되어 오게 된다. 물론 양손의 지문을 찍어야 하고, 필요한 수수료를 내야하지만 이곳에 살며 법에 의한 어떤 제재를 받지 않았다면 아무 문제없이 여권을 발급 받을 수 있다.

예전에는 미국 근방에 있는 캐나다, 멕시코를 여행하거나 지나게 되면 운전면허 정도만 있으면 아무 문제없이 다녀올 수 있었다. 그러나 9·11테러 사건 이후부터는 안전상의 문제로 외국 갈 때와 마찬가지로 여권을 꼭 지참해야 가까운 나라도 쇼핑이나 식당 같은 곳에 잠깐 동안이라도 다녀올 수 있는 것을 명심하고 미리 준비하여 두어서 어디든 여행할 때에 불편함이 없이 사용하도록 한다

자원봉사

미국에 살다보면 각 사회기관이나 학교, 병원 도서관 등에서 정규 직원이 아닌 사람들이 그곳을 드나드는 사람들에게 조용히 작은 일에 도움을 주는 경우를 많이 보게 된다. 무료봉사로 자기의 시간을 남을 위해 쓰는 아름다운 마음의 소유자들이다. 시간의 여유가 있어 봉사로 이런 일을 하는 경우도 있지만 없는 시간을 쪼개어 나서는 경우도 많다. 적게는 일주일에 몇 시간 아니면 하루에 몇 시간씩 할애하여 남을 위해 좋은 일에 나누어 쓰게 되는데 자원봉사자들은 일하는 장소에서 조그만 모임을 만들어 체계적으로 일을 분담하여 각자 맡은 바 일을 충실히 이행하게 된다.

어느 봉사하는 분의 얘기가 예전에는 살림살이 보탬을 위해 봉급을 받고 직장에 나가 일할 때는 기분이 별로였다고 한다. 이제는 나의 이익을 위한 것이 아니라 남을 위해 도움을 줄 수 있어 한결 마음이 가볍고 무엇인가를 자신이 베풀 수 있어 기쁘다고 한다. 이 말은 진정 마음속에서 우러나는 솔직한 말이라 공감이 갔다.

아름다운 얘기로 내가 아는 분이 30년을 한결같이 한 병원에서 봉사를 하여 어워드award 즉 표창장을 받은 일이 있어 동네 신문에 나온 일이 있다. 그분은 이제 70세가 훨씬 넘어 다니던 직장에서 오래 전에 퇴직하였으나 아직도 시간이 나는 대로 이곳저곳 손길이 필요한 곳이면 나서는 분이다. 남보다 먼저, 그것도 가정일로 바쁜 시절인 젊은 나이에 시작한 일로 봉사한 시간을 헤아려 본다면 굉장한 숫자이겠지만 그분의 열정은 숫자보다 더 가치가 있는 것이다.

또 한 예로, 예전에 물리치료를 받으러 다닐 때의 일이다. 어느 나이 듬직한 여자 분이 손을 치료하러 와서 잠깐 얘기를 나누게 되었다. 그분은 류마티스 관절염으로 양 손의 형태가 보기 싫을 정도로 구부려졌고 고통도 심해 일주일에 3번 정도 치료를 받는다고 했다. 모두들 치료 받으러 다니는 사람이려니 했는데, 그분이 그날 치료 후 어디를 가야 한다면서 하는 얘기가, 오늘은 노약자들에게 식사를 가져다주는 날이라고 했다. 잘못 들은 말이 아닌가 했으나 사실이었다. 자신의 몸 상태도 안 좋은데 어떻게 감당하느냐고 물었더니 아직 손을 쓸 만하여 그런 일은 할 수 있다는 대답이었다. 정말로 힘이 들 때는 옆의 사람이 거들어준다고 아무렇지도 않은 듯 얘기하는 것을 듣고 너무나 감동이 되어 할 말을 잊었던 기억이 있다. 이렇게 남을 위해 봉사하는 분들 중에는 자신의 몸도 완전하지 않은 분들이 있음을 보게 되었고 봉사는 건강한 육체와 시간도 있어야 하지만 그보다는 우선 아름다운 마음이 있어야 가능하다는 것을 배우게 되었다.

봉사자들의 따뜻한 인정은 서비스를 받는 사람은 물론이려니와 그 기관에서 일하는 정규직 사람들도 곁에서 도와주는 봉사자들의 많은 수고에 고마움을 잊지 못할 것이다. 연말이 되거나 4월 중순 경에 봉사자의 주일volunteer's week이 오면 이런 분들을 위하여 감사의 표시로 작은 선물을 준비하든가, 조촐한 오찬을 베풀기도 한다. 이 모든 것이 봉사자들 수고에 비하면 아무것도 아니지만 그냥 지나치기에는 아쉬움이 있어 적은 성의의 표시를 나타내는 것으로 받는 사람이나 주는 사람 간에 서로의 고마운 감정을 보여줄 수 있는 시간이 되어 참 보기 좋은 광경이라고 할 수 있겠다.

이렇듯 개개인의 적은 나눔이 모여서 도움이 필요한 사람에게는 큰 힘이 되며 사랑의 봉사가 넘쳐 미국이라는 거대한 국가가 지탱되고 전 세계까지도 사랑을 나눌 수 있는 국가로 존경 받게 되는 것이 아닐까 생각하게 된다.

나눔과 기부문화

미국사회가 한국과 좀 다른 점이라면 여러 가지를 말할 수 있겠으나 그중 두드러지게 돋보이는 것이 남의 이목보다는 나의 실속을 찾으며, 남을 배려하고 양보하며 나누는 것이라고 자신 있게 말할 수 있겠다. 그중에서 나눔을 스스로 행하여 본다면 본인은 물론 다른 사람들의 행복지수까지 높이는 것이 아닐까 생각한다. 나이 들어서도 배우며 산다는 말이 있으며 지금 현재는 언제나 늦지 않은 기회라고 하니 그동안 실행하지 못했다면 나눌 수 있는 기회를 찾아 나서면 가치 있고 기쁜 일이 될 것이다.

- 기부

기부라 하면 남을 위해 자신이 가지고 있는 것의 일부를 나누는 일이다. 그중에는 시간도 있을 것이고 노동, 재물, 더 나아가 생을 마감하고 나서 할 수 있는 장기기증도

머리카락 기부

머리카락 기부

포함된다. 보통 우리가 생각하는 기부는 시간과 노동으로만 알고 있고, 그것으로 하고 있거나 또 하려고 노력도 하게 된다.

시간과 마음이 있다면, 또 건강한 육체가 있다면 자원봉사로 나설 수 있으며 주는 기쁨도 누릴 수 있는 혜택도 있을 것이다.

예로 한 어린이가 애써 길러온 머리카락을 잘라 사랑의 열쇠Locks of Love라는 기부 재단을 통하여 제공하는 것을 보았다. 암으로 고생하며 치료과정 중에 후유증으로 머리카락을 잃은 아이들을 위하여 백혈병 단체Leukemia Foundation에 기부하는 기사를 신문에서 읽게 되었다. 자기가 건강하여 누릴 수 있는 신체의 일부를 자기보다 연약한 상태의 환자에게 나누어 주는 아름다운 마음의 어린이인 것이다.

- 세금공제

미국에서는 적은 기부금으로도 세금공제의 혜택을 받을 수 있게 된다. 특별나게 연말이 되어 오면 이런 저런 기관으로 각 대학교, 적십자사, 암협회, 신장, 간, 폐협회, 구세군Salvation Army, 굳윌 Good Will, 마취 오브 다임March of Dime, 근 무력증Muscular Dystophy협회, 백혈병재단, 재향군인회, 헤비텔Habitat 같은 곳을 많이 보게 된다. 모두 비영리단체Nonprofit Organization이거나 협회로, 그들의 이익을 위해 있는 것이 아닌 사회공공으로 이익을 나누는 곳이다. 이루 헤아릴 수 없이 많은 단체들이 기부금을 받고 있으며 기부한 후에는 꼭 영수증을 보내와 세금보고 때 공제를 받도록 도와준다. 그뿐만 아니라 이런 기관 중 여러 곳에서는 금전의 기부뿐 아니라 옷이나 아이들 장난감, 간단한 전기제품, 가구, 쓰던 자동차도 환영한다. 쓰던used, pre- owned 자동차를 기부 받은 곳에서는 깨끗이 손질하여 또는 간단히 수리하여 차가 없어 곤란한 가정을 선택하여 요긴하게 쓰도록 주는 경우도 있다.

내가 가진 것 중 많고 좋은 것이 아니라도 다른 사람에게는 필요하다는 것을 기억하고 남을 위해 내놓을 줄 아는 마음이 있어 훈훈한 사회가 되는 듯싶다.

- 기부 물품 수거

기부 물품을 모으기 위해서, 전화나 간단한 알림장을 집집에 돌려 미리 요일과 시간, 그리고 어떻게 준비하여 달라고 요청되어지며 기관에서는 정해진 날에 와서 주변동네를 돌며 내놓은 물건들을 한꺼번에 모아 트럭에 실어 가져간다. 주로 환절기에 많이 하게 되며

가정에서는 쓰던 물건으로 현재는 필요하지 않은 것이나, 작아졌든 가 하여 입을 수 없는 깨끗한 옷가지를 정리하여 내어 놓으면 된다. 또는 작은 전기제품을 비롯하여, 쓰던 물건이 아닌 것으로 당장은 쓸모가 없다고 생각되는 새것도 내놓아줄 수 있다. 때로는 헌옷가지 도 정리하여 걸레rag로 쓰이는 곳, 예로 페인트 하는 사람들에게 뭉 치더미로 팔 수 있다고 각 기관에서 보내주기를 간청하기도 한다. 이렇게 하여 모아진 물품은 깨끗이 정리하여 그 기관에서 운영하는 구세군이나, 굳 윌 같은 상점에서 필요한 사람들에게 소액으로 되팔 게 된다. 이렇게 얻어진 수익금으로는 어려운 사람들과 필요한 사람 들을 위하여 소용되어 다시 사회에 환원되는 사이클이 이루어진다.

곁에 잘 알고 있는 친구 하나는 그런 상점을 가끔씩 이용하여 이 것저것을 구입하였다고 직장에 입고 나와 자랑을 하곤 한다. 내가 불필요한 물품이 이렇게 남한테 잘 이용될 수 있는 것이 때로는 아 무생각 없이 버려지지는 않는지 다시 생각해보아야 할 문제이다. 만 약 한국 같으면 그러한 세컨드 핸드second hand or used 상점을 드나 드는 것이 자랑할 만한 것으로 여기지는 않을 것 같은 생각도 든다. 그런데 도리어 새로운 옷차림이나 물건에 나의 기분도 좋고 또 남 을 도와주며 조그마한 무엇을 베풀 수 있는 두 번의 기쁨을 가질 수 있는 것을 간접적인 방법으로도 할 수 있다는 자긍심을 가진다 면 그 친구처럼 자랑도 하게되지 않을까하는 마음이 생긴다. 더 나 아가 미국사회는 남의 이목을 의식하지 않고 자기가 옳다고 생각되 면 나의 생활을 남에게 떳떳하게 내보이는 실속 있는 실용주의 사 람을 흔히 접할 수 있다.

- 기금 마련

때때로 일부 단체에서는 마라톤, 조깅jogging 또는 걷는 대회를 열어서 기부금을 모으기도 한다. 기금마련 행사에 참여하는 사람은 이웃이나 가까운 친구들에게 마일당 액수를 걸고 끝낸 마일에 상응되는 금액을 그 단체나 협회에 기부금으로 내놓는 일이 있다. 건강한 몸으로 남을 돕는 다른 하나의 방법으로 쉽다고 생각되지만 참여하는 개개인은 도전적인 기회가 되기도 한다.

이외에 여러 가지 방법으로도 모금을 하지만 골프대회, 음악회, 바자, 디너 모임, 상품이나 그림 또는 고물품antique 같은 것으로 조용히 경매silent auction를 하여 기금을 마련하는 것을 볼 수 있게 된다.

골프 모금 대회라 하니 생각나는 일이 있는데 가끔 한국인들이 주최하는 대회와 다른 것은 핸디가 높지 않은 사람만이 참여하는 것이 아니고 잘 치는 사람이나 또는 초보자이거나 모든 사람에게 뜻 깊은 기회를 공유할 수 있도록 문턱을 낮추어 스크램블scramble 게임으로 하여 즐기며 모금에 동참하게 하는 것이다. 모금 음악회에서 연주자도 시간을 기부하고, 물품을 내놓는 사람도 기부가 아니면 아주 작은 실비를 요구하여 모금에 적잖은 도움이 되도록 하는 것을 때때로 볼 수 있다.

상식적으로 생각하여 볼 때 생활이 넉넉하여서 또는 남보다 가진 것이 많아 남과 나눈다는 생각보다는, 따뜻하고 정성어린 마음과 노력으로도 남에게 도움이 된다면 솔선하여 나서게 되는 미국사회의 일반적 습관이 아닌가 생각된다. 정부에서도 세금 공제 혜택을 주어 기부문화를 조성하는데 일익을 담당하고 있는 것이 아름다운 사회를 만들고 이어가는데 도움이 되는 듯하다.

  어느 작은 책자에서 읽은 일인데, 남을 위하여 헌신하는 방법으로 적지 않은 금액을 기부하는 얘기였다. 부모가 어느 대학교 학생들을 위해 스칼라십으로 상당한 금액을 내어놓았는데 이제는 나이 든 부친은 돌아가시고 연세 높으신 어머니와 젊은 딸이 다시 대를 이어 어린이들을 위해, 대학생들을 위하여 기부한다는 내용이었다. 문제는 기부 금액도 금액이지만 자녀가 성장하여 남의 부족한 면을 보듬어 주는 부모의 습관이랄까 봉사하는 정신을 배워서 베푸는 마음을 보고 느끼는 점이 많음을 말하고 싶다.

미국 어때요?

김은자 지음

1판 1쇄 인쇄/ 2012년 10월 1일
1판 1쇄 발행/ 2012년 10월 5일

지은이 / 김 은 자
펴낸이 / 우 희 정
펴낸곳 / 도서출판 소소리

등록 / 제300-2007-21호
주소 110-521 서울 종로구 혜화로 35길
　　　경주이씨중앙회빌딩 302-1호
전화 / 765-5663, 766-5663 fax
e-mail: sosori39@hanmail.net
www.sosori.net
　　　　　　　　　　값 10,000 원

*잘못된 책은 바꿔드립니다.
ISBN 978-89-97294-19-0　　03810